国家自然科学基金项目（71502135）

陕西省自然科学基金项目（2023-JC-YB-613）

经管文库·管理类

前沿·学术·经典

多部件制造系统的生产、维修和库存协同决策研究

RESEARCH ON COLLABORATIVE
DECISION-MAKING OF PRODUCTION,
MAINTENANCE, AND INVENTORY IN MULTI
COMPONENT MANUFACTURING SYSTEMS

张鹏伟 著

经济管理出版社
ECONOMY & MANAGEMENT PUBLISHING HOUSE

图书在版编目（CIP）数据

多部件制造系统的生产、维修和库存协同决策研究/张鹏伟著 . —北京：经济管理出版社，2024.1

ISBN 978-7-5096-9598-2

Ⅰ.①多…　Ⅱ.①张…　Ⅲ.①装备制造业—设备管理—研究　Ⅳ.①F407

中国国家版本馆 CIP 数据核字（2024）第 046735 号

组稿编辑：杨国强
责任编辑：白　毅
责任印制：许　艳
责任校对：王淑卿

出版发行：经济管理出版社
　　　　　（北京市海淀区北蜂窝 8 号中雅大厦 A 座 11 层　100038）
网　　址：www. E-mp. com. cn
电　　话：（010）51915602
印　　刷：唐山玺诚印务有限公司
经　　销：新华书店
开　　本：720mm×1000mm/16
印　　张：13.5
字　　数：249 千字
版　　次：2024 年 3 月第 1 版　2024 年 3 月第 1 次印刷
书　　号：ISBN 978-7-5096-9598-2
定　　价：98.00 元

目　录

第1章　绪论 ·· 1

1.1　研究背景和意义 ··· 1

1.2　研究内容 ·· 4

1.3　相关研究综述 ··· 6

1.4　研究的特色和创新之处 ·· 24

第2章　相关理论介绍 ·· 27

2.1　维修决策相关理论 ·· 27

2.2　延迟时间相关理论 ·· 31

2.3　部件相关性理论基础 ·· 32

2.4　备件库存相关理论 ·· 33

第3章　不考虑故障交互性的双部件系统生产和维修联合优化研究 ······· 35

3.1　基本假设与参数定义 ·· 35

3.2　生产和维修联合优化策略 ·· 38

3.3　模型构建 ·· 43

3.4　数值算例 ·· 51

3.5　灵敏度分析 ·· 54

3.6　本章小结 ·· 57

第4章　考虑故障交互性的双部件系统生产和维修联合优化研究 ┈┈┈ 58

4.1　基本假设与参数定义 ┈┈┈┈┈┈┈┈┈┈┈┈┈┈┈┈ 58

4.2　生产和维修联合优化策略 ┈┈┈┈┈┈┈┈┈┈┈┈┈┈ 62

4.3　模型构建 ┈┈┈┈┈┈┈┈┈┈┈┈┈┈┈┈┈┈┈┈┈ 68

4.4　数值算例 ┈┈┈┈┈┈┈┈┈┈┈┈┈┈┈┈┈┈┈┈┈ 78

4.5　灵敏度分析 ┈┈┈┈┈┈┈┈┈┈┈┈┈┈┈┈┈┈┈┈ 82

4.6　本章小结 ┈┈┈┈┈┈┈┈┈┈┈┈┈┈┈┈┈┈┈┈┈ 86

第5章　多部件系统设备维修与备件订购联合优化研究 ┈┈┈┈┈ 88

5.1　设备维修与备件订购模型构建 ┈┈┈┈┈┈┈┈┈┈┈┈ 88

5.2　算法设计 ┈┈┈┈┈┈┈┈┈┈┈┈┈┈┈┈┈┈┈┈┈ 99

5.3　优化应用实例 ┈┈┈┈┈┈┈┈┈┈┈┈┈┈┈┈┈┈┈ 101

第6章　考虑设备可修性的部件系统维护策略优化研究 ┈┈┈┈ 106

6.1　问题描述及基本假设 ┈┈┈┈┈┈┈┈┈┈┈┈┈┈┈┈ 106

6.2　设备维护优化策略制定 ┈┈┈┈┈┈┈┈┈┈┈┈┈┈┈ 110

6.3　模型构建 ┈┈┈┈┈┈┈┈┈┈┈┈┈┈┈┈┈┈┈┈┈ 113

6.4　算法设计与模型求解 ┈┈┈┈┈┈┈┈┈┈┈┈┈┈┈┈ 123

6.5　本章小结 ┈┈┈┈┈┈┈┈┈┈┈┈┈┈┈┈┈┈┈┈┈ 133

第7章　实际应用 ┈┈┈┈┈┈┈┈┈┈┈┈┈┈┈┈┈┈┈┈┈ 134

7.1　FD公司设备维修与备件订购联合优化 ┈┈┈┈┈┈┈┈ 134

7.2　A公司考虑不完全维修的视情维护实际应用 ┈┈┈┈┈ 156

第8章　结论与展望 ┈┈┈┈┈┈┈┈┈┈┈┈┈┈┈┈┈┈┈┈ 175

8.1　主要结论 ┈┈┈┈┈┈┈┈┈┈┈┈┈┈┈┈┈┈┈┈┈ 175

8.2　不足与展望 ┈┈┈┈┈┈┈┈┈┈┈┈┈┈┈┈┈┈┈┈ 176

参考文献 ┈┈┈┈┈┈┈┈┈┈┈┈┈┈┈┈┈┈┈┈┈┈┈┈┈ 178

附录 1 ·· 193

附录 2 ·· 194

附录 3 ·· 196

附录 4 ·· 199

附录 5 ·· 203

附录 6 ·· 208

第1章 绪论

1.1 研究背景和意义

1.1.1 研究背景

19 世纪英国发生了工业革命，工厂由以前的手工制造转变成了效率更高的机器制造，生产过程的自动化和日益激烈的市场竞争推动了设备维护管理的发展[1]。

工业时代，生产设备高效稳定运行是企业顺利完成生产任务、赢得市场竞争力的前提保障之一。由于频繁使用和受各种环境因素影响，生产设备的性能退化，并且最终会导致系统故障，进而导致设备损坏，引发安全问题、质量问题和不可预估的意外，甚至还会对企业本身或者社会造成严重损失。因此，在当今经济高速发展的时代，企业要想持续稳定地发展下去，需要强化对经营活动中各类风险的预防与控制。一方面，要加强对企业风险的管理，因为生产过程中出现的各种风险往往会造成巨大的损失。比如，目前的集成电路（IC）工业生产线，初期投入约 17 亿美元，实际生产时间只有 3~5 年，一旦生产线因为故障而停产，不但会导致生产线上所有的半成品都会被淘汰，而且会严重影响生产线的投资回报。另一方面，生活水平的进步不断改变着人们的需求。比如，人们从满足基本需求转向追求更高品质，这使社会对生产设备系统的安全性、可靠性、系统的运行效率也提出了更高的要求。尤其是尖端科技，被应用于国防军事监控系统、医院生命辅助系统、机场航班管制系统以及核能电厂电力供给系统等[2]。这些系统的维护工作稍有疏忽就可能引发重大事故。现如今设备的复杂化、大型化和高精度化使维修的难度及重要性都不断提高，设备维修活动所产生的维修成本也逐渐由企业的辅助性投入转变为主要投入。设备的维护保养需要各方面资源的支持，耗费的资源最终将体现在维护成本当中。生产设备的维护成本是企业单项可控的成本里最高的一项，大多数企业维护费用在制造成本中的占比可达 10%～45%[3]。现如今，维护活动的费用随着生产设备的复杂化与精细化程度的提升而不断增加，相关研究统计数据显示，有的企业维护管理费用甚至可以占总生产费用的 70%～80%[4]。为了控制维护及相关成本，在制订维护计划时就需要安排更加经济有效的维护策略，这也成为企业生产维护中需要首先关注的问题。

19 世纪 80 年代左右，美国很多工厂都开始提升对设备维护的关注度[5]。20 世纪初，已经有人开始专门研究设备维护，但当时的设备维护研究主要针对简单设备系统，并且维护方式多为事后维护，即在生产设备发生故障后对相应部件进行维修或更换以恢复设备运行。这种事后维护缺乏系统性的策略和方案，存在滞后性。对于结构复杂的生产设备来说，事后维护时间长、成本高，且在生产期间发现的故障只能事后处理，造成严重经济损失的风险较高。从 20 世纪 60 年代开始，越来越多的学者将目光投向了设备维护理论领域，至此开始进入生产设备的预防性维护研究阶段。预防性维护最早的维护方式是定期维护，即每隔一段固定周期就对设备进行检查，然后通过维护解决检查发现的设备问题。由于早期检测技术较为落后，大多数定期维护活动实际上仍然具有事后维护的弊端。进入 21 世纪，随着检测手段的丰富、检测技术的不断进步以及计算机辅助系统的发展，真正意义上的预防性维护才逐渐发展起来。同时，随着设备维护理论的发展，结合其他生产问题进行联合研究的情形也不断涌现，例如，设备维护结合生产计划、生产质量以及备件库存管理等相关问题的联合研究。此外，针对企业实际维护问题的改善研究也受到很多学者的关注。

设备作为制造企业最重要的生产要素和资源，其竞争力的高低对生产力、质量、成本、交货期、安全和员工士气的影响也越来越大。随着企业管理者对生产设备维护的重视程度越来越高，相应设备维护的方法和理论研究也在不断发展完善、与时俱进。

1.1.2 研究意义

设备维护是生产的重要保障，设备维护策略优化研究可以丰富和拓展现有维护理论并且帮助企业安排更合理的维护计划，改善维护管理工作，降低维护费用，提升企业竞争力。

生产计划和维修策略两者之间存在着密切的关系，要想获得更优的决策模型，就需要对这两个因素进行集成设计。然而，现有联合优化模型的研究对象大多是单部件系统。实际上，现在企业生产系统的结构变得越来越复杂，所以多部件系统的应用更加广泛，研究多部件系统的联合优化问题更具现实意义。此外，不同部件之间存在故障交互性但很难量化，现有在考虑部件故障交互性前提下研究联合优化问题的文献较少。因此，本书第一部分考虑双部件系统的生产和维修联合优化问题，从部件之间是否存在故障交互性这个角度出发，探讨部件的劣化程度对生产计划和维修策略的影响，通过优化双部件系统的生产计划和维修策略模型，为生产系统由多个部件构成的企业提供可用的工具和方法。

设备维护将产生对维修备件的需求。维修备件是设备维修活动中必不可少的，适当的备件供应能够为设备的维修与更换提供必要的保障与支持[6]。但是，由于科技的日益发展，大多数现代设备系统的备件不仅价格昂贵，而且越来越复杂。在维修所需要的备件中，按照性质主要分为两类：一是标准件。这类备件一般价格低廉、需求较大、获取容易。二是非标准件。这类备件制作工艺复杂，且价值高、交付时间长，一般都需要各制造业提前向供应商下达采购订单，经过生产、运输等环节到达仓库。由此可以看出，由于备件交付期的存在，备件储备过少有可能会导致出现设备维修过程中备件短缺的现象。而储备过早或过多会不可避免地提高采购价格与持有成本，因此，确定合理的备件订购量，能够在减少库存积压的同时，将更多的资金投入生产中[7]。在生产实际中，各企业在制定备件最优订购策略时，必须依据设备实际情况进行调整，使成本最小化。也就是说，最优备件库存策略的制定是在备件过多与不足带来的经济效益与损失之间做出选择。因此，本书第二部分综合考虑设备维修和备件库存管理的联合优化问题，并在第 7 章给出针对 FD 公司设备维修问题的实际应用。

近年来，尽管基于状态维护和基于延迟时间理论的相关研究都有所增加，但现有研究大多只考虑同类型部件，同时考虑异质多部件系统和部件之间相关关系的研究相对较少。更重要的是，以往的研究在制定维护决策时大多都不考虑部件的维修程度或者假设维修是完美的。随着检测与维修技术的提高，设备部件可以实现不同程度的修复，即进行精准的预防性不完全维修成为可能。由于不完全维护延长了设备部件的使用时间，减少了预防性更换，同时也可以降低运行过程中的故障率，相较于直接更换设备部件，维修的选择可能具有更好的成本效益。因此，本书第三部分综合考虑已知多部件系统、部件相关性以及不完全维修的设备维护策略优化问题，并在第 7 章给出针对 FD 公司和 A 公司设备维护问题的实际应用。

综上所述，本书分别研究了双部件系统的生产和维修联合优化问题、设备维修和备件订购策略联合优化问题以及考虑不完全维修的设备维护优化问题。针对三类问题的研究都补充和拓展了设备维护相关理论研究，后两类研究分别基于两家公司的维护问题改善进行了实际应用，具有一定的理论意义和现实意义。

1.2　研究内容

本书主要分为三部分，第一部分研究主要关注双部件系统的生产和维修联合优化问题，第二部分研究主要关注设备维修和备件订购策略联合优化问题，第三部分则主要关注在考虑不完全维修前提下的设备维护策略优化问题。具体章节内容安排如下：

第 1 章：绪论。该章主要介绍本书的研究背景及意义，指出设备维护管理工作对企业稳定生产运作的重要性。结合企业实际说明大型复杂设备与时俱进的维护理念，表明设备维护策略优化研究的重要意义。此外，该章对相关的研究综述进行了分类梳理并对本书研究问题的特点和创新性进行了说明。

第 2 章：相关理论介绍。该章对维护决策理论、延迟时间理论、部件相关性理论以及备件库存理论进行了介绍，为后续优化研究的展开提供理论基础。

第 3 章：不考虑故障交互性的双部件系统生产和维修联合优化研究。该章对双部件生产系统进行描述，分析两个部件异质的体现，通过实时监测两个部件的劣化状态，采取基于状态的周期性检查维修策略，安排相应的生产计划。建立生产和维修的集成设计模型，构造目标函数，寻找方程最优解。以某个特定的加工系统为例，对生产计划和维修策略进行仿真演示，使用 MATLAB R2018b 拟合优化目标函数，实现对模型的近似求解，得出最优决策变量组合下的最小成本，并对相关参数进行了敏感性分析。

第 4 章：考虑故障交互性的双部件系统生产和维修联合优化研究。与第 3 章不同的是，该章假设两个部件之间不是相互独立的，部件 2 的故障会加速部件 1 的劣化。所以为了保护部件 1，应尽量避免部件 2 故障对其老化程度的影响。我们对两个部件的劣化状态进行检测，定期检查部件状态，通过建模分别确定相应的生产和维修策略。构建目标函数，寻找方程最优解。以实例说明了该模型的应用及其有效性，并对相关参数的灵敏度进行了分析。将两章的数值算例结果进行对比，分析考虑故障交互性对研究问题的影响。

第 5 章：多部件系统设备维修与备件订购联合优化研究。该章采取基于设备状态的检查维修策略，将部件的退化过程划分为多级缺陷状态，根据缺陷级别进行相应的维修活动和备件订购。根据联合检查和备件订购策略得出双部件系统一个生命周期内所有可能的状态，对所有可能状态的概率进行分析计算，构造成本函数，建立成本最小化目标模型，寻找方程最优解，并对目标模型中的关键参数进行灵敏度分析。

第 6 章：考虑设备可修性的部件系统维护策略优化研究。该章主要针对具有串并联结构关系的四部件系统进行研究，以基于设备状态的维护为基础，将部件的退化过程划分为三段，根据缺陷级别执行相应的维护活动。确定各维护活动对应的成本函数，建立以成本最小化为目标的优化模型，并通过遗传算法计算模型的最优解，并对模型中的部分重要参数进行了灵敏度分析。

第 7 章：实际应用。首先，该章对 FD 公司设备维修与备件订购现状及存在的问题进行了分析。介绍炭素行业的现状以及 FD 公司的基本情况、焙烧车间的基本情况以及 FD 公司主要产品的生产工艺流程。分析焙烧车间焙烧炉设备的运行状况，在掌握车间现场维修管理的组织结构、维修人员基本情况以及检修的主要方式的基础上，识别出 FD 公司设备维修及备件库存管理中存在的问题，对存在的问题进行分析与总结。运用第 5 章得出的最优解实施优化方案并得出相应的优化效果。其次，该章分析了 A 公司设备维护现状及存在的问题，介绍了风力发电行业以及 A 公司的基本情况；介绍了 A 公司负责运维的 X 风电场风力发电机设备的具体情况以及设备的维护现状；根据维护的实际情况和具体数据分析了设备维护现存的问题。运用本书第 6 章得出的最优解实施优化方案并得出相应的优化效果。

第 8 章：结论与展望。该章总结本书主要的研究工作，指出不足之处和未来可能的完善方向。

1.3　相关研究综述

1.3.1　设备维修决策研究综述

虽然对设备系统的维修能够很有效地减少设备故障的风险，但是复杂、集成、大型设备系统的发展，使维修技术含量和成本提高，如维修活动开展得过于频繁就会产生高昂的维修成本，由此给公司带来很大的经济压力。维修决策的主要目的是为设备系统选择恰当的维修方法，安排合理的检修计划，以降低维修成本，同时保证设备具有高可靠性与可用性。当前，不少专家已经对设备维修决策展开了深入的研究，他们所研究的基本原则是通过对设备系统维修成本和故障损失成本的计算，找出保障设备安全运转且有经济效益的优化维修方案。

1960 年，Barlow 和 Hunter[8] 率先引入最小维修模型，这同时也是维修建模设计与优化技术研发中的一项突破性研究。从那时起，越来越多的专家对劣化系统的维修模型及策略展开研究。单部件系统维修策略构建和优化策略逐渐成为了多部件系统维修策略优化理论的研究基石[9]。所以，多数维修模型和策略都是先针对单部件系统进行设计的，继而推广至多部件系统。

1.3.1.1　单部件系统维修决策研究综述

研究者发现，不论多复杂的系统，都是由单部件构成的。换句话说，单部件也可以是复杂系统中的一部分。因此，众多研究者从不同视角出发，对单部件系统的维修策略与建模进行了归纳总结。Chen 等[10] 构建了一个基于状态的连续监测维修决策模型，考虑维修的不完美性，其目标是最大化系统可用性，以确定系统最佳维修控制极限。Zheng 等[11] 确定了定期检测策略下最小化长期平均成本的最佳维护策略，旨在通过比例风险模型来表征设备系统的劣化过程。

目前，国内一些专家学者也对系统维修决策问题进行了研究。王凌等[12] 重点针对基于状态的维修总结出了维修决策模型研究的各种要素。许飞雪等[13] 基于周期检测的状态维修策略，构建了不断变化的单部件可维修系统的成本率决策模型。

1.3.1.2 多部件系统维修决策研究综述

Cho 和 Parlar[14] 指出，多部件系统维修决策是一个复杂系统最优维修策略问题，该系统由多个相互独立或者相互依存的设备组成。在多部件系统的研究中，应考虑部件结构以及相关性。Tian 和 Liao[15] 对存在经济依赖的多部件系统维修优化进行研究。Hong 等[16] 研究了存在随机依赖性的多部件系统基于状态的维修模型。Salari 和 Makis[17] 提出了多部件并行系统的退化 CBM 模型。他们认为，系统的生产水平是启动预防性维修的阈值。Eryilmaz[18] 对 k-out-of-n 系统的故障部件最佳更换周期和离线维修进行了深入研究。Zhang 等[19] 针对 k-out-of-n 系统制定了定期检测离线状态的维修策略。

国内学者也对多部件系统维修决策展开了研究，如程志君等[20] 在实际情况下考虑了不完全维修，并针对不完全维修制定了以设备运行状态为基础的机会性维修策略。该策略针对系统中的所有部件，设置了三种状态的维修阈值，分别为故障后、预防性以及机会性维修状态阈值，在上述基础上，构建了以系统可用性最大化为目标的多部件系统状态维修模型，然后给出求解最优状态检查周期和维修阈值的计算方法，结合企业实例进行了模型验证。李志栋和张涛[21] 对多状态串联系统进行了检查和维修优化。李想等[22] 为由多部件所构成的串联系统构建了成组维修策略模型和机会维修策略模型。

1.3.1.3 基于延迟时间理论的设备维修决策研究综述

此外，近十年来，学者们针对具有少数部件和故障模式的系统，给出了基于延迟时间理论的维修策略模型，但有关研究成果还相对较少。例如，Driessen 等[23] 和 Zhang 等[24] 根据延迟时间理论，建立了基于检查与年龄因素的设备混合维修策略模型：检查采用定期点检的方式，而年龄方面则考虑了基于年龄的替换策略，该策略是每固定一个周期 T 检查一次设备，当设备存在缺陷或者设备运行期限超过某一阈值后，执行预防性替换，将单位时间内的期望成本最小化作为决策变量。Rui 等[25] 假定单部件系统中同时具有两种故障模式，并根据定期点检策略构建了维修决策模型。有学者从设备检查周期的视角出发，将延迟时间模型逐步由固定周期检测策略拓展至非周期性检测策略，如 Wang 等[26] 采用两阶段点检策略，在设备运行不同时期使用不同的周期进行检查。Scarf 等[27] 基于周期性检查，考虑随机点检策略，并就随机检查设备的可行性进行了思考。Zhang 等[28] 在考虑两种检测错误的维修决策模型中引入了两阶段点检策略。

王文彬等[29] 在三阶段故障过程的基础上，提出了多点检查策略，他们将检查分为大检和小检，假设检查都是完美的。其中，大检可以发现设备所处的任何状态，如果设备处于轻缺陷状态，小检则会以一定的概率发现该状态。刘学娟等[30]在两部件并联系统中，基于延迟时间理论研究检查间隔问题，其中，假设部件缺陷初始时间服从非指数分布。刘昊等[31]运用延时维修模型模拟设备的老化和维修过程，进行周期性维修，构建总成本模型，以求解最佳预防性维修间隔以及各阶段产品的总产量，从而达到最佳的生产和维修综合规划安排。另外，刘学娟和赵斐[32]在 k/n 系统的维修决策研究中，根据部件初始缺陷发生时间服从指数和非指数分布两种情况，用延迟时间理论建立单位时间维修成本最小化模型，设计仿真流程求解最佳维修检查周期。龙翔宇等[33]针对现代车辆管理系统，利用延迟时间理论建立了一个子系统的多级维修策略优化模型，并通过对子系统之间经济关联关系的考察，建立了一个成组维修优化模型，以求全局利益的最优化。

1.3.2　单部件系统生产和维修联合设计相关综述

维修是为了使生产系统保持在能够执行其功能的状态而进行的一项活动。这些系统通常是生产系统，其输出的是产品或服务。一些维修工作可以在生产运行期间进行，而一些维修工作可以在晚上、周末和节假日进行。然而，在许多情况下，生产系统需要关闭进行维修。这可能会导致一个公司的生产和维修部门之间的关系变得紧张[34]。一方面生产部门需要生产系统部件长期健康地运行，另一方面维修会导致停产和生产损失。

20 世纪 90 年代，有学者从经济生产量（EPQ）的角度出发，将生产与维修相结合进行研究。Lee 和 Rosenblatt[35]开发了一个模型来确定单个产品的 EPQ 和检查时间表，基于比较准则，推导出了生产时间、EPQ、检验间隔数等其他决策变量的计算方案。Zhang 和 Grechak[36]为随机产量 EPQ 模型提供了检验策略。Makis[37]研究了经济制造数量（EMQ）模型中具有随机劣化生产过程的最优批量和检验调度问题。假设检查是不完善的，它们并不一定揭示过程的真实状态。Liu 等[38]建立了一个综合决策模型，该模型把预测信息与单个部件的调度决策相结合，同时考虑了设备故障时的健康状况和寿命，并将其与独立处理预测性维修计划和生产计划问题所得出的解决方案进行了对比，结果表明，该方法还是非常有效的。Nourelfath 等[39]将多状态系统的预防性维修与战术生产计划相结合，给出了多状态生产系统在指定的有限规划时间内必须批量生产的产品数量。通过周期性的预防性更换部件和对故障部件进行最小限度的维修，确定系统的集成批量和预防性维修策略，同时满足整个范围内所有产品的需求。与之类似的是，有的学者将系统状态划分成多个，如 Machani 和 Nourelfath[40] 提出了一种遗传算法来解决多状态系统预防性维修和战术生产计划的集成问题。Fitouh 和 Nourelfath[41] 将多状态系统的非定期预防性维修与战术生产规划相结合，确定了系统的集成批量和预防性维修策略，同时满足整个范围内所有产品的需求。与前一个研究不同的是，他们对于劣化的部件进行非周期性的预防性更换。在生产部件发生随机故障和维修不完善的现实假设下，研究了经济生产数量和预防性维修计划的联合确定问题。Radhoui 等[42] 以故障率为依据，对具有缓冲库存量的制造系统进行了研究，采用仿真方法进行缓冲区与维修临界点的联合决策。Pal 等[43] 假设生产过程会从"可控"转向"失控"，并在"失控"的情况下生产出大量的低质量产品。因此，在这种假定下，他们对有限产量下的生产批量进行了研究，并对其进行了优化。

上述维修策略大多是基于时间的维修，但是基于时间的维修未考虑周围环境对系统的影响，易造成维修不足或过度维修现象。随着监测和通信技术的发展，开始倾向于使用基于状态的维修（Conditioned Based Maintenance，CBM），所以一些学者将 EPQ 与 CBM 集成来研究生产和维修的联合优化问题。与之前关于这个主题的研究不同，有的学者允许使用连续时间和连续状态退化过程，这扩大了该模型的应用领域。Peng 和 Van Houtum[44] 开发了一个 EMQ 和 CBM 政策的联合优化模型，通过考虑 CBM 来优化生产批量。利用更新理论，对退化制造系统的平均长期成本率进行了评估，得到了可以使退化制造系统的长期平均成本率最小的最优 EMQ 和 CBM 策略。Cheng 等[45] 考虑了不完善生产系统的生产批量、质量控制和状态维修的综合问题，该系统同时受可靠性和质量退化的影响。为了保护库存不受不确定性的影响，采用了制造—库存的生产策略。通过联合优化批量规模、库存阈值、预防性维修和大修阈值，使单位时间总成本最小。Zhang 和 Grechak[36] 考虑受机器退化影响的健康状态和虚拟年龄，建立了一种以总预期费用最少为目标的预测维修决策与单机调度决策相协调的综合决策模型。Duffuaa 等[46] 等提出了一种能同时集成和优化单机生产、维修和过程控制决策的模型，建立了由生产调度、库存持有、维修和过程控制等因素决定决策变量并优化单位时间总成本的集成模型。Sharifi 和 Taghipour[47] 针对具有离散劣化状态的多故障单机制造系统，提出了一种联合生产调度与维修计划的集成数学模型。这台机器有两种不同的故障模式：一种故障模式是在作业处理结束时检测到的机器完全损坏；另一种故障模式是在故障时检测到的随机故障。考虑到两个基于机器劣化状态的阈值，提出了一种基于概率输入参数的封闭式矩阵数学模型，通过确定最优作业顺序和机器劣化状态阈值来优化系统的总成本。

国内一些研究也从经济生产批量的角度对生产和维修进行集成研究。如王莹[48]针对零件的故障趋势设计出三种状态空间，对零件进行差异化维修。同时，分析零件状况对经济批量的影响，在此基础上综合考虑各因素的作用，建立了两种预测维修和经济生产批量集成的数学模型。与之类似，刘学娟和赵斐[49]也将有限的生产计划周期划分为几个相同的时期，根据某一特定时期每种产品的需求和延时理论，建立了一种数学规划模型，并对零件的维修与制造计划问题进行了优化。此后，刘学娟和赵斐[50]又考虑到协变因素，利用随机系数回归模型建立了设备的劣化过程，将协变量引入到了加速故障的恶化过程中，并将其纳入到模型中。利用更新收益理论，建立了状态监控维修与经济生产批量的集成成本模型。通过对集成成本模型的优化和分析，可以得出最优的决策变量。汤乐成等[51]在大批量生产企业面对不同用户需求时的设备维修决策问题中，建立了以顾客满意为基础的视情维修策略模型，以及设备运营费用模型和用户满意模型，并给出了系统的总体费用模型。

然而，在实际应用中，有些系统无法及时获得设备状态信息，因此，成国庆等[52]利用质量反馈信息评估系统状态，建立了维修策略。当产品品质与设备恶化状况有显著的函数关系时，通过对批量生产后的系统状况和批量生产中的质量反馈信息进行补充，以保证检修作业的快速响应，并采用全概率分解法建立了成本平均率模型。

通过 CBM 监测系统的退化程度预测故障，可以使维修工程更加高效。然而，在基于 CBM 规划维修活动的研究中对于生产计划中 EPQ 的问题考虑略显不足。

1.3.3　多部件系统生产和维修联合设计相关综述

随着科学技术的发展，以及工业技术和管理方法的进步，系统的服务对象由单一的个人扩大到多重个人或复合团体，企业的部件、设备和系统都在向大型化、连续化、复杂化、精密化、柔性化的方向发展，系统也从原来的简单结构发展到了现在的复杂且设计精密的部件系统。不同部件之间存在依赖关系，这也是企业在制定维修决策时要考虑的重要因素。因此，多部件系统的生产和维修联合优化的问题也受到越来越多学者的重视。

多部件系统结构复杂，为了建模方便，目前的文献大多关注相互独立的多部件系统。但是如飞机和火车等交通系统，是由不同的部件混合配置的多部件系统。在这样的多部件系统中，部件之间存在交互性（如负载均衡）。后来的学者将多部件系统中的相互依赖关系进行研究，并划分为以下三类：

（1）经济依赖性（Economic Dependency）。一般指在安排维修活动时，与某种维修政策有关的费用受到经济性相关的影响。经济性相关意味着，与单独维修每个部件相比，组合维修多个部件的成本要么更高（经济负相关），要么更低（经济正相关）[53]。这种类型在飞机、船舶、电信和大规模生产线这样的系统中比较常见。为了节省成本，研究中多考虑经济正相关。

（2）结构依赖性（Structural Dependency）。结构性相关涉及不同部件之间的结构、静态关系。最初，结构依赖关系是指在更换某一部件时需要拆除或更换其他部件[54]。

（3）随机依赖性（Stochastic Dependency）。当部件的状态影响其他部件的寿命时，就会发生这种情况。随机依赖性有时也被称为概率依赖或故障交互作用[55]。本书仅考虑随机依赖性，具体表现为一个部件的故障会增加其他部件的故障/危险率，相关概念和综述将在下节进行具体讨论。

下面我们将对多部件系统的生产和维修联合优化问题的相关研究综述进行总结。其中，串联生产系统的维修决策就是一个具有实际意义的研究课题。如Zhou 等[56] 研究的串联生产系统由几个子系统组成，他们提出了一种在不同智能体协作下选择维修动作的新方法，利用马尔可夫决策过程（MDP）处理具有复杂结构的串联生产系统问题的维修策略。与之不同的是，有学者从串联系统预防性维修出发，如 Xiao 等[57] 将串联系统的预防维修与生产调度相结合，建立了联合优化模型，提出了一个以生产成本、预防性维修成本、突发故障维修成本和延迟成本最小为目标的联合优化模型。总成本取决于生产工艺流程和与可靠性相关的机器维修计划。此外，一些学者在串联的多机系统中，会考虑市场的需求，假设市场需求随机，这让问题变得更加切合实际，但受到生产计划的影响，维修策略也变得更加复杂。如 Wang 等[58] 针对不同时期的随机需求，提出了一种基于目标服务水平的预测维修策略。另外，他们还提出了一种可用于处理随机依赖性和经济依赖性的机会维修策略，建立了使总成本最小的生产、质量和维修一体化模型。Dellagi 等[59] 考虑一个生产系统必须在一个有限的计划期内满足一个随机的需求，且服务水平是必需的。通过开发一个分析模型，确定受生产量影响的系统的故障率，试图通过生产计划控制规划周期。Zhou 和 Ning[60] 针对具有随机生产等待的多机串联系统，利用维修重力窗（MGW）的概念，提出了一种新的基于维修重力窗的 OM 策略。通过使整个项目调度周期内单位时间内的总维修成本最小，得到系统的最优 MGW。

因为串联结构和并联结构对于整个生产系统的影响不同，所以很多学者开始从并联结构的角度来研究该系统的生产和维修联合优化问题。Zhou 等[61] 在维修能力有限的情况下，考虑了部件之间存在随机依赖和经济依赖的并联系统的维修优化问题。对各部件的维修策略进行联合优化，并对系统的退化过程进行建模，以解决随机依赖和有限维修能力问题。为了克服并联系统状态空间中随着元件数量增加而迅速增加的维修次数问题，采用马尔可夫决策过程（MDP）进行维修优化，提出了一种改进的近似线性规划（ALP）算法。Nourelfath 和 Chatelet[62] 在一组并联部件组成的生产系统中考虑到共因故障，他们研究在存在经济依赖和共因故障的情况下，预防性维修和战术生产计划的集成问题，并解释共因故障的概念和特点。此外，提出在定期更换部件时，对故障部件进行最小程度的修复，并给出了该并联系统必须在指定的有限规划区间内批量生产的一组产品。在多部件系统中考虑部件之间存在故障交互性，并将生产和维修联合优化的研究非常少。

多机系统的构成可以有很多种形式。除了对串联和并联系统的研究，还有一些学者开始研究更加复杂的串并联系统。如 Zhou 等[63] 提出了一种考虑经济依赖和随机依赖的多状态串并联系统定期检查并维修的优化方法。基于半再生理论和通用发电函数，计算单位时间平均收益，以此建立目标函数。为了减小维修策略的搜索空间、提高优化算法的效率，又提出了一种基于随机排序的优化算法。Cheng 等[64] 针对串并联系统提出用结构重要性来决定维修决策的方法，并建立了一个在有限时间范围内生产满足需求产品的多部件生产系统的批量生产和状态维修联合优化模型。基于状态的维修决策规则不仅基于预测可靠性，而且基于各部件的结构重要性。Cheng 和 Li[65] 提出了一种串并联多级生产系统的生产、质量控制和预防性维修的联合模型。在每个阶段，有多台机器来满足生产力和生产线相平衡的要求。在生产过程中，根据质量信息反馈进行预防性维修，以提高机器的可靠性，从而提高产品质量。该维修策略的新颖之处在于在选择维修机器时考虑了机器结构的重要性测度和生产率。通过同时确定生产运行的长度、质量控制阈值和维修阈值，达到平均成本率最小化的目的。

国内关于多部件生产与维修的联合优化问题的研究还很少见，汪博伦[66] 则主要针对串联制造系统中的单机和双机的维修策略进行了深入的探讨，并将与维修行为有关的因素如备件、积压存货、产品品质等考虑在内。首先，利用威布尔比例风险模型对串联系统中单个设备的故障进行了分析，并考虑故障发生后的剩余故障，继而对常规备用和应急备用两种订货策略进行了分析。其次，在上述研究基础上，对上游设备的维修与库存管理、存货管理和产品品质管理之间的关系进行了分析。最后，对串联系统中的单机设备维修策略进行了扩展，并利用威布尔比例风险模型对其故障进行了分析。有些学者对并联系统的生产和维修联合优化问题进行了探讨。如张博文等[67] 以多部件、多周期、多产品、有限产能批量规划问题为研究对象，提出了以零件操作为基础的预防性维修思想和成组维修策略，以保证系统的生产和维修费用最少为目标，从而使生产计划和维修工作之间的耦合关系得到了较好的体现。还有学者从结构更加复杂的串并联生产系统出发，如成国庆等[68] 通过研究串、并混联组成的存在多个生产过程的系统，实现了生产批量、质量控制和预测维修等多个环节的协同优化。预测维修是基于部件可靠性、结构重要性和生产能力比例的综合决策，从而使维修资源得到合理配置。在各个环节都设有质量检验台，对各个零件的加工质量进行实时的检验，并依据质量反馈的信息，对超出控制临界点的零件进行预防性的替换，以改进其性能，提高产品的品质。

1.3.4　考虑交互性的相关综述

多部件系统的维修模型主要是在探讨多部件系统的最佳维修策略，而且目前文献中大多数模型都是假设部件之间的故障是相互独立的情况。但实际上，大多数工业系统由多部件所组成，且这些部件之间都存在一定相互影响的关系。换言之，部件之间的故障往往存在统计学上的关联。特别是在为多部件系统设计预防性维修或更换策略时，部件之间的故障交互作用（Failure Interaction）将成为设计时的重要考虑因素。

这种依赖性在不同的行业中的体现都是显著的，特别是在机械系统[69] 中。例如，在传统的数控机床可靠性分析中，一般都是建立在各部件故障是独立的基础上，但在工业实践中，这种假定往往是不切实际的，从而产生了无法接受的分析误差。所以像数控机床这种典型的复杂系统，由于结构和故障类型比较复杂，很难判断其故障规律。一个部件的故障率不仅受到自然故障的影响，而且还受到故障交互的影响[71]。

其中，故障交互作用是最常被考虑的因素之一。Murthy 和 Nguyen[70] 首先提出了该概念，并提出了两种不同类型（第一类和第二类）的故障交互作用。第一类故障交互作用是指某一个部件的故障会导致其他部件同时发生故障，如果该部件单独发生故障，称之为自然故障（Nature Failure），如果其他部件也同时发生故障，称之为诱发故障（Induced Failure）。第二类故障交互作用是指某一部件的故障会对其他部件造成影响，其影响体现在状态或性能等多个方面。

我们在对故障交互作用的有关文献进行整理后，可以将其分为以下三种类型：

（1）第一类故障交互作用（Type Ⅰ Failure Interaction）。如果某个部件出了问题，那么它就有可能（以一个固定的概率）引起其他部件的故障。Murthy 和 Nguyen[70] 最先提出了这个故障交互作用，并将其应用于一个双部件系统替换模型，后来他们又把这个概念推广到了多部件系统中。

（2）第二类故障率交互作用（Type Ⅱ Failure Rate Interaction）。当部件出现故障时，会对一个或多个部件造成冲击，从而影响其故障的概率，这就是所谓的"故障率交互作用"。Murthy 和 Nguyen[70] 最先提出了这一概念。

（3）冲击损伤交互作用（Shock Damage Interaction）。Murthy 和 Casey[71] 提出了另一种故障交互作用，即冲击损伤交互作用，并从双部件系统中得到了一个最优的替换策略。在双部件系统下，其中一个部件的故障就像一种冲击（Shock）一样，会给其他部件带来随机的损坏（Damage），并且这种损坏是可以积累的，当这些损坏达到一定的程度时，部件就会出现故障。

1.3.5 考虑故障交互性的相关综述

一些学者研究的是第一类故障交互作用，这个概念首先由 Murthy 和 Nguyen[70] 提出。后来，Murthy 和 Wilson[72] 从不同的数据结构出发，对一种类型的故障相互作用进行了参数估算。Jhang 和 Sheu[73] 把概率作为故障时间的一个概率函数来扩展。同时考虑了第一类和第二类交互作用。假定第 $i(1<i \leqslant N)$ 个部件存在两种故障模式，假定第 i 个部件在时刻 t 出现故障，则第 i 个部件是第 i 个部件故障（轻微型）的可能性是 $q_i(t)$，第 i 个部件的故障不会对其他部件造成任何影响，并且可以利用小修来修正。而第二种类型的故障（严重型）是

$1-q_i(t)$，如果出现第二种类型的故障，则会导致整个系统中的其他所有部件一起故障。Scarf 和 Deara[74] 讨论了一个具有第一种故障相互作用和经济依赖的双部件系统模型，并且考虑了基于年龄的替换策略和机会替换策略。Scarf 和 Deara[75] 对区域替换策略进行了深入的探讨，并与基于年龄的替换策略进行了对比。Zhang 等[76] 研究了包含故障交互和机会维修的多部件系统的维修策略。这个维修问题可以表述为马尔可夫决策过程（MDP）。然而，由于 MDP 中的动作集和状态空间随着部件数量的增加呈指数级扩展，传统的方法在计算上是难以处理的，因此，将多组分系统分解为相互影响的单组分系统来解决维数问题。每个单部件系统都是作为一个 MDP 来制定的，其目标是使其长期平均维修成本最小化，最终获得比较合理的可接受的多部件系统维修策略。Liu 等[77] 提出了一种考虑部件间故障交互的基于更新的免费更换保修模型。当一个部件（子系统）出现故障时，它会导致一个或多个剩余的部件（子系统）出现故障。他们给出了串联和并联系统结构的成本模型，保修成本取决于包括系统配置、每个部件的质量和部件之间的故障依赖程度的多种因素。

与其他学者研究的维修方法不同的是，Yang 等[78] 利用群维修的策略，研究了具有故障交互的双部件系统的群机会维修策略。在充分考虑环境不确定性的情况下，以软、硬故障之间的相互作用导致的随机危险率增量为特征。为了充分利用各部件之间的经济依赖性，对整个系统进行维修时，将预定维修窗口等距设置。每当一个部件在维修窗口被替换时，另一个部件也会被适时地替换。此外，部件 2 的故障可以通过最小修复来消除，更换则留给后续的窗口。

国内也有很多考虑故障相关的学者。葛阳等[79] 以系统平均可用度最大为目标，利用更新过程理论，建立了系统评价可用度与维修间隔期之间关系的解析模型，通过算例验证了模型的合理性和有效性，为故障相关复杂系统维修间隔期的确定提供了一种合理有效的理论方法。国内有的学者将故障相关带入到特定的系统结构中。比如，栗志荣等[80] 针对工程实践中存在的故障相关的双部件并联系统，通过部件故障率分析，研究了系统备件消耗预测方法。将故障相关情况分为一般情况和特殊情况，分别推导了部件累积故障分布函数，在此基础上，建立了备件消耗预测模型。通过实例分析，验证了该方法的可行性，为工程实践中备件消耗预测提供了参考。李有堂和黄兆坤[81] 则考虑更加复杂的系统结构，以多个设备构成的串并联生产系统为对象，以系统中的设备维修费用和系统的可用性为研究对象，从多资源约束的角度出发，以设备的可靠性为依据，综合考虑各个环节的故障交互性，提出了一个包含经济依赖性与故障交互性的机会维修模型。

1.3.6 考虑故障率交互性的相关综述

Murthy 和 Nguyen[70] 最先提出了故障率交互作用这一概念。基于这个概念，Lai 和 Chen[82] 针对双部件系统的故障情况，建立了一个周期性替换模型。Lai 和 Chen[83] 后来又在此基础上，考虑了冲击损伤。针对两个机组存在的故障交互问题，建立了经济周期替换模型。在此模型中，1 号机组的故障会使 2 号机组的故障率增大，并对 2 号机组产生一定的损害，而 2 号机组每出现一次故障，1 号机组都会出现瞬时故障。在没有单元间故障交互作用的情况下，两个单元的故障率也随着老化过程的增加而增加。双单元系统在年龄 T 时或故障时全部替换，以先发生的为准。不同于上面的基于年龄的维修策略，Lai[84] 研究了一种具有故障率相互作用的可修双机并联系统。单元间的故障率交互表现为，无论 1 号机组何时发生故障，都会使 2 号机组的故障率有所增加，而 2 号机组的故障会导致 1 号机组同时发生故障。考虑基于 1 号机组故障次数的离散替换策略，在 1 号组件发生第 n 次故障或系统发生故障时，直接更换系统。模型研究的问题是确定一个最优的替换策略 N^*，使单位时间的期望成本率最小化。Lai 和 Yan[85] 针对具有故障率相互作用的双部件系统，提出了一个包含累积维修成本限制的离散替换模型，该模型包含一个双部件系统的累积修复成本上限。假设部件 1 的故障导致部件 2 的故障率增加，而部件 2 的故障导致部件 1 的故障，从而使整个系统出现故障。如果部件 1 发生故障，到此故障为止的累计修复成本小于限制阈值 L，则部件 1 被修复。如果部件 1 出现故障，累计修复成本超过阈值 L 或故障次数等于 n，则对整个系统进行预防性更换。系统也在完全故障时进行更换，更换成本高于预防性更换成本。Bian 和 Gebraeel[86] 提供了对部件相互依赖关系进行建模和预测其剩余生存期的独特视角。具体地说，他们在研究中考虑了一个随机建模框架来描述给定系统中相互依赖的部件退化过程中的相互作用。这是通过构建与每个部件相关的基于状态的传感器信号来实现的。该模型还用于估计各部件的剩余寿命分布。此外，利用与交互相关的实时动态传感器信号，使用贝叶斯框架来更新预测的剩余寿命分布。Qiu 等[87] 考虑了系统是由不同的部件组成的，将系统故障分为软硬故障，研究了在有限时间范围内存在故障交互的双部件系统的可用性和最优维修策略。部件 1 是软故障，只能通过检查来得知。部件 2 是硬故障，并且故障是自动宣布的。每一次硬故障都是对部件 1 的冲击，并增加了它的故障率。定期和机会检查（由部件 2 的故障提供）被用来揭示部件 1 的故障，然后进行替换决策。此外，对部件 1 进行基于年龄的预防性替换。

有的研究在建立相关模型之后，将模型带入现实的例子中，通过具体数据来描述这种交互作用在实际中的体现。比如，Rasmekomen 和 Parlikad[88] 以某石化厂的工业冷箱为例，通过采集冷箱管内污垢的数据发现，由于过载，一个管的污垢程度会影响其他管的污垢速率。他们提出了一种基于状态的多部件系统维修优化方法。在这种系统中，某些部件的状态会影响其他部件的退化速率，即状态速率退化相互作用。另外，他们用一个回归模型来描述这个例子中的状态—速率退化相互作用。

国内也有一些对于第二类故障率交互作用的研究。以张卓琦等[89] 为例，针对第二类故障交互作用，探讨了一种基于年龄的预防性维修与机会性维修相结合的方法，以减少系统的维修费用。利用更新理论，构建了预期维修费用率的分析模型，并以系统预期费用率最小为优化目标，确定了最佳的机会性维修策略。钱倩和蒋祖华[90] 针对动车组关键部件数量多、维修周期长、维修费用高等问题，提出了多部件系统故障检修策略，该策略考虑预防维修时间、故障相关性、经济相关性这三种因素。通过建立多部件系统的故障率模型，在考虑了预防性维修的前提下，将预防性维修成本划分为独立时间成本和依赖时间成本，并对其进行了经济相关性分析。另外，以系统维修费用率最小为优化目标，采用遗传算法进行了求解。

1.3.7　冲击损伤交互性的相关综述

冲击损伤交互作用是由 Murthy 和 Casey[71] 提出的另一种故障交互作用，通过对双部件系统进行分析，得出一个最优的替换方案。并且提出冲击损伤交互性的含义就是当一个部件发生故障时，它就会对另外一个部件产生随机的损坏，且这种损坏是可以积累的，当达到一定的水平时，就会导致另一个部件故障。

Satow 和 Osaki[91] 考虑了一个双部件系统的最优年龄离散替换策略。其中，1 号部件故障是按泊松过程发生的。每一次部件 1 的故障都会对部件 2 造成随机的伤害。部件 1 的重复故障会导致系统故障，当总损坏超过指定的水平 k 时，部件 1 的故障可以通过最小修复恢复。故障的系统被一个新的相同的系统取代。他们推导出在无限时间运行中单位时间的期望成本，讨论了所有最小化期望成本率的最优策略。Wang 和 Zhang[92] 研究了具有冲击损伤交互作用的单修理工双部件系统的修理替换问题。假设部件 1 一旦出现故障就会被更换，部件 1 的每次故障都会对部件 2 产生随机冲击。冲击损害可能是累积的，当总的冲击损害等于或超过一个给定的阈值时，部件 2 故障会导致系统崩溃。部件 2 是可修复的，它遵循几何过程修复。在这些假设下，他们根据部件 2 的失败次数考虑替换策略 N。他们的目标是确定一个最优的替换策略 N^*，使平均成本率（即单位时间的长期平均成本）最小。利用更新奖励定理推导出了平均成本率的显式表达式，并通过解析或数值方法确定了最优替换策略。Sheu 等[93] 认为冲击类型的概率与年龄有关。考虑一个由两个主要部件 a 和 b 组成的系统，每一个部件都受到两种类型的冲击，这些冲击发生在一个非齐次泊松过程中。Ⅱ 型冲击会导致完全的系统故障，可通过更换来纠正，但Ⅰ 型冲击会使部件 a 发生轻微的故障，只要对其进行最小程度的维修就可以修复。每个部件 a 的轻微故障都会对部件 b 造成随机数量的损害。这种对部件 b 的损害可以累积到一个指定的完整系统故障级别。此外，具有 z 级累积伤害的部件 b 可能在每个部件 a 出现轻微故障时以 π(z) 的概率出现轻微故障，并通过最小维修修复。他们考虑一个更一般的替换策略，即系统在 T 龄、第 n 个Ⅰ 型冲击或第 1 个Ⅱ 型冲击时被替换，或者当对 b 部件的总伤害超过指定水平时（以最先发生的为准）被替换。他们确定了 T^* 和 N^* 的最优策略。Lai 等[94] 研究了具有累积修复成本限制的二元（数学处理错误）替换策略，在此条件下，系统受到单元间的冲击损伤交互作用。每一个部件 1 的故障都会对部件 2 造成随机损伤，这些损伤是可叠加的。当 2 号部件的总伤害超过一个故障级别（数学处理错误）时，2 号部件就会发生故障，这样的故障会使 1 号部件同时发生故障，从而导致整个系统故障。当部件 1 发生故障时，如果到此故障为止所累积修复成本小于预定的限度（数学处理错误），则通过最小修复纠正部件 1，否则，系统被预防性替换。系统也会在部件 1 或部件 2 完全发生故障时被替换。他们推导了单位时间长期预期成本的显式表达式，并通过解析或数值方法确定了相应的最优二元替换策略。

有的学者将冲击损伤交互作用概念与实际相联系，研究在特定的设备中，冲击损伤交互作用是如何演化的。比如，Meango 和 Ouali[95] 建立了一个综合故障交互作用为连续随机事件的模型。他们使用一个相关的概念来模拟依赖的故障模式产生极端冲击的后果。该模型量化了两种故障模式对可靠性指标体系的影响概率。采用马尔可夫决策过程方法估计了涵洞系统在两种开裂和位移相关破坏模式下的平均破坏时间。所建立的模型除了可解释结果外，还再现了涵洞内的相互作用现象。Wang 等[96] 为了模拟电动车组（EMU）部件在外部冲击下的可靠性演化过程，提高维修经济性，建立了多级预防性维修方法，分别讨论了维修周期和多级不完善维修分配对维修经济性的影响。数值实验表明，多相预防性维修模型能有效降低维修费用。二级预防性维修能力不完善分析表明，二级预防性维修可以延长四级预防性维修的里程，三级预防性维修可以降低维修成本率。此外，他们根据不同线路的特点，提出了维修工作量分配的建议。

除了单纯考虑冲击损伤交互作用的研究之外，有的研究将其余两种交互作用与冲击损伤交互作用同时考虑在内，问题更加复杂。比如，Shen 等[97] 同时考虑第一类交互作用和冲击损伤交互作用，对具有交互作用的多部件系统进行了可靠性分析，模型中的部件交互指的是特定部件的降级行为会影响另一个部件的降级行为。同时考虑冲击的影响，假设分类冲击是选择性地影响一个或多个部件，通过突然跳跃或加速劣化速率影响劣化水平，或两者兼备。

有的学者同时考虑第二类交互作用和冲击损伤交互。比如，Lai 和 Chen[83] 提出了同时受故障率相互作用和外部冲击影响的双机系统的周期性更换模型。在没有外部冲击的情况下，每台 1 号机组在发生故障时，都会作为内部冲击影响 2 号机组的故障率，使 2 号机组的故障率在一定程度上增加，而每台 2 号机组发生故障会导致 1 号机组瞬间故障。除机组间相互作用的故障率外，系统还会受到外部冲击，外部冲击可分为两种类型：A 型冲击导致 1 号机组发生故障，然后将这种故障的损害转化至 2 号机组，而 B 型冲击使系统完全瘫痪。所有的 1 号机组故障都可以通过轻微的维修得到纠正。Sung 等[98] 提出了一个双部件系统的扩展替换策略，该系统在受到冲击时表现出交互作用。影响系统的外部冲击有两种：Ⅰ型冲击会导致 a 部件轻微故障，这种故障所造成的损害会影响 b 部件，而Ⅱ型冲击会导致系统的全部故障（灾难性故障）。所有 a 部件的故障都可以通过进行少量的维修来恢复。系统还显示了各部件的故障率之间的相互作用，即任何部件 a 的故障都会引起内部冲击，从而增加部件 b 的故障率，而部件 b 的故障则会导致部件 a 的瞬时故障。

国内也有学者考虑冲击损伤交互作用。比如，范江川和刘子先[99] 在为两部件系统制定预防性维修策略时，传统的研究只考虑故障相关或外部冲击一方面的影响，导致系统的故障率被低估。针对这一问题，他们综合考虑两者的共同影响，且外部冲击的发生服从非齐次泊松过程，更符合实际情况。通过年龄预防性维修确定最优更换周期，然后在年龄预防性维修的基础上引入机会维修，以预防性维修周期内的维修费用率最低为优化目标，利用更新报酬理论构建期望维修费用率的模型，确定最优机会维修阈值，并通过算例分析了故障相关性与外部冲击对机会维修策略的影响。范江川[100] 以两部件串联系统为研究对象，根据系统实际情况以及运行特点，综合考虑部件间内部故障相关性以及外部非齐次泊松过程冲击对系统维修策略的影响，提出了在年龄预防性维修的基础上引入机会维修的策略。对系统采取年龄预防性维修策略，运用更新报酬理论建立模型得到最优更换周期和最优年龄维修费用率表达式。

由于多部件系统存在众多的依赖关系，会使研究更加复杂，所以目前无论是国内还是国外对于多部件系统的生产和维修的联合优化研究都非常少，特别是从是否考虑交互性的角度出发去研究不同部件之间的相互影响。我们从这个角度出发研究多部件系统的联合优化，制定合理的策略，丰富相关的研究。

1.3.8　设备维修与备件库存联合决策研究综述

上述关于维修决策的优化研究，不论是单部件还是多部件系统，在其研究中，均没有考虑备件对维修活动的影响，假定维修所需备件都能够即时且无限制地使用，但是这种假设在实际中并不属实。此外，从前文的分析中可以看出，备件库存与维修之间存在着紧密的联系，对两者进行联合优化研究在维修决策领域中是很有必要的。已有大量学者就两者的联合优化策略展开了研究，以保证在维修时备件的高可得率。

Falkner[101] 提出设备维修与备件库存联合优化的概念。Osaki[102] 在对联合优化概念进行扩展的基础上，给出订购、替换策略，并通过最低库存成本函数求出最优备件订购及部件更换时间。其后，国内外相继进行了一系列关于两者联合优化的研究。Van Horenbeek 等[103] 在库存策略、维修特性、延迟、单/多部件、优化目标与技术方面总结了维修和备件库存联合优化问题。

1.3.8.1　单部件系统维修与备件库存联合决策研究综述

Wang 等[104] 针对持续退化单部件系统，进行维修和备件订购策略的联合优化研究，其中，维修是基于状态阈值的。在成本率分析模型中，以订单阈值、预防性更换阈值和检验间隔为决策变量。Zahedi-Hosseini 等[105] 采用基于时间的预防性维修及持续检查的（s，Q）库存策略进行维修和备件库存的联合优化研究，通过维修周期及备件订购参数的优化，旨在使成本最小化。

张晓红和曾建潮[106]针对持续退化单部件系统，构建了 CBM 与备件订购联合优化模型，通过计算系统退化与备件库存相结合的状态概率密度，确定检查间隔、预防性维修阈值和备件订购阈值，使设备长期运行费用率最小。对于可修的单部件系统，赵斐和刘学娟[107]固定设备检查间隔，在维修方面，考虑不完美的预防性维修；在库存方面，考虑备件订购问题。基于此，进行了两者的联合优化研究，得到最佳检查间隔及订货点，使系统总成本最低。林名驰等[108]针对不可修复产品结合基于时间和状态的维修，研究其维修与备件两者的联合优化。张新辉等[109]研究设备维修与备件订购的联合决策问题，构建了解决预防性更换阈值与订购阈值问题的仿真模型。

1.3.8.2　多部件系统维修与备件库存联合决策研究综述

关于多部件系统的联合优化研究，Zhang 和 Zeng[110]通过状态空间划分方法，在考虑经济相关性的基础上，研究 CBM 与备件库存联合优化建模问题。基于状态的维修一般会按照设备的实际状况进行，这样就可以提升设备使用率，防止维护不到位情况的发生，同时也可以避免不必要的维护。随着各种复杂系统状态监测技术的不断进步，基于状态维修的多部件维修决策研究日益增多，因而基于状态的联合优化研究成果也越来越多。例如，Keizer 等[111]针对多部件系统，基于系统状态，提出维修与备件规划的联合优化，使用马尔可夫决策过程来构建模型，在每个时间单元开始时，决定是否要更换一些单元，并确定要订购的备件数量。Wang 和 Zhu[112]针对 k-out-of-n 多状态可修系统，研究了离线状态检修与备件库存联合决策等问题。

张晓红[113]对多部件系统的维修决策与备件库存策略的联合优化问题进行了较为深入的研究，然而他针对的是由多个相同或相似的设备及部件组成的系统。逯程等[114]针对相同多部件系统，利用状态空间划分法构建了周期检查下基于状态的维修与备件库存联合决策模型。k/n 系统是相同多部件系统中一种特殊形式，对于该系统，蒋伟等[115]在 CBM 的基础上提出备件初始选择问题，得出系统可用度受到维修与备件库两方面的影响，具体为维修能力与阈值、备件库存水平，从而进行了联合优化研究。杨建华和韩梦莹[116]提出了基于状态维修和批量更换集成优化模型，基于此，研究了 k/n 系统的备件供应等相关问题。

1.3.8.3　基于延迟时间理论的设备维修与备件库存联合决策研究综述

关于设备维修与备件库存联合优化问题的研究文献较多，但基于延迟时间理论对两者联合优化问题进行研究的文献却极少。就多部件系统而言，Wang[117]在两阶段延迟时间理论的基础上，研究两者的联合优化。其中，采取周期性检查策略，成组检查部件状态与备件库存，通过检查周期、备件订购周期和订购量的确定，使单位时间期望成本最少。Zahedi-Hosseini 等[118] 采用延迟时间理论，通过定期检查建立两者联合优化模型，在备件库存方面采用连续与定期两种检查补货策略，收集数据对比分析两种策略对成本的影响。关于单部件系统的联合优化研究，Zhao 等[119][120] 在延迟时间理论的基础上，通过两阶段检查系统状态进行备件订购，由此建立了两者的联合优化模型。其中，在整个寿命周期内只进行相应部件的一次备件订购，每次只订购数量为"1"的备件量。在此研究中，备件的订购模式分常规和紧急订购两种。赵斐和刘学娟[107] 在不完全维修的前提下，基于三阶段故障过程，通过周期性检查建立两者的联合优化模型，其中，备件订购形式仅有一种。

Vu 等[121] 在其文献中表明，伯恩鲍姆结构重要度是构建复杂结构多部件系统维修优化预防阈值的一个有趣指标。考虑部件结构重要度，根据延迟时间理论，进行设备的维修决策的研究也有，但并不多。Nguyen 等[122] 研究具有多个不同部件的复杂系统，针对关键度不同的部件，结合备件可用性，提出机会性维修决策规则。Ma 等[123] 针对存在重要性的双部件系统进行了预防性维修决策研究，其中，将部件分为关键部件和非关键部件。部件结构重要性不同的部件，其故障模式也就有所不同，关键部件遵循延迟时间理论，而非关键部件服从 0-1模式。

1.3.9　考虑不完全维修的设备维护决策研究综述

不完全维修的概念很早就已经出现并且在实际设备维护过程中得到了应用，但早期的不完全维修研究都是以一种概率事件进行分析，此外大多数维护策略研究都是针对单部件系统。Nakagawa 和 Yasui[124] 将不完全维修的程度看作一种概率事件，研究了维护策略对系统可靠性的影响。Pham 和 Wang[125] 对早期设备不完全维修的概念以及相关策略进行了讨论总结，分析了不完全维修活动可能产生的多方面影响。Jack[126] 引入了虚拟年龄对设备劣化过程进行建模，研究了线下的不完全纠正性更换和不完全预防性维修策略对设备寿命的影响。Cassady 等[127]

在虚拟年龄模型基础上引入了改进因子，研究不完全维护的时间间隔对设备可用性的影响。此后，考虑不完全维修对设备寿命和可用性影响的研究开始出现。Labeau 和 Segovia[128] 建立了不完全维修对设备有效服役龄影响的分析模型。此外，基于状态的不完全维修相关研究也陆续出现。Liu 和 Huang[129] 研究了不完全维修活动下多状态系统的最优维护策略选择。Zhang 和 Xie[130] 提出了定期的最小化维修和不完全维修决策优化模型，并通过模型假设维修成本取决于维修的程度。

随着设备维护理论的完善，不完全维修扩展到多部件系统，由于多部件系统的部件具有相关性影响，不完全维修问题变得更复杂，因此，在现有的多部件系统维护决策研究中，大多数研究都忽略了部件之间的影响或者将这种影响看作一个随机数值。

Khatab 和 Aghezzaf[131] 提出了基于持续监测条件，承担多个生产任务的多部件系统的维护策略优化问题，包括纠正性维修和预防性不完全维护，维护活动都在生产任务间隔时间进行。Martinod 等[132] 研究了考虑部件退化和不完全维修的多部件系统维护策略优化问题。Liu 等[133] 在同时考虑不完全维修时间和对设备寿命影响的条件下建立了维护成本最小化模型。在联合优化问题中也有考虑不完全维护的一些研究，但相对较少。如 Nguyen 等[122] 提出了一种针对具有复杂结构的异质多部件系统的预防性维修和备件订购策略。此外，一小部分学者对基于延迟时间理论并且考虑部件相关性的多部件系统的不完全维修策略进行了研究，但多部件系统基本都是由同质部件组成。如 Deng 等[134] 研究了针对多状态、多部件系统的不完全维修模型，并且在模型中考虑了不同部件的退化状态对系统整体的差异化影响。Wang 等[135] 针对具有串联关系的异质双部件系统，研究了不完全维修对系统的影响并建立了相应的成本模型。

总的来说，不完全维修的概念很早就已经提出，但最初的不完全程度被作为一种随机概率来研究，并且研究对象以单部件系统为主。随着设备可靠性和寿命预测相关模型的出现，越来越多的学者开始考虑不完全维修对设备劣化和使用时间的影响。当研究对象逐渐转向多部件系统时，不完全维修被作为维护策略的一种选择出现在优化模型研究中。但在考虑部件相关性的异质多部件系统中，考虑不完全维修维护策略优化的研究还相对较少。

1.4　研究的特色和创新之处

1.4.1　双部件制造系统生产和维修联合优化创新性

（1）目前在生产和维修的联合问题研究中，关于基于状态的维修（CBM）和经济生产批量（EPQ）的集成研究较少。但事实上，生产计划与设备维修之间存在着紧密的联系，若将它们视为单独的问题来解决，这将导致很多次优方案的出现。基于此，本书提出了有限周期内异质双部件系统的生产和维修联合优化模型。在该模型中，有限的生产计划期被分成若干个等长度的生产周期，每个生产周期都要满足随机的市场需求。根据每个生产周期内的生产、库存与需求量之间的关系建立线性方程，将该随机问题转化为确定性问题，求出有限生产计划期内的最优生产计划，并利用基于状态的定期维修策略减少生产运行阶段的设备劣化，从而提高设备的生产力，更好地满足客户的随机需求。

（2）在现有的对于多部件系统生产和维修的联合优化设计中，由于多部件系统本身具有内部复杂性，大多数人认为部件之间是相互独立的，或只考虑到系统的经济依赖性。但其实在设备运行过程中，部件之间的性能和状态是存在相互影响关系的，即存在故障交互性。基于此，本书从考虑故障交互性和不考虑故障交互性两个视角出发，研究双部件系统的生产和维修的联合优化问题，基于延迟时间理论对系统劣化状态进行分类，利用系统在不同状态下的转移概率构建两个不同视角下的维修成本函数，继而通过构建包括维修、生产和质量相关的总成本函数，确定经济生产计划和检查间隔数的最优值，以保证有限周期内的目标函数最小；并通过数值算例结果的分析和对比，证明在生产和维修联合优化问题中考虑故障交互的必要性，本书所建立的模型可以为以后的研究提供新的思路。

（3）本书考虑的故障交互性与之前所考虑的故障交互性的不同点在于，以往的很多文献考虑的是关键部件故障对非关键部件的影响，然而关键部件对系统状态或者成本函数影响更大。因此，本书以保护关键部件为重点，考虑非关键部件故障对关键部件所处的任何一个状态都有相应的影响，即非关键部件的故障会以一定的概率影响关键部件的劣化状态，并利用基于状态的维修定期对两个部件进行检查和必要的维修，维持系统的稳定状态，从而减少有限计划期内的总费用。

1.4.2 设备维修和备件库存订购策略联合优化研究创新性

（1）近年来，关于设备维修决策方面的研究越来越多，然而研究中没有考虑维修备件的影响。设备的劣化需要维修，劣化情况影响维修活动的选择，而维修活动又需要备件，备件库存会随着维修的进行而发生变化，影响并制约维修活动能否及时进行。因此，联合优化设备维修和备件库存是十分必要的。

（2）在现有设备维修与备件库存联合优化研究中，针对单部件系统的研究较多，多部件系统目前也有涉及，但其更多的是关注具有多个相同或相似部件的多部件系统。由于多部件系统结构的复杂性，截至目前，结合部件相关性的联合优化研究并不多，针对由不同部件构成的多部件系统的联合优化研究则更少。同时在这类系统中，考虑部件结构重要性的研究少之又少，仅有的几篇文献也只关注维修决策方面，而没有考虑备件库存问题或部件结构重要度不同对系统性能的影响。

然而，在由多个不同部件构成的多部件系统中，部件故障对系统性能的影响不同，所采取的维修措施也就有所不同，要针对重要度不同的部件采取差异化维修。同时，不同部件的备件需求量也不相同，因此要采取不同的备件订购策略。由于部件故障对系统性能的影响不同，考虑部件相关性就显得很有必要。因此，基于部件结构重要度，探讨在由不同部件组成的多部件系统中考虑相关性的维修和备件联合优化具有非常重要的理论价值和现实意义，对解决多部件系统中的维修决策问题有着重要价值。

（3）目前，基于延迟时间理论的设备维修和备件库存联合优化研究较少。从前面的描述可以看出，在多部件系统中，由于部件本身重要度的差异，对部件缺陷的分类划分就显得很有必要。但是已有研究关于这种多级缺陷的分析主要集中于单部件系统，关于多部件系统的研究还较少。在多部件系统中，部件重要度不同，对缺陷的划分也会不同，采取的备件订购和维修策略也将不同。因此，我们很有必要在多部件系统中基于部件结构重要度考虑部件的多级缺陷问题。

1.4.3 考虑不完全维修的设备维护策略优化研究创新性

（1）设备维护决策研究的发展由简到繁、方向多样化。从研究对象来看，从单部件系统拓展到多部件系统。从研究问题来看，既探究维护活动对部件或系统所产生的影响，包括对寿命、有效役龄和系统可靠性等的影响，也研究基于时间维护和基于退化状态维护条件维护策略的选择。从维护策略来看，从故障更换和故障维修发展到预防性更换和预防性维修。从优化模型来看，从单一维护决策的问题拓宽到和其他生产相关问题的联合优化，如联合研究生产批量、产品质量以及备件库存订购等。尽管设备维护策略的研究多种多样，但研究目的大多数都是提高系统可靠性和降低维护及相关活动成本。

（2）尽管不完全维修的概念很早就被提出并应用于实际维护活动，但受限于维修技术，早期的不完全维修的程度只作为一种随机概率被考虑。近年来，随着维修技术和故障诊断技术水平的提高，不完全维修再次成为设备维护策略研究的主题。但由于设备的复杂化、大型化，针对多部件系统，同时考虑部件相关性和不完全维修的研究相对较少。尽管已有研究开始同时考虑多部件系统的不完全维修和部件的结构相关性，但这类多部件系统大多数是由同质部件组成的。也有少数研究分析了异质多部件不完全维护策略和备件库存订购策略的联合优化，基于机会维护和部件的经济相关性提出了批量维护的维护策略。

（3）根据以往的研究可知，基于延迟时间理论，系统的退化过程可能被划分为多个阶段，那么对于异质多部件系统，各部件状态的划分也应当存在差异性。对于多状态的部件组合，系统也具有更为复杂的状态。在现有研究中，有部分学者对多部件、多状态系统的维护策略优化进行了研究，尽管其中也有部分考虑不完全维修方式的，但其不完全维修程度仍以赋值不同区间一个随机概率的形式进行描述。

综上所述，设备维护策略的相关研究一直随着设备系统的复杂化不断拓展和不断深入。本书基于延迟时间理论和部件相关性理论，考虑可控程度的不完全维修，构建具有串并联关系的异质多部件系统维护策略优化模型。对各部件进行周期性检查以揭示其退化状态，制定基于状态的维护策略，通过寻求最佳检查周期、最佳维护阈值以及最佳维修程度使系统单位时间维护成本最低。

第 2 章　相关理论介绍

2.1　维修决策相关理论

维护是为了维持设备现有功能或恢复其原有性能而进行的技术活动，包括计划内维护和计划外的故障修理、事故抢修等活动。维护的主要目的是使设备系统在有效生命周期内维持正常高效的运行，保证设备在运行过程中的可靠性，降低设备劣化的速度和延长使用时间。设备维护决策可以按照维护方式以及维护类型进行分类。

（1）从设备维修方式的角度分析，现有的维护决策相关研究涵盖的维修方式主要包括故障后维护（Corrective Maintenance，CM）和预防性维护（Preventive Maintenance，PM）两种[136]。故障后维护属于"事后"进行的维护活动。这种维护方式是被动的、计划外的维护。故障后维护的目的通常是让处于故障状态的设备重新运行，大多数故障后维护都是使设备恢复到全新状态。预防性维护是一种"事前"维护活动。此类维护方式是主动的、计划内的维护。预防性维护的目的是保持或进一步提高系统性能，降低系统劣化发展的速度，防止系统发生故障。

由于维修方式的不同以及维修时间的差异，造成的维修费用与综合费用也不尽相同，具体如图 2-1 所示。

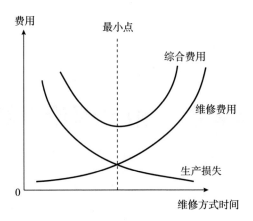

图 2-1　维修计划差异

由图 2-1 可知，随着维修时间的增加，维修费用也在逐渐增加，但生产损失越来越小，综合费用呈先下降再上升的趋势。在企业中需要综合考虑生产和维修过程中产生的综合费用，所以要找到综合费用的拐点，保证用最低的综合费用达到最满意的结果。

故障后维护活动主要包括故障定位、维修、更换等，故障后维护一般都会造成高昂的成本。预防性维护活动主要包括按计划进行的检测、维修、更换以及日常的保养。预防性维护策略还可以细分为以下几种类型：

第一种，基于时间的维护（Time-Based Maintenance，TBM）策略。基于时间的维护策略是根据系统实际运行时间和故障情况进行维护，该策略可以细分为基于役龄和基于使用的两种维护策略。基于役龄指的是按照设备实际运作的时间进行维护，运作时间达到预设的时长时，不管设备实际的性能状况是什么情况，设备都要进行维修或更换，并且使维护后设备恢复到初始状态[137][138]。可以预测设备寿命并且通过实际使用情况决定是否对设备进行维修的方式称作基于使用的维护策略[139]。基于时间的维护策略依赖于历史维护经验提供的数据，并且没有考虑实际维护对系统的影响，这可能导致维护不足或者维护过度，甚至可能因为维护不当造成设备受损。

第二种，基于状态的维护（Condition-Based Maintenance，CBM）策略。该策略也称作视情维护，是指通过传感器等辅助工具收集系统实际运行的数据并进行评估分析，然后根据评估结果安排具体的维护活动。基于状态的维护策略不仅能够有效延长设备的使用时间，还能够避免因维护过度而产生的额外成本[140]。控制极限方法是基于状态的维护策略的核心，即通过监测或者检查系统实际的劣化状态，当检测发现系统的劣化程度达到或者超过预设的预防性维护阈值时，就进行相应的预防性维护。随着传感技术和故障诊断技术的发展，这种基于状态的维护策略得到了学术界的重视。相较于基于时间的维护策略，该维护是在对系统进行监测、检查、诊断以及评估的前提下进行的，维护决策是根据实际的系统状态进行维护，避免了太早维护或者太迟维护的情况，能够缩减不必要的维护工作量和相关成本，还能有效地提高系统的安全性、可靠性和可用性，比基于时间的维护更符合工程实际，更加有应用价值[141]。基于状态的维护策略将主要应用于复杂多部件系统，在往后的研究中，应在更加贴合实际的前提下进行研究。

第三种，机会维护（Opportunity Maintenance，OM）策略。该策略一般在多部件复杂系统维护中使用。该策略的核心理念是在对复杂系统中的某个或某些部件进行故障后维护或者预防性维护时，对系统中的其他部件进行维护[142][143]。

在选择故障后维护还是预防性维护时，通常都以最低成本获得最好维护效果为目标。对于容易进行更换并且故障后对生产运行影响较小的设备，更适合采用故障后维护。对于故障后会严重影响生产运作的设备或者比较复杂的系统中的关键部件，更适合采用预防性维护。对比两种维护方式，预防性维护方式比故障后维护的执行难度大，但产生的效益也更好。此外，预防性维护受限于当前工业发展水平，在实际维护过程中可适当将两者结合，为设备提供更加科学合理的维护。只有为具体设备制定一套科学合理的维护策略，才能使设备在稳定持续运行的同时，节约设备维护成本，提高设备的利用率。

三种类型中，CBM 预测及决策过程如图 2-2 所示。

（2）从维护类型的角度分析，设备维护方式可概括为以下几种：

第一种，最小化维修，也称"修复如旧"，指的是设备在经过维修后只恢复到故障之前的状态。最小化维修不能降低设备的故障率[144]，即此类维修操作不能改变设备的当前性能。最小化维修一般是将设备故障发生过程看作非齐次泊松过程来进行建模，即假设设备的故障概率密度函数不会受到维护的影响，两相邻故障的间隔既非独立分布，也非同分布。最小化维修常用在复杂系统中的个别零部件维护、调整或更换工作中，此类维修不改变设备整体的可靠性水平。

第二种，完全维修，也称"修复如新"，指的是设备在经过维修后完全恢复到初始的全新状态，修复后设备的故障概率密度函数和全新设备的故障概率密

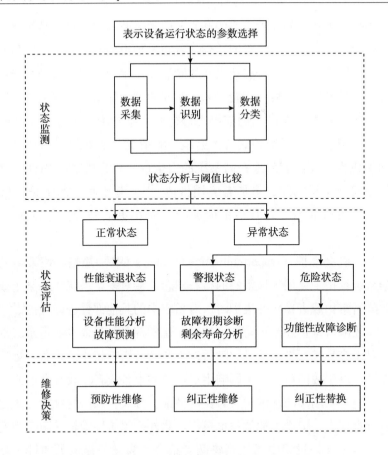

图 2-2　CBM 预测及决策过程

度函数一致[145]，完全维修一般采用更新理论来建模分析。

第三种，不完全维修，指的是设备状态在维护后处于"修复如旧"与"修复如新"之间[146]，不完全维修不仅可以使设备重新运行，还可以改善设备性能，降低设备故障率，不完全维修是处于最小化维修和完全维修之间的一种维护方式。

此外，维护不当还可能造成设备状态进一步劣化，即发生设备损坏，被称作"修复非新"。

从 20 世纪 60 年代起，有关系统维护决策优化建模的相关研究大量出现。对以往的研究进行分析总结，可得到维护决策优化研究的基本流程：

首先，确定研究对象。根据部件数量系统可以分为单部件系统和多部件系统。相较于单部件系统，多部件系统的维护决策研究还涉及部件相关性：①结构相关性，如串联、并联、冗余等；②随机相关性，指部件退化过程中的相互影响；③经济相关性，即部件存在机会维护关系。以上这些影响因素会导致设备维护策略不同。除此之外，考虑设备的可维修性、维修有效性、维修能力、备件的可用性、生产计划、生产质量等都会形成不同的研究方向。

其次，描述设备系统的特性。设备随时间推移发生劣化是导致设备故障的最主要原因。所以，如何描述设备系统的劣化过程至关重要。

再次，制定设备系统的维护策略。根据对设备劣化过程描述的不同方式，制定不同的维护策略，如基于时间、基于状态的维护策略等。维护策略中涉及维护方式的选择、维护成本的计算以及维护效果评估等方面。

最后，建立优化模型并对模型求解。采用合适的建模技术与方法，明确优化目标并通过模型优化使优化目标和决策变量相联系。通过分析模型的具体特征，设计相应的求解方案完成模型求解。

2.2　延迟时间相关理论

1976 年，Christer[147] 首次提出了延迟时间的概念（Concept of Delay Time）。后来，Christer 和 Waller[148] 在生产线的检修问题上对该理论进行了应用。延迟时间理论的核心思想是：系统故障并非瞬时发生的，而是经历了两阶段的性能退化过程，总的来说是从正常运行状态过渡到缺陷状态后才发生故障，具体如图2-3 所示，设备从初始状态运行直到发生缺陷的时间段为正常阶段，从设备发生缺陷直到发生故障的时间段为缺陷阶段。

图2-3　设备的两阶段退化过程

Wang[149] 在两阶段延迟时间概念基础上进一步提出三阶段延迟时间退化过

程。新增阶段是将两阶段故障过程中的缺陷阶段再划分为初始缺陷以及严重缺陷两个阶段，具体如图2-4所示。因此，整个系统退化过程包括正常运行阶段、初始缺陷阶段和严重缺陷阶段。各阶段对应的系统状态分别为正常、初始缺陷、严重缺陷以及故障。

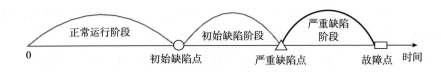

图2-4　设备的三阶段退化过程

预防性维护其实就是在设备开始发生缺陷直到最后故障这段时间内进行维修或更换，因此，在延迟时间阶段内及时对设备进行检测，就可以发现设备缺陷并维护，防患于未然，防止设备故障。多年来，延迟时间理论被越来越多的学者应用，建立了各类设备系统预防性维护决策模型。例如，衡量检测周期与系统维护费用之间的关系，通过优化检测的时间间隔降低维护费用[150][151]。因此，延迟时间的概念从理论上为检测和预防性维护的必要性提供了支撑。而三阶段故障过程的概念可以使设备维护策略更加详细，在不同阶段采取差异化的维护活动可能会产生更好的维护效果。

2.3　部件相关性理论基础

大型化和复杂化的设备往往具有多个重要部件。由于部件之间可能存在多种相关性，因此相应的多部件系统的维护决策也变得更加复杂。当进行实际维护时，要提前考虑各个部件的特征以及部件之间的相互关系，然后才能为系统制定合理的维护策略并选择最合适的维护方式。Thomas[152]将部件之间可能存在的这种关联关系进行划分并定义为三种不同的相互作用关系：结构相关性、随机相关性和经济相关性。

结构相关性指的是组成系统的各个部件之间存在一定的结构关系，对其中一个部件进行维修或者更换可能影响其他部件。另外，由于系统结构不同，各个部件对系统退化的影响程度也不尽相同。

随机相关性也叫故障相关性，是指一个部件的退化状态可能影响其他部件的退化过程甚至可能引发其他部件故障，或者由系统之外的因素导致共同故障，即不同部件的故障率之间存在关联影响。

经济相关性多用于机会维护方式，是指多个部件同时进行维护比单独维护某个部件更加节省成本，或者是在系统发生故障停机时，尽可能维护更多的部件使维护活动更加经济可行[153]。

以上三种部件相关性对系统维护策略优化研究的影响体现在不同方面：考虑结构相关性会提高对系统维护策略精细化程度的要求；考虑随机相关性会提高描述系统退化过程的难度；考虑经济相关性可以提供成组的维护活动，提升维护效率[154]。尽管这几种部件相关性的影响存在差异，但在实际的维护过程中都不可忽视[155]。因此，在多部件系统维护决策的理论研究中，兼顾部件数量和部件相关性的影响才能使理论更贴近实际。

2.4　备件库存相关理论

备品、备件作为日常维护、检测和紧急处理的保障性物质，是保证设备处在最佳状况的关键因素。维修备件库存管理在通用库存管理中属于特殊情况。库存管理又称为库存控制，备件库存控制的主要目的是按照设备更新的要求，制定最优化的备件订购点和订购量，最大限度地减少设备的长期运行成本，同时确保设备的可靠性水平。当前备件库存管理主要包括备件分类、需求预测、库存控制以及相关成本等。

2.4.1　备件分类

备件分类是备件库存管理工作的内容之一，其内容起初包括库存策略的制定、模型构建与应用。备件库存管理的主要目的是在保障服务水平（预期缺货的水平）或成本最优的前提下确定库存标准。在生产实践中，如果缺乏科学的备件分类，上述模式与对策将很难起到实际的效果。关于备件的分类，国外对它的研究起步较早。Allen 和 Desopo[156] 在对备件可维修性能进行观察的基础上，提出备件有可维修和不可维修两种。但这种划分方式相当粗糙，为了满足现实需求，有学者在研究中对备件划分方式作了较为详细的介绍。Dekker 等[157] 认为，备件分关键备件和非关键备件两类，这种分类是按照设备性能进行的。Braglia 等[158] 通过结合备件库存水平、维修方式等，以多种标准对备件进行分类，结合备件类型与库存策略，构建库存策略矩阵，进行备件最优控制策略的选择。

2.4.2　备件需求预测

备件需求预测是非常重要的，尤其是在库存策略以及需求预测库存模型的建立过程中。然而，对这些备件的需求尚不清楚，无形中加大了需求分析和估计的困难度。备件需求通常取决于故障预测，而这些备件需求往往是间歇性的。

2.4.3　备件库存控制

备件库存控制要确定以下三方面内容：库存检查周期、订货点以及订货量[159]。Mann[160] 在关于维修备件库存控制的研究中认为，备件订货点数其实就是备件交货期间的总需求量。这样考虑虽然比较容易掌握和统计，但是仍然存在一些问题，备件需求的随机性还未被加入到研究中。Sani 和 Kingsman[161] 在分析大量备件库存策略应用特点的基础上，比较不同订购策略，得出（s，S）控制模型以确定备件最低需求和间歇性需求。Vaughan[162] 在对备件库存策略的研究中重点讨论了备件需求问题，建立最优化备件订货（s，S）模型，利用动态规划模型的数学评价技术深入研究了最优化策略。

2.4.4　备件相关成本

从成本费用视角分析，库存成本花费一般由以下三大部分组成[163]：①订购成本，是指自备件需求下达至交付全流程中发生的花费，包含人工费、配送搬运费和管理开销等。②库存持有成本，是指自备件从入库至出库全流程中发生的开销，包括有资金占用开销、仓储管理开销及仓库服务开销等。③缺货惩罚成本，是指因备件库存达不到设备替换要求而造成的停机开销，它不但关系到企业目前直接的利润损失，也关系到未来的间接经济损失。

第3章 不考虑故障交互性的双部件系统生产和维修联合优化研究

3.1 基本假设与参数定义

3.1.1 问题描述

本章研究的是一个由两个异质且相互独立的部件组成的多周期、生产单一产品的制造系统。在有限的生产周期内，随着使用时间的增加，制造系统的劣化程度逐渐增大。维修人员可以根据部件的劣化特征直接监控部件的状态，在检查点判断是否需要对系统中的部件进行维修处理，且所有的维修活动都可以使部件恢复到"全新状态"，但是所花费的成本有所区别。因为制造系统的劣化会导致系统输出的产品质量降低，生产的次品会被筛选并报废，所以为了满足每个周期的客户服务水平，需要通过定期的检查和维修行为来干预系统的状态，使生产计划可以如期完成，并尽可能地降低有限周期内的相关总成本。

为了说明该模型在实际生产中的应用，我们考虑使用用于加固混凝土的焊接钢筋网格钢坯的生产来作为示例。钢网由进料的纵向和横向丝构成。钢网焊接的整个过程持续进行，在达到要求的尺寸后，需要使用断头台切割网格。大轮子的运动给断头台提供了足够的力量来切割钢网。为了使切割活动在适当的时刻进行，车轮通过机电离合器与断头台进行耦合、解耦。裁断机必须能提供裁断30股直径为3.4~6.0毫米的线材的动力。从广义上来说，机电离合器由静态部件（部件1和断头台连接）和移动部件（部件 2 固定在驱动轮上）组成。维修人员通过使用磁颗粒液体渗透检查来识别两个部件的劣化状态（通常是移动离合器盘上的划伤和裂纹），根据定期检查的结果判断是否进行相应的维修活动。另外，离合器总成移动盘比静态盘贵得多，所以离合器总成移动盘是关键部件，是维修活动中的重点关注对象。

3.1.2 系统退化过程

（1）制造系统是由两个异质部件（部件 1 和部件 2）所构成的。假设这两个部件之间是相互独立的，且两个部件的故障都不会导致整个系统的停机，它们的故障只能通过检查辨别出来，相当于通常所说的软故障。但是两个部件的故障对于整个系统的重要性是不同的，因为部件 1 的维修（故障）比部件 2 的维修（故障）成本高得多，检查和维修的时间可以忽略不计。

（2）假设这两个部件在开始的时候都是全新状态。在生产开始前，定期检查两部件的劣化水平，因为部件 1 的维修（故障）比部件 2 的维修（故障）成本高得多，所以重点关注部件 1 的劣化状态，并根据它的劣化状态判断是否需要执行相应的维修措施。为了尽量减少设备自身劣化对设备状态的影响，甚至是对产品质量产生的影响，我们通过定期的预防性维修、纠正性维修和纠正性替换两两结合的方式，控制系统的运行状态。

（3）因为维修部件 1 时会产生更高的成本，所以为了更早地发现部件 1 的缺陷，并尽快进行维修、更好地保护部件 1，我们将部件 1 划分为三种可能的运行状态，分别是正常状态、异常状态和故障状态，用 i = 0，1，2 来表示这三种状态。部件 2 有两种可能的运行状态，分别是正常状态和故障状态，用 j = 0，1 来表示这两种状态。

（4）本章所考虑的系统是由具有相同故障模式的两个不同部件所组成的，两个单元最初都处于全新状态。系统在投入使用之后就会逐渐开始劣化，在离散的时间点（$m \cdot \Delta k$，$2m \cdot \Delta k$，…）通过周期性检查来检测其劣化程度。部件 1 的劣化过程用 $\{X_1(t): t \in R^+\}$ 来表示，部件 1 的劣化过程 $X_1(t)$ 用伽马过程来建模，其概率密度函数为 $f_{X_1(t)}(x)$，形状参数为 α_1，比例参数为 β_1。$f_{X_1(t)}(x)$ 可以表示如下：

$$f_{X_1(t)}(x) = \frac{\beta_1^{\alpha_1 t}}{\Gamma(\alpha_1 t)} x_1^{\alpha_1 t - 1} e^{-\beta_1 x}, \quad x \geqslant 0 \tag{3-1}$$

同理，部件 2 的劣化过程可以用 $\{X_2(t): t \in R^+\}$ 来表示，部件 2 的劣化过

程 $X_2(t)$ 同样用伽马过程来建模，假设部件 2 的劣化过程 $X_2(t)$ 服从形状参数为 α_2、尺度参数为 β_2 的概率密度函数 $f_{X_2(t)}(x)$，$f_{X_2(t)}(x)$ 可以表示如下：

$$f_{X_2(t)}(x) = \frac{\beta_2^{\alpha_2 t}}{\Gamma(\alpha_2 t)} x_2^{\alpha_2 t - 1} e^{-\beta_2 x}, \quad x \geqslant 0 \tag{3-2}$$

其中，我们可以采用极大似然法，从历史故障资料中估算参数 α_1、β_1、α_2、β_2。

（5）如果检查部件需要相应的维修，假设有足够的修理工同时维修这两个部件，即部件需要维修时可以立即被维修。

（6）假设所有的维修和替换都可以使部件恢复到全新状态。

（7）假设每次检查都能完美地揭示精确的系统状态，不存在检查错误。

3.1.3　参数定义

参数定义如表 3-1 所示。

表 3-1　生产系统的生产计划与设备维修联合优化模型中的参数定义

生产相关参数	
$H \cdot \Delta k$	总生产周期
Δk	单个生产周期的长度
$T = m \cdot \Delta k$	定期检查的间隔
$u(k)$	第 k 个周期的生产量
$s(k)$	第 k 个周期末的库存水平
$d(k)$	第 k 个周期的市场需求量
ζ	客户服务水平
U_{min}	生产量最小值
U_{max}	生产量最大值
维修相关参数	
$X_1(t)$	t 时刻部件 1 的劣化水平
$X_2(t)$	t 时刻部件 2 的劣化水平
$X(t_{n+1})$	第 n+1 次检查时系统的劣化状态
$x_{1,n}$	第 n 次检查时部件 1 的劣化状态
C_{in}	单位检查成本
C_{cr}	部件 1 纠正性替换的单位成本

续表

维修相关参数	
C_{cm}	部件2纠正性维修的单位成本
M	部件1的故障阈值
M_1	部件1发生异常的阈值
D	部件2的故障阈值
成本相关参数	
$C(u(k), n)$	有限周期内产生的总成本
$C_p(u(k))$	有限周期内的生产相关成本
$C_M(n)$	有限周期内的维修相关成本
$C_p(k)$	第 k 个周期内产生的生产相关成本
C_u	单位生产成本
C_s	单位库存成本
N_{in}	有限周期内总的检查次数
$C_M(n)$	有限周期内的总维修成本
C_{IN}	有限周期内的总检查成本
C_{PM}	有限周期内的总预防性维修成本
C_{CM}	有限周期内的总纠正性维修成本
C_{CR}	有限周期内的总纠正性替换成本
C_{sur}	单位质量检测成本
C_{rej}	单位报废成本
决策变量	
$u(k)$	第 k 个周期的生产量($U_{max} \geqslant u(k) \geqslant U_{min}$)
$m = \dfrac{T}{\Delta k}$	定期检查的间隔数($H \geqslant m \geqslant 0$)

3.2　生产和维修联合优化策略

3.2.1　生产系统特征描述

生产活动是在有限的时间 $H \cdot \Delta k$ 内进行的，即总生产周期 $H \cdot \Delta k$ 被平均分配为 H 个子生产周期，每个子生产周期的长度为 Δk，且该生产系统只生产一种产品。

生产系统是由两个相互独立的异质双部件组成的，随着使用时间增加，单个组件会逐步老化。系统的老化与两个部件的劣化情况相关。

假设客户服务水平 ζ 给定，ζ 在 ［0，1］ 区间内变化。产品需准时交付，因此，必须采用一种安全库存，允许快速交付，以保证高客户满意度。这个机会约束由以下关系式给出：

$$\mathrm{Prob}\big[\,s(k+1)\geqslant 0\,\big]\geqslant \zeta, \ k=\{1,\,2,\,\cdots,\,H\} \tag{3-3}$$

在第 k 个生产周期内，期初的库存 （缺货） 量 I(k) 与整个周期生产量 u(k) 的总和用来满足本周期的随机客户需求量 d(k)，剩余 （短缺） 的产品会转化为第 k+1 个周期的库存 （缺货） 量 I(k+1)。在第 k 个生产周期内，生产量、需求量、库存或缺货量的关系必须符合下列线性方程式：

$$I(k+1)=I(k)+u(k)-d(k),\ k=\{1,\,2,\,\cdots,\,H\} \tag{3-4}$$

其中，I(k+1) 表示第 k+1 个周期的库存 （缺货） 量，I(k) 表示第 k 个周期的库存 （缺货） 量，u(k) 表示第 k 个周期的生产量，d(k) 表示第 k 个周期市场的随机需求量。在模型中，我们假设随机客户需求满足平均值为 $\overline{d}(k)$、标准差为 σ_k 的高斯分布。

如果在每个生产周期结束时产品有剩余就转化为下一个周期的初始库存 s(k+1)，每个生产周期结束时产品有缺失就转化为下一个周期的初始缺货量 b(k+1)，即：

$$\begin{cases} I(k+1)\geqslant 0,\ I(k+1)=s(k+1) \\ I(k+1)<0,\ I(k+1)=b(k+1) \end{cases} \tag{3-5}$$

机器在任意生产时期 k 的容量约束必须满足下列方程：

$$U_{\min}\leqslant u(k)\leqslant U_{\max} \tag{3-6}$$

考虑到上期库存的影响，所以在一个 Δk 内，生产多少产品才能以一定的客户服务水平满足随机的市场需求是值得探讨的问题。通过上述的约束条件，需要优化每个周期的生产量 u(k)。

3.2.2　维修策略

生产系统存在退化，会对系统运行状态和输出的产品质量产生影响，所以为了使顾客的随机需求得到满足，我们不仅要优化每个周期的生产量，也要通过相应维修活动来维持设备的良好运行状态，控制生产产品的质量。

因为部件 1 的维修和故障会产生高额的成本，所以为了尽量避免部件 1 故障而产生的昂贵成本，保护部件 1 是本章维修计划的目的。通过定期的预防性维修和纠正性替换，对两个部件进行定期维修来让生产系统保持相对良好的运行状态，从而尽可能地产出更多合格品来满足客户的随机需求。

为了保证下一个阶段的系统保持相对稳定的运行状态，检查都是在生产结束后进行的。假设检查操作瞬时、无损、完美且成本较低，单位检查成本为 C_{in}。系统的检查周期 $T = m \cdot \Delta k (m \in N^*)$，即每隔 T 周期对部件的状态进行一次检查，根据检查结果判断部件是否需要维修，并执行相应的维修活动。

当部件 1 的劣化水平 $X_1(t) \geq M$ 时，部件 1 出现故障，我们用 ζ_1 表示部件 1 出现软故障的时间，部件 1 在 t 时刻发生软故障的概率表示为：

$$P(\zeta_1 \leq t) = P(X_1(t) \geq M) = \int_M^{+\infty} f_{X_1(t)}(x) dx = \frac{\gamma(\alpha_1 t, \beta_1 M)}{\Gamma(\alpha_1 t)} \qquad (3-7)$$

在离散检查点检查部件 1 的运行状态，根据运行状态对部件 1 实施维修时会出现以下三种情况：

（1）当部件 1 劣化水平 $X_1(t) \geq M$ 时，表示部件 1 出现故障（即 $i=2$），则纠正性替换部件 1，纠正性替换部件 1 的单位成本为 C_{cr}。

（2）当部件 1 的劣化水平 $M > X_1(t) \geq M_1$ 时，表示部件 1 进入异常状态（即 $i=1$），则部件 1 受到预防性维修，目的是延缓部件 1 故障的到来，让系统因为部件 1 故障产生昂贵故障成本的可能性减小，预防性维修部件 1 的单位成本为 C_{pm}。

（3）当部件 1 的劣化水平 $M_1 > X_1(t)$ 时，表示部件 1 处于正常状态（即 $i=0$），则对部件 1 不进行任何维修活动。

在离散检查点检查部件 2 的运行状态，根据运行状态对部件 2 实施维修时会出现以下两种情况：

（1）当部件 2 的劣化水平 $X_2(t) \geq D$ 时，表示部件 2 出现故障（即 $j=1$），部件 2 的故障同样不会导致系统停机，只会在周期性检查时被发现，如果发现部件 2 故障将对其进行纠正性维修，纠正性维修部件 2 的单位成本为 C_{cm}。

（2）当部件 2 的劣化水平 $D > X_2(t)$ 时，表示部件 2 处于正常状态（即 $j=0$），则对部件 2 不进行任何维修活动。

由图 3-1 可以看出，部件 1 每隔 T 周期进行一次检查，部件 1 的故障是隐藏的，只有在检查点才会被揭示，若发现部件 1 达到了维修阈值，就执行相应的维修活动。比如，在检查点 $2T$ 时发现部件 1 出现故障，立即对其进行纠正性替换，不考虑维修的时间，且维修是完美的，可以将部件 1 恢复到全新的状态。

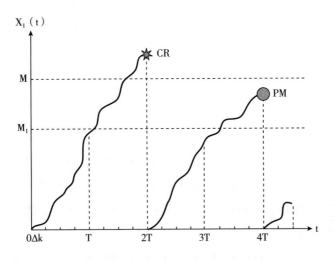

图 3-1 随时间 t 增加，对部件 1 进行的维修活动

由图 3-2 可以看出，部件 2 的故障也是只能在检查点被揭示，维修也是完美的，可以将部件恢复到全新的状态。

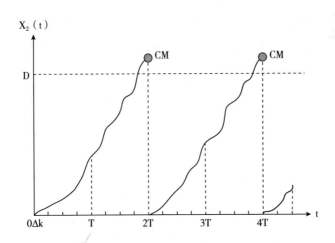

图 3-2 随时间 t 增加，对部件 2 进行的维修活动

将图 3-1 和图 3-2 进行联合分析，可以得出结论：部件 2 故障对于部件 1 没有影响。

在执行维修操作时会产生维修成本，但是不同的维修操作会产生不同的维修成本。其中，部件 1 的纠正性替换成本要高于部件 2 的纠正性维修成本，部件 2 的纠正性维修成本又高于部件 1 的预防性维修成本，而部件 1 的预防性维修成本又高于检查成本，即 $C_{cr} > C_{cm} > C_{pm} > C_{in}$。

在这一部分，通过优化维修间隔数 m 得到最优的维修策略。

3.2.3 质量控制

由于生产系统的不断恶化，产品的品质会随之下降，因此输出成品的质量与生产系统的状态有着十分密切的关系。因此，根据产品退化质量与系统劣化的关系，可以直接将次品率与机器的劣化水平联系起来，定义两者之间的关系。本章用次品率定义了机器退化与质量之间的关系，而次品率是一个随系统退化程度升高的单调递增函数。

假设一个二元变量 $X(t) = (X_1(t), X_2(t))$ 来表示由两个部件组成的生产系统的退化状态，因为系统是由部件 1 和部件 2 共同组成的，所以下面我们分别考虑与两个部件相关的次品率。

在 t 时刻与部件 1 相关的次品率 $\overline{p}(X_1(t))$ 可以表示如下：

$$\overline{p}(X_1(t)) = \eta_1(1 - \exp(-\mu_1 X_1(t)^{\delta_1})) \tag{3-8}$$

同理，在 t 时刻的与部件 2 相关的次品率 $\overline{p}(X_2(t))$ 可以表示为：

$$\overline{p}(X_2(t)) = \eta_2(1 - \exp(-\mu_2 X_2(t)^{\delta_2})) \tag{3-9}$$

因为系统是由部件 1 和部件 2 共同组成的，所以整个生产系统的次品率由系统初始次品率与两个部件的次品率组成，即 $\overline{p}(X(t))$ 可以表示如下：

$$\overline{p}(X(t)) = \overline{p}^0 + \overline{p}(X_1(t)) + \overline{p}(X_2(t))$$
$$= \overline{p}^0 + \eta_1(1 - \exp(-\mu_1 X_1(t)^{\delta_1})) + \eta_2(1 - \exp(-\mu_2 X_2(t)^{\delta_2})) \tag{3-10}$$

其中，$\overline{p}^0$ 是在初始条件下，系统产生的缺陷品的比例，μ_1、μ_2、δ_1 和 δ_2 是给出的常量，η_1 和 η_2 是质量退化中考虑的边界。

为了满足客户对产品的质量要求，需要在每个生产周期加工完成后，利用抽检的方式，对所生产的产品进行实时的品质检验。在每个生产周期结束后，以 P^u 的比例从该周期所有生产的产品中抽取部分产品，然后，将那些不合格的产品全部剔除。在生产过程中，合格品用来满足客户的需求，被筛选出的次品则直接报废[164]。因为报废一件成品的成本很高，所以为了提高产品的质量、降低次品率，就需要制定合理的设备维修策略。在每个生产周期加工完成后进行质量检测的作用是防止将次品传递给客户，影响公司口碑。

3.3　模型构建

本章建立了一个相互独立的异质双部件系统的生产和维修联合优化模型，在有限的生产周期内，建立最优的生产计划来达到客户服务水平。同时对逐渐劣化的双部件系统，结合定期的检查活动，来制定相应的维修策略。因为生产和维修的过程会有相互影响，所以我们的模型将生产和维修过程进行联合控制，以有限期内生产相关、维修相关和质量相关的总成本为目标函数，确定有限周期内可以使目标函数最小的最优生产计划和维修策略。

有限周期内相关总成本 $C(u(k)，m)$ 是由生产相关成本 $C_p(u(k))$、维修相关成本 $C_M(m)$ 和质量相关成本 $C_q(u(k)，m)$ 三个部分组成的，即：

$$C(u(k)，m) = C_p(u(k)) + C_M(m) + C_q(u(k)，m) \tag{3-11}$$

下面我们分别讨论它们的构成。

3.3.1　成本函数构造

本章以有限周期内的总成本为目标函数进行建模，有限周期内的总成本由三部分构成，分别为生产相关成本、维修相关成本和质量相关成本。

3.3.1.1　生产相关成本

本章的随机生产问题模型的制定受到了 HMMS 模型的启发，该模型被 Bertesekas[165] 认为是最早研究线性二次问题的确定性等价模型之一。本章基于数学期望的平方（$E[x^2]$）建立成本模型，通过合适的二次函数定义一个近似的代价函数，证明了二次代价最小化模型的使用。

通过上节对生产系统的假设可以得出，生产相关成本包括整个生产过程中产生的生产成本、库存成本以及没有达到服务水平时的缺货成本，对于每个周期 k，生产成本、库存成本及缺货成本用以下的二次关系来表示：

$$C_p(k) = C_u \times E[u(k)^2] + C_s \times E[s(k)^2] + C_b \times E[b(k)^2] \tag{3-12}$$

其中，C_u 表示单位生产成本，C_s 表示单位库存成本，C_b 表示单位缺货成本。

因此,在有限的生产周期内,总的生产相关成本 $C_p(u(k))$ 是由每个周期所发生的生产成本、库存成本和缺货成本构成的,表示如下:

$$C_p(u(k)) = \sum_{k=1}^{H} \{ C_u \times E[u(k)^2] + C_s \times E[s(k)^2] + C_b \times E[b(k)^2] \}$$

$$(3-13)$$

3.3.1.2 维修相关成本

设备在运行的过程中会产生劣化,我们需要定期检查设备运行状态,通过检查结果进行相应的维修,针对不同部件的不同劣化状态进行相应的维修活动。在此期间,检查会产生检查费用,维修活动也会使维修费用增加,因此在生产周期内,维修费用主要由检查、预防性维修、纠正性维修和纠正性替换四项费用组成。

在计算维修费用部分,每隔 $m \cdot \Delta k$ 进行一次检查,所以在总生产周期 $H \cdot \Delta k$ 内,定期的总检查次数 N_{in} 可以表示为:

$$N_{in} = \left\lfloor \frac{H \cdot \Delta k}{m \cdot \Delta k} \right\rfloor = \left\lfloor \frac{H}{m} \right\rfloor$$

$$(3-14)$$

其中,$\lfloor \cdot \rfloor$ 表示向下取整,如 $\left\lfloor \frac{20}{3} \right\rfloor = 6$。

在有限周期内,会定期对两个部件的状态进行检查,所以每隔 $T(T=m \cdot \Delta k)$ 间隔对部件 1 和部件 2 的状态进行检查。假设 $X(t_{n+1})$,$n=1,2,\cdots,N_{in}$,表示在第 $n+1$ 个检查间隔结束时检查所揭示的系统的劣化状态,$\Delta X_1(T)$ 表示部件 1 在 $T(T=m \cdot \Delta k)$ 区间内的退化增量。

假设 nT 到 $(n+1)T(T=m \cdot \Delta k)$ 时间区间内的退化增量 $\Delta X_1(T)$ 是一个随机变量,服从形状参数为 $\alpha_1 T$、尺度参数为 β_1 的概率密度函数 $f_T^1(x)$,$f_T^1(x)$ 可以表示为:

$$f_T^1(x) = \frac{\beta_1^{\alpha_1 T} x^{(\alpha_1 T - 1)}}{\Gamma(\alpha_1 T)} e^{-\beta_1 x}, \quad x \geq 0$$

$$(3-15)$$

其中,$\Gamma(\cdot)$ 是伽马函数,即 $\Gamma(a) = \int_0^{\infty} u^{\alpha-1} e^{-u} du$,$a > 0$。部件 1 的平均劣化率为 $\frac{\alpha_1}{\beta_1}$,方差为 $\frac{\alpha_1}{\beta_1^2}$。

此外,部件 1 在 nT 到 $(n+1)T(T=m \cdot \Delta k)$ 时间区间内的退化增量 $\Delta X_1(T)$

服从的累积分布函数可以表示如下：

$$f_T^1(x) = \frac{\beta_1^{\alpha_1 T} x^{(\alpha_1 T - 1)}}{\Gamma(\alpha_1 T)} e^{-\beta_1 x}, \quad x \geqslant 0 \tag{3-16}$$

同理可以得出部件 2 在 nT 到（n+1）T（T＝m·Δk）时间区间内的退化增量 $\Delta X_2(T)$ 服从的概率密度函数 $f_T^2(x)$ 和累积分布函数 $F_T^2(x)$ 的表达式，如式（3-17）、式（3-18）所示：

$$f_T^1(x) = \frac{\beta_1^{\alpha_1 T} x^{(\alpha_1 T - 1)}}{\Gamma(\alpha_1 T)} e^{-\beta_1 x}, \quad x \geqslant 0 \tag{3-17}$$

$$F_T^2(x) = \frac{1}{\Gamma(\alpha_2 T)} \gamma(\alpha_2 T, \beta_2 x), \quad x \geqslant 0 \tag{3-18}$$

部件 1 的阈值 M 和 M_1 以及部件 2 的阈值 D 可以将系统状态空间分为 6 个区域，具体如图 3-3 所示。$L_j(j=1, 2, \cdots, 6)$ 为系统在不同劣化状态下的不同维修动作区域。

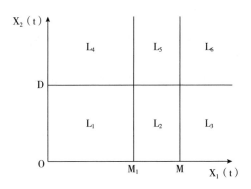

图 3-3　给定阈值的系统 6 个状态分类的说明

假设 p_{ij}^{uv} 表示系统在第 n 个检查间隔检查到系统状态为（i，j），在第 n+1 个检查间隔检查到系统状态为（u，v）的转移概率。在第 n 次检查时，给定系统状态 $X(t_n)=(x_1, x_2)$，其中，$x_1 < M_1$，$x_2 < D$，则在下次检查时系统状态保持在 L_1 区域的概率为：

$$\begin{aligned} p_{00}^{00} &= p\{X(t_{n+1}) \in L_1 \mid x_{1,n} = x_1, \ x_{2,n} = x_2\} \\ &= p\{x_1(t_{n+1}) < M_1, \ x_2(t_{n+1}) < D \mid x_{1,n} = x_1, \ x_{2,n} = x_2\} \\ &= p\{\Delta x_1(T) < M_1 - x_1, \ \Delta x_2(T) < D - x_2\} \end{aligned}$$

$$= p\{\Delta x_1(T) < M_1 - x_1\} \times p\{\Delta x_2(T) < D - x_2\}$$

$$= \left(\int_0^{M_1-x_1} f_T^1(t)\,dt\right) \times \left(\int_0^{D-x_2} f_T^2(t)\,dt\right)$$

$$= \left(1 - \int_{M_1-x_1}^{\infty} f_T^1(t)\,dt\right) \times \left(1 - \int_{D-x_2}^{\infty} f_T^2(t)\,dt\right)$$

$$= \left(1 - \frac{\gamma[\alpha_1 T,\ \beta_1(M_1-x_1)]}{\Gamma(\alpha_1 T)}\right) \times \left(1 - \frac{\gamma[\alpha_2 T,\ \beta_2(D-x_2)]}{\Gamma(\alpha_2 T)}\right) \quad (3-19)$$

其中，$\gamma(a,\ b) = \int_b^{\infty} u^{a-1} e^{-u} du,\ a \geqslant 0,\ b \geqslant 0$。

在第 n 次检查时，给定系统状态 $X(t_n) = (x_1,\ x_2)$，其中，$M_1 < x_1 < M$，$x_2 < D$，在下次检查时系统状态保持在 L_2 区域的概率为：

$$p_{00}^{10} = p\{X(t_{n+1}) \in L_2 \mid x_{1,n} = x_1,\ x_{2,n} = x_2\}$$

$$= p\{M_1 < x_1(t_{n+1}) < M,\ x_2(t_{n+1}) < D \mid x_{1,n} = x_1,\ x_{2,n} = x_2\}$$

$$= p\{M_1 - x_1 < \Delta x_1(T) < M - x_1,\ \Delta x_2(T) < D - x_2\}$$

$$= p\{M_1 - x_1 < \Delta x_1(T) < M - x_1\} \times p\{\Delta x_2(T) < D - x_2\}$$

$$= \langle 1 - p\{\Delta x_1(T) \geqslant M - x_1\} - [1 - p\{\Delta x_1(T) \geqslant M_1 - x_1\}]\rangle \times$$

$$\langle 1 - p\{\Delta x_1(T) \geqslant D - x_2\}\rangle = \langle p\{M_1 - x_1 \geqslant \Delta x_1(T)\} - p\{\Delta x_1(T) \geqslant M - x_1\}\rangle \times$$

$$\langle 1 - p\{\Delta x_1(T) \geqslant D - x_2\}\rangle = [F(M_1 - x_1) - F(M - x_1)] \times [1 - F(D - x_2)]$$

$$= \left(\frac{\gamma[\alpha_1 T,\ \beta_1(M_1-x_1)]}{\Gamma(\alpha_1 T)} - \frac{\gamma[\alpha_1 T,\ \beta_1(M-x_1)]}{\Gamma(\alpha_1 T)}\right) \times$$

$$\left(1 - \frac{\gamma[\alpha_2 T,\ \beta_2(D-x_2)]}{\Gamma(\alpha_2 T)}\right) \quad (3-20)$$

为了节省空间，参照 p_{00}^{00}、p_{00}^{10} 的计算方法，在第 n 次检查时，给定系统状态 $X(t_n) = (x_1,\ x_2)$，其中 $x_1 > M$，$x_2 < D$，在下次检查时系统状态保持在 L_3 区域的概率为：

$$p_{00}^{20} = p\{X(t_{n+1}) \in L_3 \mid x_{1,n} = x_1,\ x_{2,n} = x_2\}$$

$$= p\{x_1(t_{n+1}) > M,\ x_2(t_{n+1}) < D \mid x_{1,n} = x_1,\ x_{2,n} = x_2\}$$

$$= p\{\Delta x_1(T) > M - x_1,\ \Delta x_2(T) < D - x_2\}$$

$$= [F(M - x_1)] \times [1 - F(D - x_2)]$$

$$= \left(\frac{\gamma[\alpha_1 T,\ \beta_1(M-x_1)]}{\Gamma(\alpha_1 T)}\right) \times \left(1 - \frac{\gamma[\alpha_2 T,\ \beta_2(D-x_2)]}{\Gamma(\alpha_2 T)}\right) \quad (3-21)$$

同理，在第 n 次检查时，给定系统状态 $X(t_n) = (x_1,\ x_2)$，其中，$x_1 < M_1$，

$x_2 > D$，在下次检查时系统状态落入 L_4 区域的概率也可以用类似的方法得到，即：

$$
\begin{aligned}
p_{00}^{01} &= p\{X(t_{n+1}) \in L_4 \mid x_{1,n} = x_1,\ x_{2,n} = x_2\} \\
&= p\{x_1(t_{n+1}) < M_1,\ x_2(t_{n+1}) > D \mid x_{1,n} = x_1,\ x_{2,n} = x_2\} \\
&= p\{\Delta x_1(T) < M_1 - x_1,\ \Delta x_2(T) > D - x_2\} \\
&= [1 - F(M_1 - x_1)] \times [F(D - x_2)] \\
&= \left(1 - \frac{\gamma[\alpha_1 T,\ \beta_1(M_1 - x_1)]}{\Gamma(\alpha_1 T)}\right) \times \left(\frac{\gamma[\alpha_2 T,\ \beta_2(D - x_2)]}{\Gamma(\alpha_2 T)}\right)
\end{aligned}
\tag{3-22}
$$

在第 n 次检查时，给定系统状态 $X(t_n) = (x_1,\ x_2)$，其中 $M_1 < x_1 < M$，$x_2 > D$，在下次检查时系统状态保持在 L_5 区域的概率为：

$$
\begin{aligned}
p_{00}^{11} &= p\{X(t_{n+1}) \in L_5 \mid x_{1,n} = x_1,\ x_{2,n} = x_2\} \\
&= p\{M_1 < x_1(t_{n+1}) < M,\ x_2(t_{n+1}) > D \mid x_{1,n} = x_1,\ x_{2,n} = x_2\} \\
&= p\{M_1 - x_1 < \Delta x_1(T) < M - x_1,\ \Delta x_2(T) > D - x_2\} \\
&= [F(M_1 - x_1) - F(M - x_1)] \times [F(D - x_2)] \\
&= [F(M_1 - x_1) - F(M - x_1)] \times [F(D - x_2)] \\
&= \left(\frac{\gamma[\alpha_1 T,\ \beta_1(M_1 - x_1)]}{\Gamma(\alpha_1 T)} - \frac{\gamma[\alpha_1 T,\ \beta_1(M - x_1)]}{\Gamma(\alpha_1 T)}\right) \times \left(\frac{\gamma[\alpha_2 T,\ \beta_2(D - x_2)]}{\Gamma(\alpha_2 T)}\right)
\end{aligned}
$$

$$\tag{3-23}$$

在第 n 次检查时，给定系统状态 $X(t_n) = (x_1,\ x_2)$，其中 $x_1 > M$，$x_2 > D$，在下次检查时系统状态保持在 L_6 区域的概率为：

$$
\begin{aligned}
p_{00}^{21} &= p\{X(t_{n+1}) \in L_6 \mid x_{1,n} = x_1,\ x_{2,n} = x_2\} \\
&= p\{x_1(t_{n+1}) > M,\ x_2(t_{n+1}) > D \mid x_{1,n} = x_1,\ x_{2,n} = x_2\} \\
&= p\{\Delta x_1(T) > M - x_1,\ \Delta x_2(T) > D - x_2\} \\
&= [1 - F(M - x_1)] \times [F(D - x_2)] \\
&= \left(1 - \frac{\gamma[\alpha_1 T,\ \beta_1(M - x_1)]}{\Gamma(\alpha_1 T)}\right) \times \left(\frac{\gamma[\alpha_2 T,\ \beta_2(D - x_2)]}{\Gamma(\alpha_2 T)}\right)
\end{aligned}
\tag{3-24}
$$

因为在第 n 次检查时，部件 1 和部件 2 如果被发现出现异常甚至故障，都一定会立刻进行相应的完全维修活动，让部件恢复到"又新又好"的状态，所以 $p_{10}^{00} = p_{00}^{00}$，同理可以推出其他的转移概率。这里不展示其他转移概率的表示方式，具体见附录 1。

计算出所有可能的转移概率，我们用 R 表示系统的转移概率矩阵：

$$R = \begin{bmatrix} p_{00}^{00} p_{00}^{01} p_{00}^{10} p_{00}^{11} p_{00}^{20} p_{00}^{21} \\ p_{01}^{00} & \cdots & p_{01}^{21} \\ p_{10}^{00} & \cdots & p_{10}^{21} \\ p_{11}^{00} & \cdots & p_{11}^{21} \\ p_{20}^{00} & \cdots & p_{20}^{21} \\ p_{21}^{00} p_{00}^{01} p_{00}^{10} p_{00}^{11} p_{00}^{20} p_{21}^{21} \end{bmatrix}$$

当系统开始处于（0，0）状态时，那么可以得出结论：

在第一个间隔系统处于这六种状态的概率 $P_T = (1, 0, 0, 0, 0, 0) \times R$。

在第二个间隔系统处于这六种状态的概率 $P_{2T} = (1, 0, 0, 0, 0, 0) \times R^2$。

在第三个间隔系统处于这六种状态的概率 $P_{3T} = (1, 0, 0, 0, 0, 0) \times R^3$。

……

在第 n 个间隔系统处于这六种状态的概率 $P_{nT} = (1, 0, 0, 0, 0, 0) \times R^n$，其中，$n = 1, 2, 3, \cdots, N_{in}$。

系统在不同的状态下产生的相关单位成本 $C_{(i,j)}$ 表示如下：

$$\begin{cases} C_{(0,0)} = c_{in}，如果没有进行维护 \\ C_{(0,1)} = c_{in} + c_{cm}，如果只是纠正性维护组件 2 \\ C_{(1,0)} = c_{in} + c_{pm}，如果只是预防性维护组件 1 \\ C_{(1,1)} = c_{in} + c_{pm} + c_{cm}，如果预防性维护组件 1 和纠正性维护组件 2 同时发生 \\ C_{(2,0)} = c_{in} + c_{cr}，如果只是纠正性替换组件 1 \\ C_{(2,1)} = c_{in} + c_{cr} + c_{pm}，如果纠正性替换组件 1 和纠正性维护组件 2 同时发生 \end{cases}$$

因此，在有限周期 $H \cdot \Delta k$ 内的维修总成本 $C_M(H \cdot \Delta k)$ 可以表示如下：

$$C_M(H \cdot \Delta k) = \sum_{n=1}^{N_{in}} C_{(i,j)} \times [P_{nT}]^T \tag{3-25}$$

3.3.1.3 质量相关成本

在每个生产周期结束后，以 P^u 的比例从该周期所有生产的产品中抽取部分产品，然后，将那些不合格的产品全部剔除。这个过程会产生质量检测成本和次品报废成本，对一件成品进行质量检查的成本记为 c_{sur}，报废一件次品的成本记为 c_{rej}。

有限周期内总的产品检测成本为：

$$C_{sur} = P^u \times c_{sur} \times \sum_{k=1}^{H} u(k) \qquad (3-26)$$

有限周期内总的报废成本为：

$$C_{rej} = P^u \times c_{rej} \times \sum_{k=1}^{H} \left\langle u(k) \times \left\{ \int_{(k-1)\Delta k}^{k \cdot \Delta k} \left[\bar{p}(X(t)) \right] dt \right\} \right\rangle \qquad (3-27)$$

有限周期内的总质量成本 $C_q(H \cdot \Delta k)$ 表示如下：

$$C_q(H \cdot \Delta k) = C_{sur}(H \cdot \Delta k) + C_{rej}(H \cdot \Delta k)$$

$$= P^u \times c_{sur} \times \sum_{k=1}^{H} u(k) + P^u \times c_{rej} \times \sum_{k=1}^{H} \left\langle u(k) \times \left\{ \int_{(k-1)\Delta k}^{k \cdot \Delta k} \left[\bar{p}(X(t)) \right] dt \right\} \right\rangle$$

$$(3-28)$$

3.3.2　联合优化模型

本章建立了一个相互独立的异质双部件系统的生产和维修联合优化模型，生产控制模型中的决策变量是可以满足每一时期预测需求的生产量 $u(k)$（k：1，2，…，H）；维修控制模型的决策变量是部件检查的间隔 T，因为 Δk 已知，所以我们只需求 m 的最优值。联合控制的最终目的是在满足客户服务水平的前提下，使有限期内生产相关、维修相关和质量相关的总成本最小。

在上述约束条件下，最小化问题如下：

$$\min(C(u(k), m)) = \min\left(\frac{C_P(u(k)) + C_M(m) + C_q(u(k), m)}{\text{Production} + \text{Maintenance} + \text{Defective}} \right)$$

$$s.t. \begin{cases} U_{max} \geqslant u(k) \geqslant U_{min}; \\ H \geqslant m \geqslant 0; \\ u(k), m \text{ 均取正整数}. \end{cases} \qquad (3-29)$$

由以上的最优化模型可以确定上述的联合优化模型是典型的组合优化问题，本章将用数学软件 MATLAB R2018b 对上述模型进行求解计算。

3.3.3　模型求解方法及步骤

本章以与生产、维修和质量有关的总费用为目标函数，建立了一个具有有限规划周期的最优联合优化模型。由于系统劣化状态对于输出的产品质量和生产计划有着很大的影响，而维修策略又是控制系统劣化状态的重要手段，因此整个制造系统的维修策略对是否能如期满足市场需求有着重要的影响。

上述的联合优化模型包括两个核心的问题：第一个是根据生产量满足的线性

关系，以及次品率与系统劣化状态之间的关系，确定有限周期内的生产计划，从而使有限周期内所产生的总生产费用最低；第二个是通过确定检查间隔数 m，计算总计划周期内产生的总维修费用。具体求解思路如下所示：

生产计划的制订是一个随机问题，我们可以将线性的库存平衡方程和需求的随机变化描述为高斯过程，将随机问题转化为确定性问题[166]。

（1）在模型中，假设随机需求 $d(k)$ 满足期望 $E(d(k)) = \bar{d}(k)$，标准差为 σ_k 的高斯分布。库存水平也是随机的，其均值 $E(I(k)) = \bar{I}(k)$，方差 $E((I(k) - \bar{I}(k))^2) = Var(I(k))$。因此，决策变量 $u(k)$ 本质上是确定的，随机生产问题也可以转化为如下的确定性问题求解，表示如下：

$$\bar{I}(k+1) = \bar{I}(k) + u(k) - \bar{d}(k), \quad k = \{1,\ 2,\ \cdots,\ H\} \tag{3-30}$$

（2）生产计划是在满足客户服务水平的前提下制订的，所以客户服务水平是制订生产计划时一个重要的约束条件。因此，客户服务水平也需转换为等价的确定性不等式，具体表示如下：

$$u(k) \geqslant \varphi^{-1}(\zeta) \cdot \sqrt{k+1} \cdot \sigma_k - \bar{I}(k) + d(k), \quad k = \{1,\ 2,\ \cdots,\ H\} \tag{3-31}$$

其中，$\varphi^{-1}(\cdot)$ 表示受到服务水平 ζ 影响的库存水平的反概率分布函数。

（3）因此，基于以上的确定性问题，有限周期内生产和库存相关的总成本可以表示如下：

$$C_p(u(k)) = \sum_{k=1}^{H} \{C_u \times u(k)^2 + C_s \times E[\bar{I}(k)^2]\} + C_s \cdot (\sigma_k)^2 \cdot \frac{H \cdot (H+1)}{2},$$
$$k = \{1,\ 2,\ \cdots,\ H\} \tag{3-32}$$

在将生产计划转化为确定问题之后，需要解决第二个核心的问题，即求出最优的检查间隔数 m^*。m 表示在生产活动开始之前对系统状态进行检查的检查间隔数，因为检查不在生产活动期间进行，所以 m 取正整数，即 $m \in [1,\ H]$，其中，m 的初始值设置为 1，步长为 1。

本章采用 MATLAB R2018b 软件对该问题进行了数值计算，采用了一种基于遍历运算的方法，得到了最优解。求解流程如下：

（1）令 $m^* = m$，将 m 代入式（3-32）中，求得 $C(u(k)^*,\ m^*)$，记 $C(u(k)^*,\ m^*)$ 为最优解。

（2）令 $\Delta m^* = m+1$，将 Δm^* 代入式（3-32）中，求得 $C(u(k)^*,\ \Delta m^*)$。如果 $C(u(k)^*,\ \Delta m^*) \leqslant C_M(u(k)^*,\ m^*)$，则将 $C(u(k)^*,\ \Delta m^*)$ 记为新的最小值，否则 $C(u(k)^*,\ m^*)$ 为最优解。

（3）重复步骤（2），直至 m^* 取值 m 大于其取值区间上界 H，此时 $C(u(k)^*, m^*)$ 为最优解，程序结束。

3.4　数值算例

在本例中，我们考虑一家生产单一的或一种类型产品的公司，这种产品对库存和制造有着独立而稳定的需求。通过 MATLAB R2018b 软件对模型进行数值运算和结果分析，确定使与生产和维修相关的总成本最小化的生产计划及最优的维修策略，实现公司管理者的目标。

3.4.1　收集相关数据

表 3-2 至表 3-6 将模型中的相关参数假设为一般常数。其中，表 3-2 表示了有限生产周期 $H \cdot \Delta k$、需求标准差 σ_d、客户满意度 ζ、最初的库存水平 $I(0)$，部件 1 遵循的伽马曲线的形状参数是 α_1，比例参数是 β_1；部件 2 服从的伽马曲线形状参数是 α_2，比例参数是 β_2 的生产相关参数。表 3-3 表示了与部件预防性维修、纠正性维修和纠正性替换相关的参数。表 3-4 表示了初始条件下，系统产生的缺陷品的比例 $\overline{p}^0$，给出的常量 μ_1、μ_2、δ_1 和 δ_2，质量退化中考虑的边界 η_1 和 η_2。表 3-5 表示了与生产和维修成本相关的参数。表 3-6 表示了客户平均需求量 $\overline{d}(k)$ 的取值。

表 3-2　与生产相关的参数

参数	H	Δk	σ_d	ζ	$I(0)$	U_{min}	U_{max}
赋值	20	1	4	0.95	15000	0	50000

表 3-3　与维修相关的参数

参数	M	M_1	D	α_1	β_1	α_2	β_2
赋值	9.0	6.5	8.0	6	2	5	1

表 3-4　与质量相关的参数

参数	$\bar{p}^0$	μ_1	μ_2	δ_1	δ_2	η_1	η_2	P^u
赋值	0.005	0.08	0.07	0.005	0.004	1.16	1.20	53%

表 3-5　与成本相关的参数　　　　单位：元

参数	C_u	C_s	C_b	C_{sur}	C_{rej}	C_{in}	C_{cm}	C_{pm}	C_{cr}
赋值	80	15	100	2	120	400	4000	3000	8000

本章我们假设随机客户需求满足平均值为 $\bar{d}(k)$、标准差为 σ_k 的高斯分布，客户平均需求量 $\bar{d}(k)$ 在 12 个周期的具体取值如表 3-6 所示。

表 3-6　客户平均需求量 $\bar{d}(k)$ 的取值　　　　单位：件

参数	$\bar{d}(1)$	$\bar{d}(2)$	$\bar{d}(3)$	$\bar{d}(4)$	$\bar{d}(5)$	$\bar{d}(6)$
赋值	42955	34634	38377	49263	47882	35301
参数	$\bar{d}(7)$	$\bar{d}(8)$	$\bar{d}(9)$	$\bar{d}(10)$	$\bar{d}(11)$	$\bar{d}(12)$
赋值	42257	49291	39285	33257	36271	48453

3.4.2　数据分析

根据上文的相关参数，利用有限周期内的总成本模型以及遍历算法，获得最优的 m^* 和经济生产计划，计算得出最小的总成本 $C(u(k)^*, m^*)$。图 3-4 说明了联合优化模型是通过怎样的优化过程来解决这个问题的。对于生产计划的部分，通过求解有限生产周期 $H \cdot \Delta k$ 内单个周期 Δk 的最优生产批量 $u(k)^*$ 来优化整体的生产计划，并以系统的劣化状态为基础更新每个生产周期内的生产量 $u(k)$，从而获得单个周期内的经济生产批量 $u(k)^*$，并通过优化维修总成本获得最优的维修间隔 m^*，将维修和生产活动联合进行优化，最终获得可以使有限周期内生产和维修相关成本最小的策略。

我们利用 Mathematica 软件上的数值程序进行生产和维修优化，可以得出经济的生产计划，具体如表 3-7 所示。

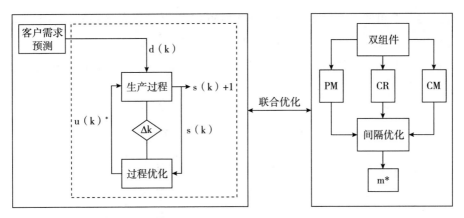

图 3-4　生产和维修过程优化

表 3-7　经济的生产计划　　　　　　　　　　　单位：件

参数	u（1）	u（2）	u（3）	u（4）	u（5）	u（6）
取值	34322	35355	31333	49215	49725	29467
参数	u（7）	u（8）	u（9）	u（10）	u（11）	u（12）
取值	47486	48498	33258	40215	36233	47457

同时，每个时期的市场需求量和生产量的趋势如图 3-5 所示。图 3-5 中的两条轨迹给出了一个具体的生产过程场景，可用于现实中的管理决策。

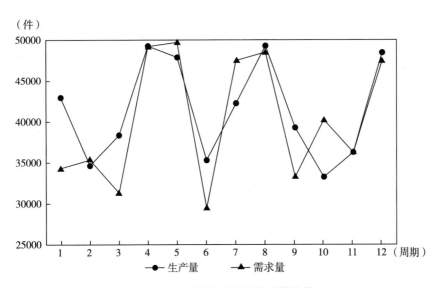

图 3-5　各周期生产量和需求量趋势

由图 3-5 可知，在第 4、第 8、第 12 个周期，机器产量达到最大的生产量时接近稳定，这时的机器生产量也可以满足随机的市场需求。

在求得 12 个周期内的经济生产计划以后，我们可以得出随着周期数的增加总费用的变动趋势，具体如图 3-6 所示。

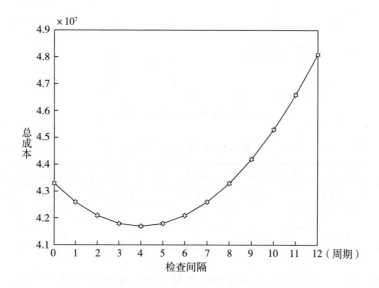

图 3-6　总成本与检查间隔关系

由图 3-6 可以看出，最优的生产和维修联合优化策略的存在具有唯一性。当 $0 \leqslant m < 4$ 时，总成本随着检查间隔数 m 值的增加而减少；当 $4 < m \leqslant 12$ 时，总成本随着检查间隔数 m 值的增加而增加；当检查间隔数 $m = 4$ 时，总成本达到最小值，即最优检查间隔数 $m^* = 4$。当 $m^* = 4$ 时，有限周期内的相关总成本最小，值为 4.1691348×10^7。

3.5　灵敏度分析

本节我们将会针对单位生产成本 C_u、部件 1 的纠正性替换成本 C_{cr} 和部件 1 的预防性维修阈值 M_1 这 3 个对生产和维修过程起到重要作用的参数进行灵敏度分析，即分析它们的变化对于 3 个决策变量——单个生产周期内的经济生产批量 $u(k)^*$、周期检查的间隔数 m^* 以及与生产和维修相关的总成本 $C(u(k)^*, m^*)$ 的影响。

因为检查是在生产开始前进行的，所以检查间隔数 m^* 取正整数。总成本 $C(u(k)^*, m^*)$ 的值比较大，表中的值是四舍五入之后保留的四位小数。在表 3-7、表 3-8、表 3-9 中，我们给出了三个参数在不同取值下的最优解的变化。

3.5.1　M_1 的灵敏度分析

在维修策略设计中，部件的劣化状态对维修成本有直接的影响，因此有必要对部件 1 的预防性维修阈值 M_1 进行敏感度分析。$0 \leqslant M_1 \leqslant M$，$M = 9.0$，所以 M_1 应该是在 $[0, 9]$ 区间内变化，表 3-8 体现了 M_1 在 5.9～7.1 的范围内的取值，取值步长为 0.2 时，决策变量 m^* 和总成本 $C(u(k)^*, m^*)$ 的变化情况。

表 3-8　M_1 取不同值的情况下最优解的变化情况

M_1	5.9	6.1	6.3	6.5	6.7	6.9	7.1
m^*	6	6	5	4	3	3	3
$C(u(k)^*, m^*)(\times 10^7)$	4.7086	4.4947	4.2792	4.1691	4.2828	4.4989	4.7113

根据如表 3-8 所示的结果，我们可以得出以下结论：

（1）M_1 是部件 1 的预防性维修阈值。当 C_u、C_{cr} 值不变，M_1 的值增加时，表示部件在更糟糕的状态下才执行维修活动，部件乃至整个设备出现异常的可能性就会增加，设备的生产效率也会大打折扣，导致单个周期内生产的产品次品率升高。

（2）部件状态越差，则越需要时刻监测设备的状态，频繁地进行检查，所以当 M_1 的值增加时，有限周期内检查的次数会增加，最优检查间隔数 m^* 的值会减小。

（3）至于总成本 $C(u(k)^*, m^*)$，部件状态越差，越需要频繁地进行检查和维修活动，维修成本相应增加。同时，需要报废的次品数量也会增加，质量成本增加，自然总成本会相应地增加。

部件 1 的单位纠正性替换成本 C_{cr} 是计算维修成本时的一个重要的参数，它的值的改变对维修成本、总成本有着一定的影响。

3.5.2 C_{cr} 的灵敏度分析

在维修策略设计中，设定 $C_{pm}=3000$，因为单位预防性维修的成本 C_{pm} 一定低于单位纠正性替换成本 C_{cr}，所以表3-9表示了当 C_{cr} 分别取6500、7000、7500、8000、8500、9000、9500这7个值时，决策变量 m^* 和总成本 $C(u(k)^*$，m^*）的变化情况。

表3-9 C_{cr} 分别取不同值的情况下最优解的变化情况

C_{cr}	6500	7000	7500	8000	8500	9000	9500
m^*	6	5	4	4	3	2	2
$C(u(k)^*$，$m^*)(\times 10^7)$	3.9346	4.0087	4.0963	4.1691	4.2374	4.3203	4.4031

根据表3-9所示的结果，我们可以得出以下结论：

（1）C_{cr} 是发现部件1故障时，对部件1进行一次纠正性替换的单位成本，与检查间隔 m^* 和总成本 $C(u(k)^*$，m^*）呈正相关关系。

（2）由于检查成本比故障后纠正性替换的成本要小很多，所以，当 C_{cr} 的值增加时，说明部件1故障的代价更大，会采取更加频繁的检查策略，缩短检查间隔，让设备保持较好的状态，决策变量检查间隔数 m^* 相应地会变小。

（3）当 C_{cr} 值增加时，会通过频繁进行检查来维持系统的正常运转，因为随着系统劣化程度降低，产品的质量也相应会提高，次品率较低，报废次品的成本较少，所以导致有限周期内的质量相关成本减少。

（4）总的来说，当 C_{cr} 的值增加时，维修相关成本增加，质量相关成本会有所减少，但是总成本 $C(u(k)^*$，m^*）仍然会增加。

3.5.3 C_u 的灵敏度分析

单位生产成本 C_u 是计算生产成本时的一个重要参数，它的值的改变对生产成本乃至总成本都有着一定的影响。表3-10表示了 C_u 分别取70、80、90、100、110、120、130这7个值时，决策变量 m^* 和总成本 $C(u(k)^*$，m^*）的变化情况。

表 3-10　C_u 分别取不同值的情况下最优解的变化情况

C_u	70	80	90	100	110	120	130
m^*	6	5	5	4	4	3	3
$C(u(k)^*, m^*)(\times 10^7)$	3.9756	4.0403	4.1044	4.1691	4.2321	4.3077	4.3620

根据表 3-10 所示的结果，我们可以得出以下结论：

C_u 是生产过程中的单位生产成本，决策变量 m^* 随着 C_u 值的增大而减小，总成本 $C(u(k)^*, m^*)$ 随着 C_u 值的增大而增大。C_u 的值越大，说明生产一件成品的成本增大，直接导致生产相关成本增加，也导致有限周期内的总成本 $C(u(k)^*, m^*)$ 随之增加。

3.6　本章小结

本章针对由两个相互独立的部件组成的生产系统，以有限周期内的总成本最小为优化目标，提出相应的生产过程和维修策略。对于生产计划部分，为了满足随机的市场需求，通过构造单个生产环节的生产量、库存量（缺货量）与需求量之间的关系，以及生产量的最大最小量约束，在满足给定的客户服务水平的条件下，求得每个周期的经济生产计划。对于维修策略，采用周期性的检查和维修方式，对不同系统状态组合下的两个部件分别进行维修操作，维持机器正常的运行状态，减少由系统的状态劣化导致的次品数量。通过联合优化生产和维修策略，求得最优的有限周期的生产计划和最佳的维修间隔数。

另外，我们将成本最小化模型带入实际的生产系统中，通过数值算例验证模型的有效性，得出 12 个月内每个月的最佳生产量，以及每隔 4 个生产周期进行一次检查是最经济且最有效的维修策略。将决策变量 $u(k)^*$ 和 m^* 以及总成本 $C(u(k)^*, m^*)$ 随着 α_1、β_1 和 M_1 三个参数的不同取值变化规律展现出来，进行相关参数的灵敏度分析，从整体的算例结果可以看出，本章建立的模型可以在一定程度上为企业经济效益的提高提供方法。

第4章 考虑故障交互性的双部件系统生产和维修联合优化研究

在本章中，我们认为构成生产系统的两个异质部件之间是相互影响的，即存在故障交互作用，所以本章将探讨受到部件之间故障交互作用影响的双部件系统的生产和维修的联合优化模型。其中，故障交互作用是指对总成本影响较大的关键部件（部件1）的老化程度会受到对总成本影响相对较小的非关键部件（部件2）故障的影响。与前人研究的不同之处在于，本章的研究目的是保护关键部件1，所以本章重点研究非关键部件2故障对于关键部件1劣化程度的影响，定期检查两个部件的状态，然后根据检查到的部件的劣化程度来决定具体的维修活动。

本章的研究目的是通过构建包括生产相关成本、维修相关成本以及质量相关成本在内的总成本最小的目标函数，探讨在满足客户服务水平的情况下，每个生产周期最优的生产量 $u(k)$、最优的定期检查间隔数 m 以及部件1最优的预防性维修阈值 M_1，并给出一个数值算例验证这个结果。

4.1 基本假设与参数定义

4.1.1 问题描述

本章研究的是由两个异质且存在故障交互性的部件组成的多周期、生产单一产品的制造系统。构成该制造系统的两个部件存在故障交互作用，即一个部件的故障会影响另一个部件的劣化状态或性能。在有限的生产周期内，随着使用时间的增加，制造系统的劣化程度逐渐增大，维修人员可以根据部件的劣化特征直接监控部件的状态，在检查点判断是否需要对系统中的部件进行维修处理。假设所有的维修活动都可以使部件恢复到"全新状态"。因为制造系统的劣化会导致系统输出的产品质量降低，生产的次品会被筛选出来并报废，所以为了满足每个周期的客户服务水平，需要通过定期的检查和维修行为来干预系统的状态，使生产计划如期完成，并尽可能地降低有限周期内的相关总成本。

为了说明该模型在实际中的应用，本章考虑使用用于加固混凝土的焊接钢筋网格的钢坯生产来作为示例。钢网是由进料的纵向和横向丝构成的。钢网焊接的整个过程持续进行，在达到要求的尺寸后，需要使用断头台切割网格。大轮子的运动给断头台提供了足够的力量来切割钢网。为了使切割活动在适当的时刻进行，车轮通过机电离合器与断头台实现耦合和解耦。裁断机构必须能提供裁断30 股直径为 3.4~6.0 毫米的线材的动力。从广义上来说，机电离合器由两部分组成，一部分是静态部件（部件 1），与断头台连接；另一部分是移动部件（部件 2），固定在驱动轮上。[①]

在实际中，静态盘与动态盘之间存在故障交互性。所述静态部分包括一套圆形片的圆盘，圆形片本身能够在离合器的驱动下与所述移动离合器圆盘接触。当离合器总成静盘故障时，可能会损坏移动盘。此外，离合器总成移动盘比静态盘贵得多，所以离合器总成移动盘作为关键部件，是维修活动中的重点关注对象。

在生产开始之前，维修人员可以通过使用磁颗粒的液体渗透检查来识别两个部件的劣化状态（通常是移动离合器盘上的划伤和裂纹），根据定期检查的结果判断是否执行维修活动、执行哪一种维修活动。

4.1.2　系统退化过程

为了方便对系统的生产和维修过程进行建模，现采用以下假设：

（1）生产系统由两个异质部件（部件 1 和部件 2）组成，这两个部件之间存在交互作用，该交互作用表现为部件 2 的故障可能会加快部件 1 的劣化速度。同时，两个部件对于维修成本的影响程度不同，相对于部件 2 来说，部件 1 的维修活动产生的成本更高。此外，两个部件的故障只能通过检查辨别出来，相当于我

---

① 在前文中已有介绍，为便于读者理解，此处重新描述了示例的基本情况。

们通常所说的软故障。这两个部件在初始状态下都是全新的状态。

（2）在每个周期的生产活动结束后，定期检查两个部件的劣化程度，并根据它们的劣化状态判断是否需要执行相应的维修措施。为了尽量减少设备自身劣化乃至部件之间交互作用对设备状态的影响，我们通过定期的预防性维修、纠正性维修和纠正性替换两两相结合的方式，控制系统的运行状态，将部件恢复到正常状态。检查和维修的时间忽略不计。

（3）在这个部分，与第3章不同的是，为了更早地发现部件2的缺陷，并尽快进行维修，减少部件2的故障次数从而更好地保护部件1，我们将部件1和部件2都划分为三种可能的运行状态：正常状态、异常状态和故障状态，用 $i=0$，1，2来表示部件1的这三种状态，用 $j=0$，1，2来表示部件2的这三种状态，所以该系统状态空间会被划分为九个部分。

（4）本章考虑部件的交互性，交互性在本章模型中的体现是：部件2的故障可能会加速部件1的劣化，使部件1以 P_1 的概率从正常状态立即劣化到异常状态，以 $1-P_1$ 的概率保持现状；以 P_2 的概率从异常状态立即劣化到故障状态，以 $1-P_2$ 的概率保持现状。

例如，在 $t=0$ 时刻，系统是全新的。在时间 t 时，$t\in((n-1)T,nT]$，部件2出现故障，如果部件2出现故障之前部件1处于正常状态，部件2的故障立即导致部件1异常的概率为 P_1，部件1不受部件2故障影响的概率为 $1-P_1$，那么在第 n 次检查时，部件1处于异常状态的概率为 P_1，处于非异常状态的概率为 $1-P_1$。

（5）设备在投入使用之后就会逐渐开始劣化，部件1的劣化过程由两个部分组成，其中，自然劣化的过程可以用 $\{X_1(t):t\in R^+\}$ 来表示，部件1的劣化过程 $X_1(t)$ 通过伽马过程建模，$X_1(t)$ 的概率密度函数 $f_{X_1(t)}(x)$ 服从的形状参数为 α_1，规模参数为 β_1，$f_{X_1(t)}(x)$ 可以表示如下：

$$f_{X_1(t)}(x)=\frac{\beta_1^{\alpha_1 t}}{\Gamma(\alpha_1 t)}x_1^{\alpha_1 t-1}e^{-\beta_1 x},\ x\geq 0 \qquad (4-1)$$

部件2的劣化过程只与自身的年龄相关，可以用 $\{X_2(t):t\in R^+\}$ 来表示，假设部件2的劣化过程 $X_2(t)$ 的概率密度函数 $f_{X_2(t)}(x)$ 服从的形状参数为 α_2，规模参数为 β_2，$f_{X_2(t)}(x)$ 可以表示如下：

$$f_{X_2(t)}(x)=\frac{\beta_2^{\alpha_2 t}}{\Gamma(\alpha_2 t)}x_2^{\alpha_2 t-1}e^{-\beta_2 x},\ x\geq 0 \qquad (4-2)$$

（6）如果检查部件需要相应的维修，假设有足够的修理工同时维修这两个部件，即部件需要维修时可以立即被维修。

（7）假设初始状态的部件都是全新的，所有的维修和替换都可以使部件恢复到全新状态。

（8）假设每次检查都能完美地揭示精确的系统状态，不存在检查错误。

4.1.3　参数定义

本章联合优化模型中的参数定义如表 4-1 所示。

表 4-1　联合优化模型中的参数定义

生产相关参数	
$H \cdot \Delta k$	总生产周期
Δk	单个生产周期的长度
$T = m \cdot \Delta k$	定期检查的间隔
$u(k)$	第 k 个周期的生产量
$s(k)$	第 k 个周期末的库存水平
$d(k)$	第 k 个周期的市场需求量
ζ	客户服务水平
U_{min}	生产量最小值
U_{max}	生产量最大值
维修相关参数	
$X_1(t)$	在 t 时刻，部件 1 的劣化水平
$X_2(t)$	在 t 时刻，部件 2 的劣化水平
$X(t_{n+1})$	第 n+1 次检查时，系统的退化状态
$x_{1,n}$	第 n 次检查时，部件 1 的退化状态
C_{in}	单位检查成本
C_{cr}	部件 1 纠正性替换的单位成本
C_{pm}^1	部件 1 预防性维修的单位成本
C_{pm}^2	部件 2 预防性维修的单位成本
C_{cm}	部件 2 纠正性维修的单位成本
M	部件 1 的故障阈值
M_1	部件 1 发生异常的阈值
D	部件 2 的故障阈值
D_1	部件 2 发生异常的阈值

成本相关参数	
$C(u(k), n)$	有限周期内的总成本
$C_p(u(k))$	有限周期内的生产相关成本
$C_M(n)$	有限周期内的维修相关成本
$C_p(k)$	第 k 个周期内产生的生产相关成本
C_u	单位生产成本
C_s	单位库存成本
N_{in}	有限周期内总的检查次数
$C_M(n)$	有限周期内总的维修相关成本
C_{IN}	有限周期内的总检查成本
C_{PM}	有限周期内的总预防性维修成本
C_{CM}	有限周期内的总纠正性维修成本
C_{CR}	有限周期内的总纠正性替换成本
c_{sur}	单位质量检测成本
c_{rej}	单位报废成本
决策变量	
$u(k)$	第 k 个周期的生产量($U_{max} \geq u(k) \geq U_{min}$)
$m = \dfrac{T}{\Delta k}$	定期检查间隔数($H \geq m \geq 0$)
D_1	部件 2 需要进行预防性维修的阈值($D \geq D_1 \geq 0$)

4.2 生产和维修联合优化策略

4.2.1 生产系统特征描述

生产活动仍是在有限周期 $H \cdot \Delta k$ 内进行,且整个过程只生产一种产品。与第 3 章不同的是,本章的生产系统是由两个异质的双部件组成的,随着使用时间的增加,单个组件会逐步老化,但两个部件之间不是相互独立的,是存在故障交互性的，所以部件的老化程度受到自身使用老化和另一个部件故障对其劣化的加速两个部分的影响。

在第 k 个生产周期内，期初的库存（缺货）量 I(k) 与整个周期生产量 u(k) 的总和用来满足本周期的随机客户需求量 d(k)，剩余（短缺）的产品会转化为第 k+1 个周期的库存（缺货）量 I(k+1)。基于以上关系，给出单个生产周期内，满足生产量、需求量和库存量/缺货量之间关系的线性方程：

$$I(k+1)=I(k)+u(k)-\bar{d}(k),\ k=\{0,\ 1,\ \cdots,\ H-1\} \tag{4-3}$$

根据每个生产周期结束时产品是剩余还是缺失来判断其是转化为下一个周期的初始库存 s(k+1)，还是转化为下一个周期的初始缺货量 b(k+1)，即：

$$\begin{cases} I(k+1)\geqslant 0,\ I(k+1)=s(k+1) \\ I(k+1)<0,\ I(k+1)=b(k+1) \end{cases} \tag{4-4}$$

假设随机客户需求满足平均值是 d(k)，标准差是 σ_k 的高斯分布。客户服务水平 ζ 给定，ζ 在 [0，1] 区间内的变化给出了产品准时交付的概念。采用安全库存保证高客户满意度。这个机会约束由以下关系式给出：

$$\mathrm{Prob}[s(k+1)\geqslant 0]\geqslant\zeta,\ \Delta k=\{0,\ 1,\ \cdots,\ H\} \tag{4-5}$$

机器在任意生产时期 k 的容量约束需要满足下列方程：

$$U_{\min}\leqslant u(k)\leqslant U_{\max} \tag{4-6}$$

考虑到上期库存的影响，所以在一个 Δk 内，生产多少产品才能以一定的服务水平满足随机的市场需求是值得探讨的问题。通过上述的约束条件，优化每个周期的生产量 u(k)。

与本书第 3 章描述的生产系统不同的是，部件 1 的老化程度不仅受到自身年龄的影响，还会受到部件 2 故障的影响，所以部件 1 的老化程度会受到两部分的影响，相应的产品缺陷率也会受到影响。

部件 1 是否受故障率交互作用影响的区别如图 4-1 所示。

由于部件 2 的劣化程度只与自身的年龄有关，所以部件 2 只会随着年龄的增长而老化，不会受到其他外部环境的影响，但是部件 1 的劣化程度不仅与自身的年龄有关，而且与部件 2 的故障率有关。从图 4-1 可以看出，在 t_1 时刻，部件 1 在受到交互作用影响时劣化的水平变化会比不受交互性影响时的劣化水平变化快。

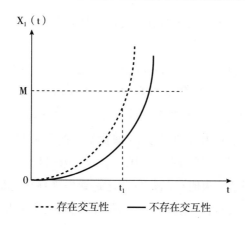

图 4-1 有无故障交互作用下的部件 1 劣化水平变化

4.2.2 维修策略

生产系统存在退化，会导致系统运行状态和输出的产品质量受到影响。其中，部件 1 在系统中扮演着重要的角色，而且部件 1 的老化程度会受到部件 2 故障的影响，所以在定期维修部件 1 的同时，也需要加强对部件 2 恶化水平的关注，尽早地发现部件 2 的缺陷状态，进行相应的维修，减少部件 2 的故障的概率，从而更好地保护部件 1。

所有的检查活动都是在周期性的生产活动结束后进行的，目的是保证下一个阶段系统保持相对稳定的运行状态，假设检测操作瞬时、无损、完美，但成本低，单位检查成本为 C_{in}。系统的检查周期是 $T = m \cdot \Delta k$，即每隔 T 间隔对部件的状态进行一次检查，根据检查结果判断部件是否需要维修。

因为部件 1 的维修和替换成本较高，同时部件 2 故障状态会以一定的概率加速部件 1 的劣化，所以对部件 1 和部件 2 的实时监测都很重要。

对于部件 1，会通过定期预防性维修和纠正性替换来调整部件 1 的运行状态。对于部件 2，维修更加频繁，因为部件 2 的故障可能会加速部件 1 的劣化速度，所以检查发现部件 2 出现异常时，就及时对它进行预防性维修，尽量减少因部件 2 故障导致部件 1 故障劣化加快的可能。在检查发现部件 2 处于故障状态时，立即进行纠正性维修。这样做的目的是保护部件 1，使其尽量避免受到部件 2 故障的影响，同时通过维修让部件 2 尽量保持正常状态，保持正常的生产运行，提高输出产品的质量，尽可能地满足每个周期的客户需求。

在定期检查时，当部件 1 的劣化水平 $X_1(t) \geqslant M$ 时，即部件 1 出现故障，我们用 ε_1 表示部件 1 出现软故障的时间，部件 1 在 t 时刻发生软故障的概率表示如下：

$$P(\varepsilon_1 \leqslant t) = P(X_1(t) \geqslant M) = \int_M^{+\infty} f_{X_1(t)}(x) dx = \frac{\gamma(\alpha_1 t, \ \beta_1 M)}{\Gamma(\alpha_1 t)} \tag{4-7}$$

在离散检查点检查部件 1 的运行状态，根据运行状态对部件 1 实施维修会出现以下三种情况：

（1）当部件 1 劣化水平 $X_1(t) \geqslant M$ 时，部件 1 出现故障（即 i = 2），则立即进行纠正性替换，纠正性替换部件 1 的单位成本为 C_{cr}。

（2）当部件 1 的劣化水平 $M > X_1(t) \geqslant M_1$ 时，表示部件 1 处于异常状态（即 i = 1），则对部件 1 进行单位成本为 C_{pm}^1 的预防性维修。

（3）当部件 1 的劣化水平 $M_1 > X_1(t)$ 时，表示部件 1 处于正常状态（即 i = 0），则对部件 1 不进行任何维修活动。

在离散检查点检查部件 2 的运行状态，根据运行状态对部件 2 实施维修时会出现以下三种情况：

（1）当部件 2 的劣化水平 $X_2(t) \geqslant D$ 时，部件 2 出现故障（即 j = 2），但是部件 2 的故障不会导致系统停机，同样只会在周期性检查时被发现，如果发现部件 2 故障，则对其进行纠正性维修，纠正性维修的单位成本为 C_{cm}。

（2）当部件 2 的劣化水平 $D > X_2(t) \geqslant D_1$ 时，则部件 2 出现异常（即 j = 1），如果发现部件 2 出现异常，则对其进行预防性维修，预防性维修的单位成本为 C_{pm}^2。

（3）当部件 2 的劣化水平 $D_1 > X_2(t)$ 时，部件 2 处于正常状态（即 j = 0），则对部件 2 不进行任何维修活动。

根据以上维修策略可知，在不同的状态下会对部件进行不同类型的维修，每一种维修方式产生的成本是不尽相同的。其中，部件 1 的单位纠正性替换成本要高于部件 2 的单位纠正性维修成本，部件 2 的单位纠正性维修成本又高于部件 1 的单位预防性维修成本，而部件 1 的单位预防性维修成本又高于部件 2 的单位预防性维修成本，部件 2 的单位预防性维修成本又高于其单位检查成本，即 $C_{cr} > C_{cm} > C_{pm}^1 > C_{pm}^2 > C_{in}$。

从图 4-3 可以看出，在 t^* 时刻，部件 2 的劣化水平 $X_2(t) \geqslant D$，部件 2 进入故障状态，部件 2 的故障会加速部件 1 的劣化，让部件 1 从异常状态加速劣化到故障状态。

从图4-2、图4-3可以发现，检查周期长度为3·Δk。与第3章的图3-1、图3-2相比，在考虑部件之间的故障交互性时，部件劣化会比正常老化的速度更快，所以检查更加频繁，检查周期从4·Δk缩短到3·Δk。从3T、6T两个维修点可以看出，两个部件的维修都是完美的，维修可以将部件恢复到全新状态。同时，两个部件的故障都是隐藏故障，只有在检查点才可以被揭示。

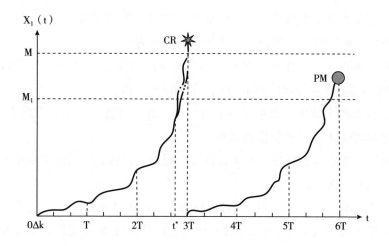

图4-2　随时间 t 增加，对部件 1 进行的维修活动举例

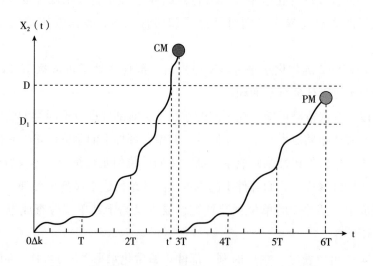

图4-3　随时间 t 增加，对部件 2 进行的维修活动举例

部件维修设计部分需要通过优化维修间隔数 m 以及部件 2 的预防性维修阈值 D_1 得到最优的维修策略。

4.2.3　质量控制

由于生产系统不断恶化会导致产品的品质随之下降，输出成品的质量与生产系统的状态有着十分密切的关系。因此，根据产品退化质量与系统劣化的关系，可以直接将次品率与机器的劣化水平联系起来，定义两者之间的关系。

本章同样以次品率的大小来反映随系统退化程度增加，生产的不合格产品的比例，次品率是随系统退化程度升高而单调递增的。下面分别考虑与两个部件相关的次品率。

在 t 时刻，与部件 1 相关的次品率 $\overline{p}(X_1(t))$ 可以表示如下：

$$\overline{p}(X_1(t)) = \eta_1(1-\exp(-\mu_1 X_1(t)^{\delta_1})) \tag{4-8}$$

同理，在 t 时刻，与部件 2 相关的次品率 $\overline{p}(X_2(t))$ 可以表示如下：

$$\overline{p}(X_2(t)) = \eta_2(1-\exp(-\mu_2 X_2(t)^{\delta_2})) \tag{4-9}$$

因为系统是由部件 1 和部件 2 共同组成的，所以生产系统的次品率由系统初始次品率、两个部件的次品率的和组成，即表示为：

$$\overline{p}(X(t)) = \overline{p}^0 + \overline{p}(X_1(t)) + \overline{p}(X_2(t)) + (P_1+P_2) \times [\overline{p}(X_1(t)) \times \overline{p}(X_2(t))] \tag{4-10}$$

其中，$X(t)$ 表示生产系统的退化状态；$\overline{p}^0$ 是在初始条件下，系统产生的缺陷品的比例；μ 和 δ 是给出的常量；η 是质量退化中考虑的边界。

由于部件之间存在交互性，部件 1 除了本身劣化之外，还会受到部件 2 故障对它的影响，因此与第 3 章对比，系统的劣化速度会更快，因为系统劣化程度与输出产品质量存在密切关系，所以会影响周期末输出产品的质量。

为了满足客户对产品的质量要求，需要在每个生产周期加工完成后，采用抽检的方法对产品进行实时的质量检测。在每个生产周期结束后，以 P^u 的比例从该周期所有生产的产品中抽取部分产品进行检测，再从这些抽检的产品中筛选出不合格品。在生产的产品中，合格品用来满足客户的需求，被筛选出的次品则直接报废[164]。成本的直接报废成本是很高的，所以为了尽量减少次品的产生，就需要更加频繁地维修。

4.3　模型构建

4.3.1　成本函数构造

本章以有限周期内的总成本为目标函数进行建模，有限周期内的总成本由三部分构成，分别为生产相关成本、维修相关成本和质量相关成本。下面我们分别讨论它们的构成。

4.3.1.1　生产相关成本

我们的成本模型基于平方数学期望（即 $E[x^2]$），通过用合适的二次函数定义一个近似的代价函数，证明了二次代价最小化模型的使用。本书生产问题随机模型的制定受到了隐马尔可夫模型（HMMS）的启发，该模型被认为是最早研究线性二次问题的确定性等价的模型之一。

生产相关成本包括整个生产过程中产生的生产成本、库存成本以及没有达到服务水平时的缺货成本，对于每个周期 k，期望生产成本和库存成本用二次关系来表示：

$$C_p(k) = C_u \times E[u(k)^2] + C_s \times E[s(k)^2] + C_b \times E[b(k)^2] \tag{4-11}$$

其中，C_u 表示单位生产成本，C_s 表示单位库存成本，C_b 表示单位缺货成本。

所以在有限的生产周期内，总的生产相关成本 $C_p(u(k))$ 由每个周期所发生的生产成本、库存成本和缺货成本的和构成，总的生产相关成本 $C_p(u(k))$ 表示如下：

$$C_p(u(k)) = \sum_{k=1}^{H} \{ C_u \times E[u(k)^2] + C_s \times E[s(k)^2] + C_b \times E[b(k)^2] \}$$

$$\tag{4-12}$$

4.3.1.2　维修相关成本

设备在运行的过程中会产生劣化，我们需要定期检查设备的运行状态，并通过检查结果进行相应的维修，针对不同部件的不同的劣化状态执行不同的维修行为。检查会产生检查费用，执行维修活动也会产生维修费用，因此在有限生产周期内，维修费用主要由检查、预防性维修、纠正性维修、纠正性维修费用四部分组成。

在计算维修费用部分，维修活动是定期进行的，定期的总检查次数 N_{in} 可以表示为：

$$N_{in} = \left\lfloor \frac{H \cdot \Delta k}{m \cdot \Delta k} \right\rfloor = \left\lfloor \frac{H}{m} \right\rfloor \tag{4-13}$$

其中 $\lfloor \cdot \rfloor$ 表示向下取整，例如，$\left\lfloor \dfrac{25}{3} \right\rfloor = 8$。

在有限周期内，会定期对部件的状态进行检查，所以每隔 $T(T = m \cdot \Delta k)$ 间隔对部件 1 和部件 2 的状态进行检查，我们用 $X(t_{n+1})$（$n = 1,\ 2,\ \cdots,\ N_{in}$）表示在第 $n+1$ 个检查间隔结束时检查所揭示的系统的劣化状态，用 $\Delta X_1(T)$ 表示部件 1 在 T 区间内的退化增量。

假设 nT 到 $(n+1)T(T = m \cdot \Delta k)$ 时间区间内的退化增量 $\Delta X_1(T)$ 是一种随机变量，其概率密度函数记为 $f_T^1(x)$，其特征参数为 $\alpha_1 T$、规模参数为 β_1，则 $f_T^1(x)$ 可以表示为：

$$f_T^1(x) = \frac{\beta_1^{\alpha_1 T} x^{(\alpha_1 T - 1)}}{\Gamma(\alpha_1 T)} e^{-\beta_1 x},\quad x \geq 0 \tag{4-14}$$

此外，部件 1 在 nT 到 $(n+1)T(T = m \cdot \Delta k)$ 时间区间内的退化增量 $\Delta X_1(T)$ 服从的累积分布函数 $F_T^1(x)$ 可以表示如下：

$$F_T^1(x) = \frac{1}{\Gamma(\alpha_1 T)} \gamma(\alpha_1 T,\ \beta_1 x),\quad x \geq 0 \tag{4-15}$$

其中，$\Gamma(\cdot)$ 是伽马函数，即 $\Gamma(a) = \int_0^\infty u^{\alpha-1} e^{-u} du$，$a > 0$。部件 1 的平均劣化率为 $\dfrac{\alpha_1}{\beta_1}$，方差为 $\dfrac{\alpha_1}{\beta_1^2}$。

同理可以得出部件 2 在区间 T 内的退化增量 $\Delta X_2(T)$ 服从的概率密度函数 $f_T^2(x)$ 和累积分布函数 $F_T^2(x)$ 的表达式，具体如下：

$$f_T^2(x) = \frac{\beta_2^{\alpha_2 T} x^{(\alpha_2 T - 1)}}{\Gamma(\alpha_2 T)} e^{-\beta_2 x},\quad x \geq 0 \tag{4-16}$$

$$F_T^2(x) = \frac{1}{\Gamma(\alpha_2 T)} \gamma(\alpha_2 T,\ \beta_2 x),\quad x \geq 0 \tag{4-17}$$

部件 1 的阈值 M 和 M_1 以及部件 2 的阈值 D 和 D_1 将不同维修活动下的系统

状态分为 9 个区域，具体如图 4-4 所示。其中，D_1 是本章的一个决策变量，L_j（$j=1$，2，…，9）为各种维修活动区域。

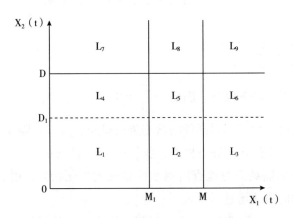

图 4-4 系统 9 个状态划分的说明

在两个部件之间不存在故障交互作用，即部件 1 不受部件 2 故障的影响时，系统的转移概率可以表示如下：

在第 n 次检查时，给定系统状态 $X(t_n) = (x_1，x_2)$，其中，$x_1 < M_1$，$x_2 < D_1$，则在下次检查时系统状态保持在 L_1 区域的概率为：

$$p_{00}^{00} = p\{X(t_{n+1}) \in L_1 \mid x_{1,n} = x_1，x_{2,n} = x_2\}$$
$$= \{x_1(t_{n+1}) < M_1，x_2(t_{n+1}) < D_1 \mid x_{1,n} = x_1，x_{2,n} = x_2\}$$
$$= p\{\Delta x_1(T) < M_1 - x_1，\Delta x_2(T) < D_1 - x_2\}$$
$$= p\{\Delta x_1(T) < M_1 - x_1\} \times p\{\Delta x_2(T) < D_1 - x_2\}$$
$$= \left(\int_0^{M_1-x_1} f_T^1(t)dt\right) \times \left(\int_0^{D_1-x_2} f_T^2(t)dt\right)$$
$$= \left(1 - \int_{M_1-x_1}^{\infty} f_T^1(t)dt\right) \times \left(1 - \int_{D_1-x_2}^{\infty} f_T^2(t)dt\right)$$
$$= \left(1 - \frac{\gamma[\alpha_1 T，\beta_1(M_1-x_1)]}{\Gamma(\alpha_1 T)}\right) \times \left(1 - \frac{\gamma[\alpha_2 T，\beta_2(D_1-x_2)]}{\Gamma(\alpha_2 T)}\right)$$

$$(4-18)$$

其中，$\gamma(a，b) = \int_b^{\infty} u^{a-1}e^{-u}du$，$a \geqslant 0$，$b \geqslant 0$。

在第 n 次检查时，给定系统状态 $X(t_n) = (x_1，x_2)$，其中，$M_1 \leqslant x_1 < M$，$x_2 <$

D_1，在下次检查时系统状态保持在 L_2 区域的概率为：

$$
\begin{aligned}
p_{00}^{10} &= p\{X(t_{n+1}) \in L_2 \mid x_{1,n}=x_1,\ x_{2,n}=x_2\} \\
&= p\{M_1 \leqslant x_1(t_{n+1}) < M,\ x_2(t_{n+1}) < D_1 \mid x_{1,n}=x_1,\ x_{2,n}=x_2\} \\
&= p\{M_1-x_1 \leqslant \Delta x_1(T) < M-x_1,\ \Delta x_2(T) < D_1-x_2\} \\
&= p\{M_1-x_1 \leqslant \Delta x_1(T) < M-x_1\} \times p\{\Delta x_2(T) < D_1-x_2\} \\
&= \langle 1-p\{\Delta x_1(T) \geqslant M-x_1\} - [1-p\{\Delta x_1(T) > M_1-x_1\}]\rangle \\
&\quad \times \langle 1-p\{\Delta x_1(T) \geqslant D_1-x_2\}\rangle \\
&= [F(M_1-x_1)-F(M-x_1)] \times [1-F(D_1-x_2)] \\
&= \left(\frac{\gamma[\alpha_1 T,\ \beta_1(M_1-x_1)]}{\Gamma(\alpha_1 T)} - \frac{\gamma[\alpha_1 T,\ \beta_1(M-x_1)]}{\Gamma(\alpha_1 T)}\right) \times \\
&\quad \left(1-\frac{\gamma[\alpha_2 T,\ \beta_2(D_1-x_2)]}{\Gamma(\alpha_2 T)}\right)
\end{aligned}
\tag{4-19}
$$

为了节省空间，参照 p_{00}^{00} 和 p_{00}^{10} 的计算方法，在第 n 次检查时，给定系统状态 $X(t_n)=(x_1,\ x_2)$，其中，$x_1 \geqslant M$，$x_2 < D_1$，在下次检查时系统状态保持在 L_3 区域的概率为：

$$
\begin{aligned}
p_{00}^{20} &= p\{X(t_{n+1}) \in L_3 \mid x_{1,n}=x_1,\ x_{2,n}=x_2\} \\
&= p\{x_1(t_{n+1}) \geqslant M,\ x_2(t_{n+1}) < D_1 \mid x_{1,n}=x_1,\ x_{2,n}=x_2\} \\
&= p\{\Delta x_1(T) \geqslant M-x_1,\ \Delta x_2(T) < D_1-x_2\} \\
&= [F(M-x_1)] \times [1-F(D_1-x_2)] \\
&= \left(\frac{\gamma[\alpha_1 T,\ \beta_1(M-x_1)]}{\Gamma(\alpha_1 T)}\right) \times \left(1-\frac{\gamma[\alpha_2 T,\ \beta_2(D_1-x_2)]}{\Gamma(\alpha_2 T)}\right)
\end{aligned}
\tag{4-20}
$$

同理，在第 n 次检查时，给定系统状态 $X(t_n)=(x_1,\ x_2)$，其中，$x_1 < M_1$，$D_1 \leqslant x_2 < D$，在下次检查时系统状态落入 L_4 区域的概率也可以用类似的方法得到，即：

$$
\begin{aligned}
p_{00}^{01} &= p\{X(t_{n+1}) \in L_4 \mid x_{1,n}=x_1,\ x_{2,n}=x_2\} \\
&= p\{x_1(t_{n+1}) < M_1,\ D_1 \leqslant x_2(t_{n+1}) < D \mid x_{1,n}=x_1,\ x_{2,n}=x_2\} \\
&= p\{\Delta x_1(T) < M_1-x_1,\ D_1-x_2 \leqslant \Delta x_2(T) < D-x_2\} \\
&= [1-F(M_1-x_1)] \times [F(D_1-x_2)-F(D-x_2)] \\
&= \left(1-\frac{\gamma[\alpha_1 T,\ \beta_1(M_1-x_1)]}{\Gamma(\alpha_1 T)}\right) \times \\
&\quad \left(\frac{\gamma[\alpha_2 T,\ \beta_2(D_1-x_2)]}{\Gamma(\alpha_2 T)} - \frac{\gamma[\alpha_2 T,\ \beta_2(D-x_2)]}{\Gamma(\alpha_2 T)}\right)
\end{aligned}
\tag{4-21}
$$

在第 n 次检查时,给定系统状态 $X(t_n) = (x_1, x_2)$,其中,$M_1 \leq x_1 < M$,$D_1 \leq x_2 < D$,在下次检查时系统状态落入 L_5 区域的概率也可以用类似的方法得到,即:

$$
\begin{aligned}
p_{00}^{11} &= p\{X(t_{n+1}) \in L_5 \mid x_{1,n} = x_1, \ x_{2,n} = x_2\} \\
&= p\{M_1 \leq x_1(t_{n+1}) < M, \ D_1 \leq x_2(t_{n+1}) < D \mid x_{1,n} = x_1, \ x_{2,n} = x_2\} \\
&= p\{M_1 - x_1 \leq \Delta x_1(T) < M - x_1, \ D_1 - x_2 \leq \Delta x_2(T) < D - x_2\} \\
&= [F(M_1 - x_1) - F(M - x_1)] \times [F(D_1 - x_2) - F(D - x_2)] \\
&= \left(\frac{\gamma[(\alpha_1 T, \ \beta_1(M_1 - x_1)]}{\Gamma(\alpha_1 T)} - \frac{\gamma[(\alpha_1 T, \ \beta_1(M - x_1)]}{\Gamma(\alpha_1 T)} \right) \times \\
&\quad \left(\frac{\gamma[(\alpha_2 T, \ \beta_2(D_1 - x_2)]}{\Gamma(\alpha_2 T)} - \frac{\gamma[(\alpha_2 T, \ \beta_2(D - x_2)]}{\Gamma(\alpha_2 T)} \right)
\end{aligned}
\tag{4-22}
$$

在第 n 次检查时,给定系统状态 $X(t_n) = (x_1, x_2)$,其中,$x_1 > M$,$D_1 \leq x_2 < D$,在下次检查时系统状态落入 L_6 区域的概率也可以用类似的方法得到,即:

$$
\begin{aligned}
p_{00}^{21} &= p\{X(t_{n+1}) \in L_6 \mid x_{1,n} = x_1, \ x_{2,n} = x_2\} \\
&= p\{x_1(t_{n+1}) > M, \ D_1 \leq x_2(t_{n+1}) < D \mid x_{1,n} = x_1, \ x_{2,n} = x_2\} \\
&= p\{\Delta x_1(T) > M - x_1, \ D_1 - x_2 \leq \Delta x_2(T) < D - x_2\} \\
&= [1 - F(M - x_1)] \times [F(D_1 - x_2) - F(D - x_2)] \\
&= \left(1 - \frac{\gamma[(\alpha_1 T, \ \beta_1(M - x_1)]}{\Gamma(\alpha_1 T)} \right) \times \\
&\quad \left(\frac{\gamma[(\alpha_2 T, \ \beta_2(D_1 - x_2)]}{\Gamma(\alpha_2 T)} - \frac{\gamma[(\alpha_2 T, \ \beta_2(D - x_2)]}{\Gamma(\alpha_2 T)} \right)
\end{aligned}
\tag{4-23}
$$

在第 n 次检查时,给定系统状态 $X(t_n) = (x_1, x_2)$,其中,$x_1 < M_1$,$x_2 \geq D$,在下次检查时系统状态落入 L_7 区域的概率也可以用类似的方法得到,即:

$$
\begin{aligned}
p_{00}^{02} &= p\{X(t_{n+1}) \in L_7 \mid x_{1,n} = x_1, \ x_{2,n} = x_2\} \\
&= p\{x_1(t_{n+1}) < M_1, \ x_2(t_{n+1}) \geq D \mid x_{1,n} = x_1, \ x_{2,n} = x_2\} \\
&= p\{\Delta x_1(T) < M_1 - x_1, \ \Delta x_2(T) \geq D - x_2\} \\
&= [1 - F(M_1 - x_1)] \times [F(D - x_2)] \\
&= \left(1 - \frac{\gamma[(\alpha_1 T, \ \beta_1(M_1 - x_1)]}{\Gamma(\alpha_1 T)} \right) \times \left(\frac{\gamma[(\alpha_2 T, \ \beta_2(D - x_2)]}{\Gamma(\alpha_2 T)} \right)
\end{aligned}
\tag{4-24}
$$

在第 n 次检查时,给定系统状态 $X(t_n) = (x_1, x_2)$,其中,$M_1 \leq x_1 < M_1$,$x_2 \geq D$,在下次检查时系统状态落入 L_8 区域的概率也可以用类似的方法得到,即:

$$
p_{00}^{12} = p\{X(t_{n+1}) \in L_8 \mid x_{1,n} = x_1, \ x_{2,n} = x_2\}
$$

$$= p\{M_1 \leqslant x_1(t_{n+1}) < M, \ x_2(t_{n+1}) \geqslant D \mid x_{1,n} = x_1, \ x_{2,n} = x_2\}$$

$$= p\{M_1 - x_1 \leqslant \Delta x_1(T) < M - x_1, \ D - x_2 \leqslant \Delta x_2(T)\}$$

$$= [F(M_1 - x_1) - F(M - x_1)] \times [F(D - x_2)]$$

$$= \left(\frac{\gamma[(\alpha_1 T, \ \beta_1(M_1 - x_1)]}{\Gamma(\alpha_1 T)} - \frac{\gamma[(\alpha_1 T, \ \beta_1(M - x_1)]}{\Gamma(\alpha_1 T)}\right) \times \left(\frac{\gamma[(\alpha_2 T, \ \beta_2(D - x_2)]}{\Gamma(\alpha_2 T)}\right)$$

$$(4-25)$$

在第 n 次检查时，给定系统状态 $X(t_n) = (x_1, \ x_2)$，其中，$x_1 \geqslant M$，$x_2 \geqslant D$，在下次检查时系统状态落入 L_9 区域的概率也可以用类似的方法得到，即：

$$p_{00}^{22} = p\{X(t_{n+1}) \in L_9 \mid x_{1,n} = x_1, \ x_{2,n} = x_2\}$$

$$= p\{x_1(t_{n+1}) \geqslant M, \ x_2(t_{n+1}) \geqslant D \mid x_{1,n} = x_1, \ x_{2,n} = x_2\}$$

$$= p\{\Delta x_1(T) \geqslant M - x_1, \ D - x_2 \leqslant \Delta x_2(T)\}$$

$$= [1 - F(M - x_1)] \times [F(D - x_2)]$$

$$= \left(1 - \frac{\gamma[(\alpha_1 T, \ \beta_1(M - x_1)]}{\Gamma(\alpha_1 T)}\right) \times \left(\frac{\gamma[(\alpha_2 T, \ \beta_2(D - x_2)]}{\Gamma(\alpha_2 T)}\right) \quad (4-26)$$

上述概率是在部件劣化过程相互独立的情况下表示的，但是在这里部件 2 的故障会以一定的概率 P_1 导致部件 1 从正常阶段立即过渡到异常阶段，会以一定的概率 P_2 导致部件 1 从异常阶段立即过渡到故障阶段，所以下面的转移概率会将交互性考虑在内，此时的转移概率用 $p_{ij}^{uv}{}'$ 来表示：

$$\begin{cases} p_{00}^{00}{}' = p_{00}^{00} \\ p_{00}^{01}{}' = p_{00}^{01} \\ p_{00}^{02}{}' = (1 - P_1) p_{00}^{02} \\ p_{00}^{10}{}' = p_{00}^{10} \\ p_{00}^{11}{}' = p_{00}^{11} \\ p_{00}^{12}{}' = P_1 \times p_{00}^{02} + (1 - P_2) \times p_{00}^{12} \\ p_{00}^{20}{}' = p_{00}^{20} \\ p_{00}^{21}{}' = p_{00}^{21} \\ p_{00}^{22}{}' = P_2 \times p_{00}^{12} \end{cases}$$

因为在第 n 次检查时，部件 1 和部件 2 如果被发现出现异常甚至故障，都一定会立刻进行相应的完全维修，让部件恢复到"又新又好"的状态，同时模型假设维修时间忽略不计，所以转移概率 $p_{10}^{00}{}' = p_{00}^{00}{}'$，同理可以推出其他的转移概率。这里不展示其他转移概率的表示方式，具体见附录 2。

计算出所有可能的转移概率，我们用 R′ 表示系统的转移概率矩阵：

$$
R' = \begin{bmatrix}
 & p_{00}^{00}{}'\ p_{00}^{01}{}'\ p_{00}^{02}{}'\ p_{00}^{10}{}'\ p_{00}^{11}{}'\ p_{00}^{12}{}'\ p_{00}^{20}{}'\ p_{00}^{21}{}'\ p_{00}^{22}{}' & \\
p_{01}^{00}{}' & \cdots & p_{01}^{22}{}' \\
p_{02}^{00}{}' & \cdots & p_{02}^{22}{}' \\
p_{10}^{00}{}' & \cdots & p_{10}^{22}{}' \\
p_{11}^{00}{}' & \cdots & p_{11}^{22}{}' \\
p_{12}^{00}{}' & \cdots & p_{12}^{22}{}' \\
p_{20}^{00}{}' & \cdots & p_{20}^{22}{}' \\
p_{21}^{00}{}' & \cdots & p_{21}^{22}{}' \\
 & p_{22}^{00}{}'\ p_{22}^{01}{}'\ p_{22}^{02}{}'\ p_{22}^{10}{}'\ p_{22}^{11}{}'\ p_{22}^{12}{}'\ p_{22}^{20}{}'\ p_{22}^{21}{}'\ p_{22}^{22}{}' &
\end{bmatrix}
$$

当系统开始处于（0，0）状态时，那么可以得出结论：

在第一个间隔系统处于这 9 种状态的概率 $P_T = (1, 0, 0, 0, 0, 0, 0, 0, 0) \times R'$。

在第二个间隔系统处于这 9 种状态的概率 $P_{2T} = (1, 0, 0, 0, 0, 0, 0, 0, 0) \times (R')^2$。

在第三个间隔系统处于这 9 种状态的概率 $P_{3T} = (1, 0, 0, 0, 0, 0, 0, 0, 0) \times (R')^3$。

……

在第 n 个检查间隔系统处于这九种状态的概率 $P_{nT} = (1, 0, 0, 0, 0, 0, 0, 0, 0) \times (R')^n$，其中，$n = 1, 2, \cdots, N_{in}$。

在检查时发现部件的劣化状态不同时，会执行不同的维修措施，从而产生不同的维修成本，与不同维修措施相关的单位成本 $C_{(i,j)}$ 表示如下：

$$
\begin{cases}
C_{(0,0)} = c_{in}，如果没有进行任何维护\\[4pt]
C_{(0,1)} = c_{in}+c_{pm}^2，如果只是预防性维护组件 2\\[4pt]
C_{(0,2)} = c_{in}+c_{cm}，如果只是纠正性维护组件 2\\[4pt]
C_{(1,0)} = c_{in}+c_{pm}^1，如果只是预防性维护组件 1\\[4pt]
C_{(1,1)} = c_{in}+c_{pm}^1+c_{pm}^2，如果两个组件都进行预防性维护\\[4pt]
C_{(1,2)} = c_{in}+c_{pm}^1+c_{cm}，如果预防性维护组件 1 和纠正性维护组件 2 同时发生\\[4pt]
C_{(2,0)} = c_{in}+c_{cr}，如果只是纠正性替换组件 1\\[4pt]
C_{(2,1)} = c_{in}+c_{cr}+c_{pm}^2，如果纠正性替换组件 1 和预防性维护组件 2 同时发生\\[4pt]
C_{(2,2)} = c_{in}+c_{cr}+c_{cm}，如果纠正性替换组件 1 和纠正性维护组件 2 同时发生
\end{cases}
$$

因此，在有限周期 $H \cdot \Delta k$ 内的维修总成本 $C_M(H \cdot \Delta k)$ 可以表示如下：

$$
C_M(H \cdot \Delta k) = \sum_{n=1}^{N_{in}} C_{(i,j)} \times \left[P_{nT} \right]^T \tag{4-27}
$$

4.3.1.3　质量相关成本

在质量检验环节中，会产生质量检测成本和次品报废成本，对一件成品进行质量检查的成本记为 c_{sur}，报废一件次品的成本记为 c_{rej}。

有限周期内总的产品检测成本表示如下：

$$
C_{sur} = P^u \times c_{sur} \times \sum_{k=1}^{H} u(k) \tag{4-28}
$$

有限周期内总的报废成本表示如下：

$$
C_{rej} = P^u \times c_{rej} \times \sum_{k=1}^{H} \left\langle u(k) \times \left\{ \int_{(k-1)\Delta k}^{k \cdot \Delta k} \left[\overline{p}(X(t)) \right] dt \right\} \right\rangle \tag{4-29}
$$

有限周期内的总质量相关成本表示如下：

$$
\begin{aligned}
C_q(H \cdot \Delta k) &= C_{sur}(H \cdot \Delta k) + C_{rej}(H \cdot \Delta k)\\
&= P^u \times c_{sur} \times \sum_{k=1}^{H} u(k) + P^u \times c_{rej} \times \sum_{k=1}^{H} \left\langle u(k) \times \right.\\
&\quad \left. \left\{ \int_{(k-1)\Delta k}^{k \cdot \Delta k} \left[\overline{p}(X(t)) \right] dt \right\} \right\rangle
\end{aligned} \tag{4-30}
$$

4.3.2　联合优化模型

本章建立了一个考虑部件之间存在故障交互性的异质双部件系统的生产和维修联合优化模型，生产控制模型中的决策变量是可以满足每一时期预测需求的生

产量 u(k)（k = 0，1，…，H），维修控制模型的决策变量是部件检查的间隔 T（T = m·Δk）和部件 2 的预防性维修阈值 D_1，因为 Δk 已知，所以我们只需求 m 和 D_1 的最优值。联合控制的最终目的是在满足客户服务水平的前提下，使有限期内与生产维修相关的总成本最小。

在上述约束条件下，最小化问题如下：

$$\min(C(u(k), m, D_1)) = \min\left(\frac{C_P(u(k)) + C_M(m, D_1) + C_q(u(k), m, D_1)}{\text{Production} + \text{Maintenance} + \text{Defective}}\right)$$

$$\text{s.t.} \begin{cases} U_{\max} \geq u(k) \geq U_{\min} \\ H \geq m \geq 0 \\ D \geq D_1 \geq 0 \\ u(k)、m、D_1 \text{ 均为正整数} \end{cases} \tag{4-31}$$

由以上的最优化模型可以确定，上述的联合优化模型是典型的组合优化问题，本章将用数学软件 MATLAB R2018b 对上述模型进行求解计算。

4.3.3　模型求解方法及步骤

本章以生产、维修和与质量有关的总费用为目标函数，建立了有限周期内的联合优化模型。由于系统劣化状态对于输出的产品质量和生产计划有着很大的影响，而维修策略又是控制系统劣化状态的重要手段，因此整个制造系统的维修策略对是否能如期满足市场需求有着重要的影响。

上述的联合优化模型包括三个核心问题：第一个是根据生产量满足的线性关系，以及次品率与系统劣化状态之间的关系，确定有限周期内的生产计划，从而使有限周期内所产生的总生产费用最低。第二个是确定检查间隔数 m。第三个是确定部件 2 预防性维修的临界值 D_1。通过对 m 和 D_1 这两个决策变量的确定，进而计算出总生产周期内产生的总维修费用。

具体求解思路如下：

生产计划的制订是一个随机问题，我们可以将线性的库存平衡方程和需求的随机变化描述为高斯过程，将随机问题转化为确定性问题来解决[166]。

（1）在模型中，假设随机需求 d(k) 满足期望 $E(d(k)) = \bar{d}(k)$，标准差为 σ_k 的高斯分布。库存水平也是随机的，其均值 $E(I(k)) = \bar{I}(k)$，方差 $E((I(k) - \bar{I}(k))^2) = \text{Var}(I(k))$。因此，决策变量 u(k) 本质上是确定的，随机生产问题也可以转化为确定性问题求解，表示如下：

$$\bar{I}(k+1) = \bar{I}(k) + u(k) - \bar{d}(k), \quad k = \{1, 2, \cdots, H\} \tag{4-32}$$

（2）生产计划是在满足客户服务水平的前提下制定的，所以客户服务水平是制订生产计划时一个重要的约束条件。因此，客户服务水平也需转换为等价的确定性不等式，具体表示如下：

$$u(k) \geqslant \varphi^{-1}(\zeta) \cdot \sqrt{k+1} \cdot \sigma_k - \bar{I}(k) + d(k), \quad k = \{1, 2, \cdots, H\} \tag{4-33}$$

其中，$\varphi^{-1}(\cdot)$ 表示受到服务水平 ζ 影响的库存水平的反概率分布函数。

（3）基于以上的确定性问题，有限周期内与生产和库存相关的总成本可以表示如下：

$$C_p(u(k)) = \sum_{k=1}^{H} \{ C_u \times u(k)^2 + C_s \times E[\bar{I}(k)^2] \} + C_s \cdot (\sigma_k)^2 \cdot \frac{H \cdot (H+1)}{2}$$

$$k = \{1, 2, \cdots, H\} \tag{4-34}$$

在将生产计划转化为确定问题之后，需要对最优的检查间隔数 m^* 和部件2的预防性维修阈值 D_1 组合进行优化。

其中，m 表示在生产活动开始之前对系统状态进行检查的检查间隔数，因为检查不在生产活动期间进行，所以 m 取正整数，即 $m \in [1, H]$，其中，m 的初始值设置为1，步长为1。D_1 表示部件2的预防性维修阈值，且 $D_1 \in (0, D]$，其中，D_1 的初始值设置为0.1，步长为0.1。本章将使用 MATLAB R2018b 软件来求解模型，寻找最优解的流程如下：

1）令 $m^* = m$，具体为：①令 $D_1^* = D_1$，代入式（4-31）中求得 $C(u(k)^*, m^*, D_1^*)$，记 $C(u(k)^*, m^*, D_1^*)$ 为最优解。②令 $\Delta D_1^* = D_1 + 0.1$，将 ΔD_1^* 代入式（4-31）中，求得 $C(u(k)^*, m^*, \Delta D_1^*)$。如果 $C(u(k)^*, m^*, \Delta D_1^*) \leqslant C(u(k)^*, m^*, D_1^*)$，则将 $C(u(k)^*, m^*, \Delta D_1^*)$ 记为新的最小值，否则 $C(u(k)^*, m^*, D_1^*)$ 为最优解。③重复步骤②，直至 D_1 取值大于 D_1 的取值区间上界 D，此时 $C(u(k)^*, m^*, D_1^*)$ 为 $m^* = m$ 时的最优解，进入步骤2）。

2）令 $\Delta m^* = m + 1$，继续按照步骤1）获取式（4-31）的最优解 $C(u(k)^*, \Delta m^*, D_1^*)$，如果 $C(u(k)^*, \Delta m^*, D_1^*) \leqslant C(u(k)^*, m^*, D_1^*)$，则将 $C(u(k)^*, \Delta m^*, D_1^*)$ 记为新的最小值，否则 $C(u(k)^*, m^*, D_1^*)$ 为最优解。

3）重复步骤2），直至 m^* 的取值 m 大于其取值上界 H，此时 $C(u(k)^*, m^*, D_1^*)$ 为最优解，程序结束。

4.4 数值算例

在本例中，我们考虑一家生产单一的或一种类型的产品的公司，这种产品对库存和制造有着独立而稳定的需求。通过 MATLAB R2018b 软件对模型进行数值运算和结果分析，确定使与生产和维修相关的总成本最小化的经济的生产计划和最优的维修策略，实现公司管理者的目标。

4.4.1 收集相关数据

表 4-2 表示了有限生产周期 $H \cdot \Delta k$、需求标准差 σ_d、客户满意度 ζ、最初的库存水平 $I(0)$、部件 1 遵循的伽马曲线的形状参数是 α_1，比例参数是 β_1，部件 2 服从的伽马曲线形状参数是 α_2，比例参数是 β_2 的生产相关参数。表 4-3 表示了部件与预防性维修、纠正性维修和纠正性替换相关的参数。表 4-4 表示了初始条件下系统产生的缺陷品的比例 $\bar{p}^0$，给出的常量 μ_1、μ_2、δ_1 和 δ_2，质量退化中考虑的边界 η_1 和 η_2，单个周期的抽检比例 P^u。表 4-5 表示了与生产和维修成本相关的参数。表 4-6 表示客户平均需求量 $\bar{d}(k)$ 在 12 个月内的不同取值。

表 4-2　与生产相关的参数

参数	H	Δk	σ_d	ζ	I (0)	U_{min}	U_{max}
赋值	20	1	4	0.95	15000	0	50000

表 4-3　与维修相关的参数

参数	M	M_1	D	α_1	β_1	α_2	β_2
赋值	9.0	6.5	8.0	6	2	5	1

表 4-4　与质量相关的参数

参数	μ_1	μ_2	δ_1	δ_2	η_1	η_2	P^u	$\bar{p}^0$
赋值	0.005	0.08	0.07	0.005	0.004	1.16	1.20	53%

表 4-5　与成本相关的参数　　　　单位：元

参数	C_u	C_s	C_b	C_{sur}	C_{rej}	C_{in}	C_{cm}	C_{pm}^1	C_{pm}^2	C_{cr}
赋值	80	15	120	2	200	400	4000	3000	1000	8000

表 4-6　参数客户平均需求量 $\overline{d}(k)$ 取值　　　　单位：件

参数	$\overline{d}(1)$	$\overline{d}(2)$	$\overline{d}(3)$	$\overline{d}(4)$	$\overline{d}(5)$	$\overline{d}(6)$
赋值	42955	34634	38377	49263	47882	35301
参数	$\overline{d}(7)$	$\overline{d}(8)$	$\overline{d}(9)$	$\overline{d}(10)$	$\overline{d}(11)$	$\overline{d}(12)$
赋值	42257	49291	39285	33257	36271	48453

本章我们假设随机客户需求满足平均值为 $\overline{d}(k)$、标准差为 σ_k 的高斯分布，则客户平均需求量 $\overline{d}(k)$ 在 12 个周期的具体取值如表 4-6 所示。

4.4.2　数据分析

本小节将基于上述建立的模型，通过 MATLAB R2018b 软件对模型进行优化，求目标函数的最优解。图 4-5 说明了我们是通过怎样的优化方法来解决这个问题的。对于生产计划的部分，我们需要通过求得有限的生产周期 $H \cdot \Delta k$ 内单个周期 $H \cdot \Delta k$ 的最优生产批量来优化整体的生产计划。以系统的劣化状态为基础更新每个生产周期内的生产量 $u(k)^*$，从而获得经济生产批量，并通过优化维修总成本获得最优的维修间隔 m^* 和部件 2 最优的预防性维护阈值 D_1^*，将维修和生产过程联合进行优化，最终获得可以使有限周期内与生产和维修相关的成本最小的策略。

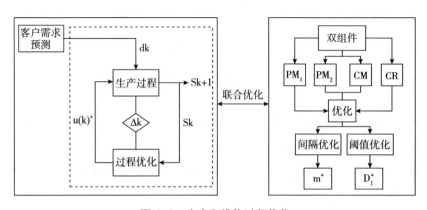

图 4-5　生产和维修过程优化

我们利用 Mathematica 软件上的数值程序进行生产和维修优化，可以得出 12 个月的经济生产计划，具体如表 4-7 所示。

表 4-7　经济的生产计划　　　　　　　　单位：件

参数	u（1）	u（2）	u（3）	u（4）	u（5）	u（6）
取值	37243	38553	34313	49215	49995	37554
参数	u（7）	u（8）	u（9）	u（10）	u（11）	u（12）
取值	48674	49884	35832	41509	39362	45974

通过对单个生产周期的平均需求量和最优生产量进行对比，可以得出每个时期的市场需求量和生产量的趋势，具体如图 4-6 所示。图 4-6 中的两条轨迹给出了一个具体的生产过程场景，可用于现实中的管理决策。

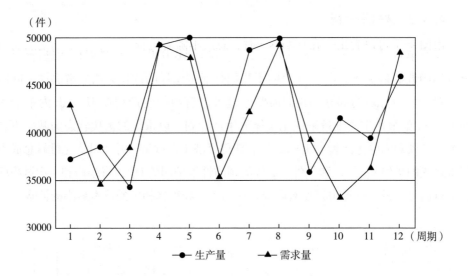

图 4-6　各周期生产量和需求量趋势

由图 4-6 可知，在第 4、第 8、第 12 个周期时，机器生产量达到最大，这时的机器生产量完全可以满足随机的市场需求。

通过计算 12 个周期的经济生产计划，得到了随着周期数的增加总费用的变动趋势，具体如图 4-7 所示。

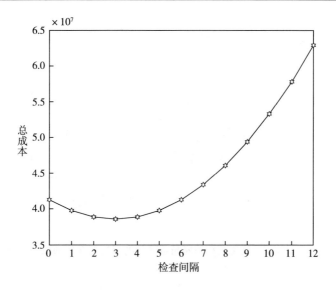

图 4-7　总成本与检查间隔数关系

由图 4-7 可以看出，在 $0 \leqslant m < 3$ 时，总成本随着检查间隔数 m 值的增加而减少；在 $3 < m \leqslant 12$ 时，总成本随着检查间隔数 m 值的增加而增加；在 $m = 3$ 时，总成本达到最小值，即最优检查间隔数 $m^* = 3$。

在进行维修作业时，有两个决策变量会对维修费用产生较大的影响，即检验间隔时间 m 以及部件 2 的预防性维修阈值 D_1。

当部件 2 的预防性维修阈值 D_1 增大时，说明部件 2 预防性维修的机会减少，但是机器的状态更差，容易产生更多的不合格品，导致总体成本增加。由图 4-8 可以看出，在 $0 \leqslant D_1 < 6$ 时，当部件 2 的预防性维修阈值 D_1 增大时，维修费用降低；在 $6 < D_1 \leqslant 8$ 时，当部件 2 的预防性维修阈值 D_1 增大时，维修费用增大；当 $D_1 = 6$ 时，维修费用达到最小，也就是说，组件 2 的最佳预防性维修阈值 $D_1^* = 6$。

模型优化之后，随着检查间隔数 m 和组件 2 的预防性维修阈值 D_1 两个参数变化的曲面如图 4-8 所示，有限周期总成本 $C(u(k)^*, m^*, D_1^*)$ 的近似最优解可以通过图 4-8 得出，当 $m^* = 3$，$D_1^* = 6$，有限周期总成本 $C(u(k)^*, m^*, D_1^*)$ 的近似最优解为 3.8590217×10^7。

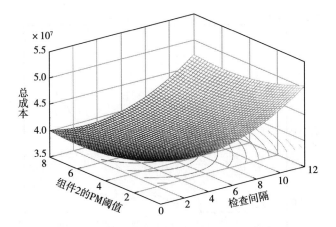

图 4-8　优化模型所得总成本随两参数的变化曲面

4.5　灵敏度分析

本节我们将会针对单位生产成本 C_u、部件 1 的纠正性替换成本 C_{cr}、部件 1 的预防性维修阈值 M_1、部件 2 故障导致部件 1 异常的概率 P_1、部件 2 故障导致部件 1 故障的概率 P_2 这 5 个对生产和维修过程起到重要作用的参数进行灵敏度分析，分析它们的变化对于单个生产周期内的经济生产批量 $u(k)^*$、周期检查的间隔数 m^*、部件 2 的预防性维修阈值 D_1 以及与生产和维修相关的总成本 $C(u(k)^*, m^*, D_1^*)$ 的影响。

因为检查是在生产开始前进行的，所以检查间隔数 m^* 取正整数；总成本 $C(u(k)^*, m^*, D_1^*)$ 的值比较大，所以在表中的值也是四舍五入之后保留四位小数。以上 5 个参数在不同的数值下，最优解的变化可以用表 4-8 至表 4-12 来表示。

4.5.1　C_{cr} 的灵敏度分析

部件 1 的单位纠正性替换成本 C_{cr} 是计算维修成本时的一个重要的参数，它的值的改变对维修成本乃至总成本有着直接的影响。

在维修策略设计中，设定参数 $C_{pm} = 3000$，因为单位预防性维修的成本 C_{pm} 一定低于单位纠正性替换成本 C_{cr}，所以表 4-8 表示了 C_{cr} 分别取 6500、7000、7500、8000、8500、9000、9500 这 7 个值时，决策变量 m^* 和总成本 $C(u(k)^*$，m^*，D_1^*）的变化情况。

表 4-8　C_{cr} 取不同值的情况下最优解的变化情况

C_{cr}	6500	7000	7500	8000	8500	9000	9500
m^*	6	5	4	4	3	2	2
D_1^*	6.4	6.2	6.1	6	5.9	5.7	5.4
$C(u(k)^*$，m^*，$D_1^*)(\times 10^7)$	3.6302	3.7234	3.8097	3.8590	3.9638	4.0805	4.0713

根据表 4-8 所示的结果，我们可以得出以下结论：

（1）C_{cr} 是发现部件 1 故障时，对部件 1 进行一次纠正性替换的单位成本，与检查间隔 m^* 呈负相关关系，与总成本 $C(u(k)^*$，m^*，D_1^*）呈正相关关系。

（2）由于检查成本比故障后纠正性替换的成本要小很多，因此，当 C_{cr} 的值增加时，说明部件 1 故障的代价更大，因而针对部件 1 会采取更加频繁的检查策略，缩短检查间隔，让设备保持较好的状态，决策变量检查间隔数 m^* 会相应变小。

（3）当 C_{cr} 值增加时，会通过频繁进行检查来维持系统的正常运转，因为随着系统劣化程度的降低，产品的质量相应会提高，次品率降低，报废次品的成本较少，所以导致有限周期内的质量相关成本减少。

（4）总的来说，当 C_{cr} 的值增加时，维修相关成本增加，质量相关成本会有所减少，但是总成本 $C(u(k)^*$，m^*，D_1^*）仍然会增加。

4.5.2　C_u 的灵敏度分析

单位生产成本 C_u 是计算生产成本时的一个重要的参数，C_u 的取值对生产成本乃至总成本有着很大的影响。表 4-9 给出了当 C_{cr} 分别取 70、80、90、100、110、120、130 这 7 个值时，决策变量 m^* 和总成本 $C(u(k)^*$，m^*，D_1^*）的变化情况。

表4-9 C_u 取不同值的情况下最优解的变化情况

C_u	70	80	90	100	110	120	130
m^*	7	6	5	4	3	2	2
D_1^*	6.8	6.5	6.2	6	5.8	5.5	5.2
$C(u(k)^*, m^*, D_1^*)(\times 10^7)$	3.5170	3.6347	3.7279	3.8590	3.9782	4.0935	4.1486

根据表4-9所示的结果，我们可以得出以下结论：

C_u 是生产过程中的单位生产成本，决策变量 m^* 随着 C_u 值的增大而减小，总成本 $C(u(k)^*, m^*, D_1^*)$ 随着 C_u 值的增大而增大。C_u 的值越大，说明生产一件成品的成本越高，就直接导致生产相关成本增加，也导致有限周期内的总成本 $C(u(k)^*, m^*, D_1^*)$ 随之增加。

4.5.3 M_1 的灵敏度分析

在维修策略设计中，部件的劣化状态对维修成本有直接的影响，因此有必要对部件1的预防性维修阈值 M_1 进行敏感度分析。$0 \leqslant M_1 \leqslant M$，$M = 9.0$，所以 M_1 应该是在 $[0, 9]$ 区间内变化。表4-10体现了 M_1 在5.9~7.1的范围内取值、取值步长为0.2时，决策变量 m^* 和总成本 $C(u(k)^*, m^*, D_1^*)$ 的变化情况。

表4-10 M_1 取不同值的情况下最优解的变化情况

M_1	5.9	6.1	6.3	6.5	6.7	6.9	7.1
m^*	5	4	3	3	2	2	1
D_1^*	6.4	6.2	6.1	6	6	5.9	5.7
$C(u(k)^*, m^*, D_1^*)(\times 10^7)$	4.1486	4.0935	3.9782	3.8590	3.9638	4.0805	4.0713

根据如表4-10所示的结果，我们可以得出以下结论：

（1）当 M_1 的值增加时，表示部件在更坏的状态下才执行维修活动，部件乃至整个设备出现异常的可能性就会增加，设备的生产效率也会大打折扣，导致单个周期内的生产量降低。

（2）部件状态越差，则越需要频繁地进行检查，时刻监测设备的状态，所以当 M_1 的值增加时，检查的次数会增加，最优检查间隔数 m^* 的值反而会减小。

（3）至于总成本 $C(u(k)^*, m^*, D_1^*)$，部件状态越差，越需要频繁地进行检查和维修活动，总成本自然会相应增加。

4.5.4　P_1 的灵敏度分析

部件 2 故障时导致部件 1 异常的概率 P_1 是考虑双部件系统存在故障交互作用的一个重要参数，其概率值的大小对于部件 1 的预防性维修阈值 D_1 以及检查间隔数 m 的大小有很直接的影响。当 P_1 取不同值的时候，决策变量 D_1^*、m^* 和总成本 $C(u(k)^*, m^*, D_1^*)$ 的变化情况如表 4-11 所示。

表 4-11　P_1 取不同值的情况下最优解的变化情况

P_1	0.49	0.51	0.53	0.55	0.57	0.59	0.61
m^*	5	4	4	3	3	2	2
D_1^*	6.6	6.3	6.1	6	5.9	5.7	5.4
$C(u(k)^*, m^*, D_1^*)(\times 10^7)$	3.7168	3.7874	3.8229	3.8590	3.8882	3.9398	4.0031

根据表 4-11 所示的结果，可以得出以下结论：

（1）P_1 表示的是部件 2 故障对于部件 1 劣化程度的影响。P_1 值越大说明部件 2 对于部件 1 老化的影响越大，整体的生产系统的恶化速度就越快。所以当 P_1 值增大的时候，设备的老化速度就会越来越快，次品率增加，生产出来的次品数量就会增加，那么在单个周期内就需要生产更多的产品以满足客户需求。

（2）P_1 值增大，导致部件 1 的老化速度更快，就需要更加频繁地检查来保持系统的正常运行，并降低次品率，所以检查间隔数相应地会变小。

（3）P_1 值增大，直接导致部件 1 的老化速度更快，部件 1 的老化速度加快也直接导致次品率增加，因而需要更频繁地检查，生产更多的产品，所以有限周期内的总成本 $C(u(k)^*, m^*, D_1^*)$ 也随之增加。

4.5.5　P_2 的灵敏度分析

根据如表 4-12 所示的结果，我们可以得出以下结论：

（1）P_2 表示的是部件 2 故障导致部件 2 直接故障的概率。P_2 值越大说明部件 2 故障对于部件 1 故障的影响越大，整体的生产系统的恶化速度就越快。所以

当 P_2 值增大的时候，设备的老化速度就会越来越快，次品率增加，生产出来的次品数量就会增加，那么在单个周期内就需要生产更多的产品以满足客户需求。

（2）P_2 值增大，导致部件 1 出现故障的概率更大，老化速度更快，就需要更加频繁地检查来尽快找到部件 1 异常状态的出现，来降低因为部件 1 快速进入故障状态而导致的高次品率，所以检查间隔数会相应变小。

（3）P_2 值增大，直接导致部件 1 的老化速度更快，间接地导致生产系统输出的产品质量受到影响。P_2 值增大，部件 1 的老化速度加快，所以需要更加频繁地检查和维修，增加了维修成本，也间接导致次品率增加，因而需要生产更多的产品来满足市场需求，增加了质量成本，所以有限周期内的总成本 $C(u(k)^*,$ $m^*, D_1^*)$ 也随之增加。

（4）P_2 与 P_1 值的增大对于决策变量 u_k^*、m^* 和 D_1^*，以及有限周期内的总成本 $C(u(k)^*, m^*, D_1^*)$ 的影响是不相同的，因为 P_1 值增大表示部件 2 的故障导致部件 1 异常的可能性增大，P_2 值增大表示部件 2 的故障导致部件 1 故障的可能性增大。所以，P_2 值的增大比 P_1 值的增大无论是对决策变量 $u(k)^*$、m^*和 D_1^*，还是对有限周期内的总成本 $C(u(k)^*, m^*, D_1^*)$ 的影响都会更大。

表 4-12　P_2 取不同值的情况下最优解的变化情况

P_2	0.59	0.61	0.63	0.65	0.67	0.69	0.71
m^*	4	4	3	3	2	2	1
D_1^*	6.8	6.4	6.1	6	5.9	5.6	5.2
$C(u(k)^*, m^*, D_1^*)(\times 10^7)$	3.6019	3.7230	3.8143	3.8590	3.8913	3.9868	4.1374

4.6　本章小结

本章将部件 2 故障对部件 1 状态的影响考虑在内，建立了双部件系统的生产和维修联合优化模型。在考虑了交互性之后，生产计划中，仍然将生产、需求与库存之间的关系，生产量最大最小值约束以及单个生产周期的客户服务水平作为需要同时满足的条件，但是因为部件之间的相互作用导致部件 1 的劣化速度比考虑部件相互独立时更快，所以会产生更多的不合格品。对于维修策略部分，仍然采用定期检查和维修的方式，但是因为部件 2 故障可能会加速部件 1 劣化，所以对部件 2 进行预防性维修，减少部件 2 故障的影响，将系统状态增加到 9 个状态组合，计算出不同状态下的系统转移概率，得出总维修成本的表达式。联合优化生产和维修问题，通过数值算例验证结果，得出最优的生产计划，并得出最优检查间隔数 $m^* = 3$，部件 2 的最优预防性维修阈值 $D_1^* = 6$。将算例结果与本书第 3 章进行对比发现，在考虑部件之间交互性的条件下，单个周期内最优的生产量更大，同时需要更加频繁地进行维修，所以检查间隔会缩短，有限周期内产生的总成本 $C(u(k)^*, m^*, D_1^*)$ 也会增加。

第5章 多部件系统设备维修与备件订购联合优化研究

5.1 设备维修与备件订购模型构建

在本章的研究中，我们根据系统的配置并使用结构重要性度量来给出部件重要性排序。部件结构重要性度量反映了部件故障对系统性能的影响。在制定维修决策时，部件重要性度量是非常值得考虑的，即应该选择哪些部件进行维修。该系统被视为一个异质双部件系统，每个部件都有自己的退化过程。同时，一个部件的退化对另一个部件的退化也会产生影响。基于部件结构重要性，将该系统中的部件分为两种类型，即"关键"和"非关键"，这意味着一些部件应该得到更多的关注。关键部件故障会直接导致系统停机，非关键部件故障不会直接导致系统停机，因此，非关键部件的故障需要通过检查来发现。

同时，在执行维修时，备件并不总是可用的。当常规订购的备件不可用时，就产生了另一个关于备件准备的决策问题。在实际生产中，管理人员往往依据现场状况选择进行紧急订购来减少备件供给的延迟时间，即当有备件可用时，立即进行替换，否则就延迟替换到等待常规订购的备件到达，或下一个紧急订单，其特点是交货时间较短，但成本较高。根据与管理者的讨论，可以选择两种操作，即在一个相对较短的交货时间内下紧急订单，或等待常规订购的备件，直到它被交付。其中，关键问题是决定哪种选择更具成本效益，这也是本章的主要关注点。本章的假设被放宽并分为两种场景：第一种是在已有备件时立即用备件部件进行替换；第二种是如果常规订购的备件不能按要求交付，则进一步提供一种选择，即是等待正常订单到达还是立即下紧急订单，具体如图 5-1 所示。

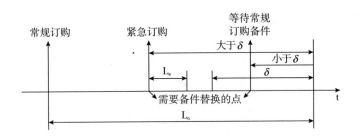

图 5-1　常规订购的备件没有交付时的两种选择

5.1.1　问题描述及参数定义

5.1.1.1　问题描述

考虑退化服从两阶段故障过程的双部件生产设备。基于结构重要性度量，将部件分为关键和非关键两种，关键部件故障会直接导致系统停机，非关键部件故障不会直接导致系统停机。针对重要度不同的部件分别采取差异化的维修以及备件订购联合优化策略。周期性检查以揭示系统状态，制定基于状态的维修策略，根据缺陷级别进行相应的维修活动。维修活动将产生对备件的需求，考虑两种不同提前期和成本的备件供应模式。同时，两部件之间存在随机相关性，即非关键部件故障不会直接造成系统停机，但会以概率 P_0 触发关键部件的缺陷，进而加快设备故障。

为了研究设备维修与备件订购的联合优化问题，在车间生产实践的基础上，本章提出了基于设备退化特征的检查与备件订购策略，具体说明如下：

（1）基于两阶段延迟时间理论来描述设备的退化过程，并假设各个阶段相互独立且服从指数分布。

（2）根据供应商推荐的标准预定义部件状态阈值，技术人员定期执行检查方案来测量部件性能。每隔固定周期 T 以成本 C_i 对设备进行检查，瞬时进行检查以获得系统状态水平。检查是完美的，任一检查均能正确识别设备状态，并且检查过程不会导致故障或劣化。

（3）采用（0，1）备件订购策略，即备件库存水平不超过 1，每次只订购相应部件的一个备件。（0，1）备件订购策略主要运用于工程实践中一些关键和昂贵的系统。目前，FD 公司使用从德国引进的敞开式环式焙烧炉设备，备品备件成本也相对较高，单一备件的成本就达千元以上，对于这类备件的订购我们通常采取（0，1）策略，避免高额备件在库积压。

5.1.1.2　参数定义

该设备维修与备件订购联合优化模型中的参数定义如下：

X_n，$X'_n(n=1,2)$：关键部件、非关键部件第 n 个阶段持续时间的随机变量。

$f_{X_1}(x)$，$f_{X_2}(y)$：X_1，X_2 的概率密度函数（pdf）。

L_o，L_e：关键部件常规订购和紧急订购提前期。

L'_o，L'_e：非关键部件常规订购和紧急订购提前期。

C_i：每次检查所需的成本。

C_s：关键部件单位时间短缺成本。

C'_s：非关键部件单位时间短缺成本。

C'_h：非关键部件单位时间库存持有成本。

C_m：人员的维修成本，包括人工费、安装费等。

C_{no}，C'_{no}：关键部件、非关键部件正常订单的更换成本。

C_{eo}，C'_{eo}：关键部件、非关键部件紧急订单的更换成本。

C_f：设备故障造成的经济损失。

5.1.1.3　决策变量

T：周期性检查间隔。

δ：关键部件阈值水平（$L_e<\delta<L_o$）。

δ'：非关键部件阈值水平（$L'_e<\delta'<L'_o$）。

5.1.2　模型构建

本节将运用更新报酬理论建立设备维修与备件订购策略的联合优化模型。首先，基于对设备的状态识别以及部件更换时备件的状态，确定两部件系统所有可能的联合状态。根据联合状态以及相应策略的确定，得出每种状态在更新周期内的预期更新成本。其次，利用转移概率矩阵，得到每种状态发生的概率。最后，结合整个生命周期内的周期长度，基于延迟时间理论，建立完美维修下的设备维修与备件订购策略的联合优化模型。模型的目的是通过设计一个最优的检查维修和备件订购方案，在保障设备正常运行的前提下，使单位时间期望成本最小。

5.1.2.1　组合维修和与备件订购联合策略

为提高设备可靠性和减少运行中发生故障的风险，利用控制极限的思想，制定基于状态的维修策略。具体的联合策略如下：

考虑关键部件的预防性维修和事后维修：

（1）检查显示关键部件处于正常状态，系统就会保持原样继续运行，不执行任何维修活动（如图 5-2 所示的 T_1 时刻）。

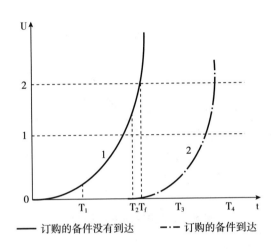

图 5-2　关键部件退化过程

（2）检查显示关键部件处于缺陷状态（如图 5-2 所示的 T_2 时刻），立即进行常规订购，订购的备件在确定的交货时间 L_c 后到达，在此期间设备继续运行，关键部件也是维修以避免故障的主要目标。

在该状态下，如果常规订购的备件到达就进行预防性维修，完美维修使系统恢复到完好如新的状态，具体如图 5-2 中的曲线 2 所示。在该状态下，如果常规订购的备件没有到达，那么系统继续运行进入下一个状态，即故障状态，具体如图 5-2 中的曲线 1 所示。

（3）一旦关键部件发生故障，系统将处于停机状态，需要立即进行事后维修（如图 4-2 所示的故障点 T_f），此时需要判断缺陷状态下常规订购的备件有无到达，有以下两种情况：

1）若常规订购的备件已经到达，立即进行故障部件的替换。

2）若常规订购的备件未到，则需要判断是等待正常订单还是进行紧急订购，这就需要一个决策条件，即从需要替换的点到常规订购备件的到达时间间隔是否大于阈值δ。当状态满足时，进行紧急订购；否则，该部件将一直处于故障状态，直到常规订购的备件到达。

考虑非关键部件的事后维修：

（1）若检查显示非关键部件处于正常状态，系统继续运行（如图5-3所示的 T_1、T_2 时刻）。

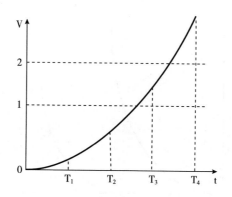

图5-3　非关键部件退化过程

（2）如果在某检查点发现缺陷状态（如图5-3所示的 T_3 时刻），相对于缺陷造成的质量损失，维修替换的成本相对较高，则不进行替换，但此时会进行相应非关键部件的常规订购，订购的备件在确定的交货时间 L'_o 到达。此状态下该常规订购的备件可能到达，从而产生备件持有成本。

（3）由于非关键部件的故障不会直接造成系统停机，因此，故障在周期性的检查中才会被发现（如图5-3所示的 T_4 时刻）。检查发现该部件达到故障状态后，将进行事后维修。此时需要判断缺陷状态下常规订购的备件是否到达。有以下两种情况：

1）若常规订购的备件已经到达，立即进行替换。

2）若常规订购的备件未到，则需要检查一个决策条件，即从需要替换的点到常规订购备件的到达时间间隔是否大于阈值 δ'。当状态满足时，进行紧急订购；否则，该部件将一直处于故障状态，直到常规订购的备件到达。

此处我们假定关键部件、非关键部件都没有初始库存且每次更换活动都能使系统恢复到完好如初的状态。

在图 5-2、图 5-3 中，分别用 U 表示关键部件的状态、V 表示非关键部件的状态，U、V 各有三种取值，即 0、1、2。

本章中随机相关性用概率 P_0 来表示，即非关键部件故障不会直接造成系统停机，但会以概率 P_0 触发关键部件的缺陷，具体如图 5-4 所示，其中，P_0 已知。

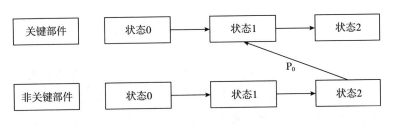

图 5-4 部件相互作用

5.1.2.2 系统状态描述

下面，为了导出目标函数，我们对关键部件状态、非关键部件状态进行具体描述，再结合部件缺陷和故障需要替换时备件可能的状态，确定以下事件发生的可能性：

（1）关键部件状态描述。如图 5-5 所示，关键部件初始状态正常，对部件进行周期性检查，T_d 点时部件发生缺陷，在 T_i 检查点初次识别出部件缺陷状态，T_f 点时部件发生故障，关键部件故障直接导致系统停机，不需要通过周期性检查来发现，因此进行替换的点是 T_f 点。

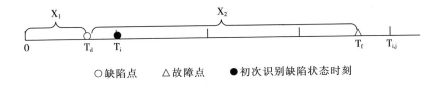

○缺陷点　△故障点　●初次识别缺陷状态时刻

图 5-5 关键部件状态描述

结合部件缺陷状态下备件所有可能的状态进行判断：

$T_f - T_i > L_o$，常规订购的备件到达，立即进行替换，使系统恢复到完好如初。

$T_f - T_i \leqslant L_o$，常规订购的备件在缺陷状态未到，系统继续运行。

即 $I_f = \begin{cases} 0, & T_f - T_i > L_o, \text{故障状态不发生} \\ 1, & T_f - T_i \leq L_o, \text{故障状态发生} \end{cases}$

当关键部件发生故障（该故障状态是在缺陷状态未进行替换的情况下发生的，即 $I_f = 1$）时，应进行替换，此时需要判断常规订购的备件有无到达：

$T_f - T_i = L_o$，若常规订购的备件在故障点时刚好到达，立即进行替换。

$T_f - T_i < L_o$，若常规订购的备件未到，判断从需要替换的点到常规订购的备件到达时间间隔是否大于阈值 δ。当状态满足时，进行紧急订购；否则，该部件将一直处于故障状态，直到常规订购的备件到达，即：

$T_i + L_o - T_f > \delta$，在故障点 T_f 处进行紧急订购，在 $T_f + L_e$ 处发生替换。

$T_i + L_o - T_f \leq \delta$，等待常规订购的备件到达，用常规订购的备件更换故障部件。

（2）非关键部件状态描述。如图 5-6 所示，非关键部件初始状态正常，对部件进行周期性检查，T_d' 点时部件发生缺陷，在 T_i' 检查点初次识别出部件缺陷状态，T_f' 点时部件发生故障，非关键部件故障不会直接导致系统停机，直到 $T_{i,j}'$ 检查点检查出故障状态，因此进行替换的点是 $T_{i,j}'$ 点。

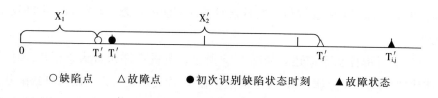

○缺陷点　△故障点　●初次识别缺陷状态时刻　▲故障状态

图 5-6　非关键部件状态描述

结合部件缺陷状态下备件所有可能的状态进行判断——常规订购的备件有无到达，以识别有无持有成本的产生。具体为：

$T_f' - T_i' > L_o'$，若常规订购的备件到达，在此状态不进行替换，将产生订单持有成本。

$T_f' - T_i' \leq L_o'$，若常规订购的备件在缺陷状态未到，不会产生订单持有成本。

需要注意的是，当 $T_f' - T_i' = L_o'$ 时，发生故障时常规订购的备件刚好到达，不会产生订单持有成本。

当检查发现非关键部件到达故障状态时，应进行替换。此时需要判断缺陷状态下常规订购的备件有无到达：

$T_f' - T_i' \geq L_o'$，若常规订购的备件到达，应立即进行替换。

$T'_f-T'_i<L'_o$，若常规订购的备件未到，判断从需要替换的点到常规订购的备件到达时间间隔是否大于阈值 δ'。当状态满足时，进行紧急订购；否则，该部件将一直处于故障状态，直到常规订购的备件到达，即：

$T'_i+L'_o-T'_{i,j}>\delta'$，在检查点 $T'_{i,j}$ 处进行紧急订购，在 $T'_{i,j}+L_e$ 处发生替换。

$T'_i+L'_o-T'_{i,j}\leq\delta'$，等待常规订购的备件，用常规订购的备件更换故障部件。

其中，T_i 代表检查间隔为 T 的第 i 个检查点，$T_{i,j}$ 代表之后的第 j 次检查。

以上所有可能事件发生的概率具体推导见附录3。

5.1.2.3　每种状态的预期更新成本

综合以上联合优化设计分析可知，（U，V）有 9 种可能的联合状态，每个区域均对应了不同的维修与备件订购需求组合。两部件系统的联合状态划分如图 5-7 所示。

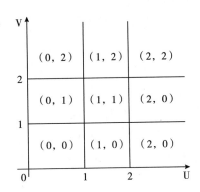

图 5-7　两部件系统的联合状态划分

结合联合策略，将所有可能发生的成本相加，即检查、缺陷更换、故障更换、持有备件、缺货和下发订单的成本，分析每种联合状态在更新周期内的预期更新成本。

（1）状态（0，0）：关键部件、非关键部件都处于正常状态，不进行任何维修活动，只产生检查成本，则该状态的预期更新成本为：

$$C_1(0，0)=C_i \tag{5-1}$$

（2）状态（0，1）：非关键部件缺陷，进行备件常规订购，不进行替换，如果 $T'_f-T'_i>L'_o$ 成立，则常规订购的备件到达，产生订单持有成本，则该状态的预期更新成本为：

$$C_2(0,\ 1)=C_i+C_{no}'+C_h' \cdot (T_f'-T_i'-L_o') \cdot P(T_f'-T_i'>L_o') \tag{5-2}$$

（3）状态（0，2）：非关键部件故障，需要进行替换。

当 $T_f'-T_i' \geqslant L_o'$ 成立时，进行维修替换，使用常规订购备件进行更换的成本为：

$$C_3^1=(C_{no}'+C_m) \cdot P(T_f'-T_i' \geqslant L_o') \tag{5-3}$$

当 $T_f'-T_i'<L_o'$ 成立时，如果 $T_i'+L_o'-T_{i,j}'>\delta'$，需进行紧急订购，并在 $T_{i,j}'+L_e'$ 时刻进行替换，使用紧急订购备件进行更换的成本为：

$$C_3^2=(L_e' \cdot C_s'+C_{eo}'+C_m) \cdot P(T_i'+L_o'-T_{i,j}'>\delta') \tag{5-4}$$

如果 $T_i'+L_o'-T_{i,j}' \leqslant \delta'$ 成立，等待常规订购的备件到达后进行替换，相应的成本为：

$$C_3^3=(T_i'+L_o'-\delta') \cdot C_s'+(C_{no}'+C_m) \cdot P(T_i'+L_o'-T_{i,j}' \leqslant \delta') \tag{5-5}$$

同时，非关键部件的故障会以固定的概率 P_0 导致关键部件缺陷。

基于以上分析可知，该状态的预期更新成本为：

$$C_3(0,\ 2)=C_i+C_3^1+P(T_f'-T_i'<L_o') \cdot (C_3^2+C_3^3)+$$
$$P_0 \cdot [C_{no}+(C_{no}+C_m) \cdot P(T_f-T_i>L_o)] \tag{5-6}$$

（4）状态（1，0）：关键部件缺陷，进行常规订购，当 $T_f-T_i>L_o$ 时，使用常规订购的备件进行替换，则该状态的预期更新成本为：

$$C_4(1,\ 0)=C_i+C_{no}+(C_{no}+C_m) \cdot P(T_f-T_i>L_o) \tag{5-7}$$

（5）状态（1，1）：关键部件缺陷，产生的相应成本见式（5-7）；非关键部件缺陷，产生的相应成本见式（5-2）。基于以上分析可知，该状态的预期更新成本为：

$$C_5(1,\ 1)=C_4+C_2-C_i \tag{5-8}$$

（6）状态（1，2）：关键部件缺陷，产生的相应成本见式（5-7）；非关键部件故障，产生的相应成本见式（5-6）。基于以上分析可知，该状态的预期更新成本为：

$$C_6(1,\ 2)=C_4+C_3-C_i \tag{5-9}$$

（7）状态（2，0）：关键部件故障造成系统停机，需要进行替换。

当 $T_f-T_i=L_o$ 成立时，用常规订购的备件进行替换，相应的成本为：

$$C_7^1=(C_{no}+C_m) \cdot P(T_f-T_i=L_o) \tag{5-10}$$

当 $T_f-T_i<L_o$ 成立时，如果 $T_i+L_o-T_f>\delta$，需立即进行紧急订购并进行替换，成本为：

$$C_7^2=(L_e \cdot C_s+C_{eo}+C_m) \cdot P(T_i+L_o-T_f>\delta) \tag{5-11}$$

如果 $T_i + L_o - T_f \leq \delta$，等待常规订购的备件到达后进行替换，相应的成本为：

$$C_7^3 = \left[(T_i + L_o - \delta) \cdot C_s + (C_{no} + C_m) \right] \cdot P(T_i + L_o - T_f \leq \delta) \qquad (5-12)$$

基于以上分析可知，该状态的预期更新成本为：

$$C_7(2, 0) = C_i + P(T_f - T_i \leq L_o) \left[C_7^1 + P(T_f - T_i < L_o) \cdot (C_7^2 + C_7^3) \right] \qquad (5-13)$$

（8）状态（2，1）：关键部件故障，产生的相应成本分析如式（5-13）所示；非关键部件缺陷，产生的相应成本分析如式（5-2）所示。基于以上分析可得，该状态的预期更新成本为：

$$C_8(2, 1) = C_7 + C_2 - C_i \qquad (5-14)$$

（9）状态（2，2）：关键部件故障，产生的相应成本分析如式（5-13）所示；非关键部件故障，产生的相应成本分析如式（5-6）所示。基于以上分析可得，该状态的预期更新成本为：

$$C_9(2, 2) = C_7 + C_3 - C_i \qquad (5-15)$$

其中，假设关键部件、非关键部件的退化都服从指数分布：

$$f(x) = \lambda e^{-\lambda x} (x > 0) \qquad (5-16)$$

因此，关键部件受到两种扰动的影响，即扰动 1——$\lambda_1 e^{-\lambda_1 t}$ 和扰动 2——$\lambda_2 e^{-\lambda_2 t}$。相应地，非关键部件也受到两种扰动的影响，即扰动 3——$\lambda_3 e^{-\lambda_3 t}$ 和扰动 4——$\lambda_4 e^{-\lambda_4 t}$。根据指数分布的估计参数，计算出各个阶段的预期持续时间为：$E(X_1) = 1/\lambda_1$，$E(X_2) = 1/\lambda_2$，$E(X_1') = 1/\lambda_3$，$E(X_2') = 1/\lambda_4$，进而得出 $T_f = 1/\lambda_1 + 1/\lambda_2$，$T_f' = 1/\lambda_3 + 1/\lambda_4$。

同时，我们定义 9 种状态下的预期更新成本为 $E_{(C)}$，即：

$$E_{(C)} = [C_1, C_2, C_3, C_4, C_5, C_6, C_7, C_8, C_9] \qquad (5-17)$$

5.1.2.4　每种状态发生的概率

为了得出每种状态发生的概率，引入马尔可夫转移矩阵法。早在 20 世纪，马尔可夫就发现，当系统中某一因素在转移时，第 n 次结果只受到第 n-1 次结果的影响，且仅与当前所处状态有关，与其他无关。

我们用马尔可夫转移矩阵法来表示系统所有可能出现或存在的状态，推导出一个由两部件组成的系统的转移概率矩阵 R，每个状态的转移概率均取决于在该状态下所做的决策，那么相应的转移概率矩阵 R 就有 9×9 = 81 种。

$$R = \begin{pmatrix} P_{00}^{00} & \cdots & P_{00}^{22} \\ \vdots & \ddots & \vdots \\ P_{22}^{00} & \cdots & P_{22}^{22} \end{pmatrix}$$

其中，部分转移概率如下：

$P_{00}^{00} = (1-M_1)(1-M_2)(1-M_3)(1-M_4)(1-M_1)(1-M_2)(1-M_3)(1-M_4)$

$P_{00}^{01} = (1-M_1)(1-M_2)(1-M_3)(1-M_4)(1-M_1)(1-M_2)M_3$

$P_{00}^{02} = (1-M_1)(1-M_2)(1-M_3)(1-M_4)(1-M_1)(1-M_2)M_4(1-P_0)$

$P_{00}^{10} = (1-M_1)(1-M_2)(1-M_3)(1-M_4)M_1(1-M_3)(1-M_4)$

$P_{00}^{11} = (1-M_1)(1-M_2)(1-M_3)(1-M_4)M_1M_3$

$P_{00}^{12} = (1-M_1)(1-M_2)(1-M_3)(1-M_4)M_1M_4 + P_0 \cdot P_{00}^{02}$

$P_{00}^{20} = (1-M_1)(1-M_2)(1-M_3)(1-M_4)M_2(1-M_3)(1-M_4)$

$P_{00}^{21} = (1-M_1)(1-M_2)(1-M_3)(1-M_4)M_2M_3$

$P_{00}^{22} = (1-M_1)(1-M_2)(1-M_3)(1-M_4)M_2M_4$

……

全部转移概率矩阵详见附录4。

假设系统开始时处于（0，0）状态，得到：

第一个时刻系统处于9种状态的概率：$P_1 = (1, 0, 0, 0, 0, 0, 0, 0, 0) \times R$

第二个时刻系统处于9种状态的概率：$P_2 = (1, 0, 0, 0, 0, 0, 0, 0, 0) \times R^2$

第三个时刻系统处于9种状态的概率：$P_3 = (1, 0, 0, 0, 0, 0, 0, 0, 0) \times R^3$

……

第 n 个时刻系统处于9种状态的概率：$P_n = (1, 0, 0, 0, 0, 0, 0, 0, 0) \times R^n$

根据上述每种状态的预期更新成本和每种状态发生的概率，结合周期长度，可得到设备运行单位时间内的期望成本为：

$$EC(T, \delta, \delta') = \frac{\sum_{k=1}^{n} E_{(c)} \times [P_k]^T}{EL} \qquad (5-18)$$

其中，$E_{(c)}$ 表示9种状态下的预期更新成本，P_k 表示第 k 个时刻系统处于9种状态的概率，$EL = nt$ 表示预期周期长度。

将 $E_{(c)}$、$P_1 \sim P_k$ 以及 EL 分别代入式（5-18），得到单位时间期望成本 $EC(T, \delta, \delta')$，我们寻求使式（5-18）最小化的最优解 T^*、δ^*、δ'^*。

至此，建立设备维修与备件订购策略的联合优化模型，模型的目的是确定最优检查间隔和备件订购阈值，在保障设备正常运行的前提下，使单位时间期望成本最小化。具体的联合优化模型如下：

$\min EC(T, \delta, \delta')$

T>0

s. t. $L_e < \delta < L_o$ $\qquad\qquad\qquad\qquad$ (5-19)

$L'_e < \delta' < L'_o$

其中，T、δ、δ'为正整数。

5.2 算法设计

本章对于优化模型的求解，主要运用人工蜂群（Artificial Bee Colony，ABC）算法，利用 MATLAB 工具。ABC 算法受蜂群觅食行为的启发，通过模拟其行为而产生，是一种优化算法。ABC 算法主要具有两方面的优点：一是由于控制参数的设置，使算法的搜索过程比较简洁；二是本算法鲁棒性好。具体算法流程如图5-8 所示，该算法有 4 个阶段，每个阶段的主要任务如下：

（1）初始化阶段主要是在搜索空间内随机产生初始解（蜜源），并计算和记录解的适应度值（花蜜量）。详见步骤 1。

（2）采蜜蜂阶段为了提高解（蜜源）的质量，每只采蜜蜂在寻找过程中都要找到新蜜源的位置，然后对新旧蜜源的花蜜量进行比较，把好蜜源的位置留出来并记录。

守望蜂阶段最重要的作用就是防止解过早收敛，它需要先根据轮盘赌随机抽取守望蜂，再由这些抽取出来的守望蜂不断地改进解。详见步骤 2。

（3）侦查蜂阶段旨在放弃那些经过 limit 次搜索，仍未提高花蜜量的蜜源，然后再去寻找新蜜源，防止陷入局部最优。详见步骤 3。

该算法的具体执行步骤如下：

步骤 1：初始化阶段。

初始化时，随机生成 S_N 个可行解并计算适应度函数值。根据式（5-20）产生可行解：

$x_i = l_b + (u_b - l_b) \cdot rand(0, 1)$ $\qquad\qquad\qquad$ (5-20)

其中，$x_i (i=1, 2, \cdots, S_N)$ 表示 D 维向量以及 D 维优化参数的个数，u_b、l_b 表示 x 取值范围的上限、下限，rand（0，1）表示 0~1 的随机数。

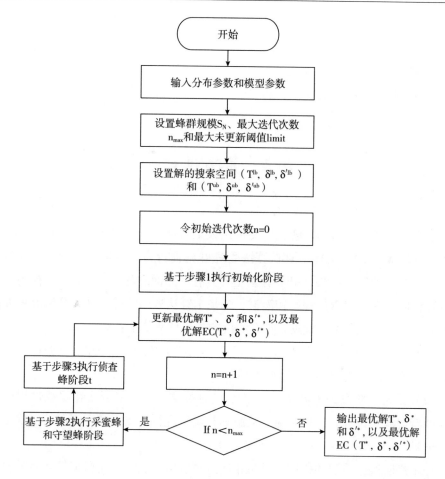

图 5-8　ABC 算法流程

初始时刻，蜜蜂作为侦察蜂进行循环搜索，最大循环次数为 n_{max}。由于在实际维修管理活动中，检查区间长度有限，因此检查间隔 T 的取值为 1 至最大值 T^{ub}。同时，由于系统一般是到预期寿命或接近预期寿命时发生故障，因此 T^{ub} 被设置为两阶段预期持续时间之和，$T^{ub} = \max\{1/\lambda_1 + 1/\lambda_2,\ 1/\lambda_3 + 1/\lambda_4\}$，即 $T^{ub} =$ 88。同时，本章根据实际情况设置蜂群规模 S_N，设置最大未更新阈值 limit，limit $= S_N \times D$，设置未更新次数为 0。

步骤 2：采蜜蜂和守望蜂。

采蜜蜂主要负责将新旧蜜源的花蜜量进行对比，把蜜源地点留待记录。当采蜜蜂阶段结束时，守望蜂通过 $(0.9 \times EC(T,\ \delta,\ \delta') / \max(EC)) + 0.1$ 来计算解的选择概率，再在 [0, 1] 间隔中生成随机数，若这个数低于解的选择概率则进入守望蜂阶段，其过程像采蜜蜂阶段一样，反之就进入侦查蜂阶段。

步骤 3：侦查蜂阶段过程。

侦查蜂阶段，如果最小迭代次数 n_{min} 大于最大未更新阈值 limit，就寻找新的蜜源，将新生成的最优解代入式 (5-18) 中，计算 $EC(T, \delta, \delta')$ 值。令 $n \leftarrow n+1$，判断 $n < n_{max}$ 的条件是否满足。若达不到条件，则输出相应的最优解 T^*、δ^* 和 δ'^*，以及最优解 $EC(T^*, \delta^*, \delta'^*)$，退出循环；否则，转到步骤 2。

优化模型 (5-19) 的精确解可以通过 ABC 算法进行搜索。ABC 算法中的控制参数与搜索空间如表 5-1 所示。

表 5-1　ABC 算法中的控制参数与搜索空间

S_N	n_{max}	limit	$(T^{lb}, \delta^{lb}, \delta'^{lb})$	$(T^{ub}, \delta^{ub}, \delta'^{ub})$
20	150	60	(1, 0, 0)	(88, 88, 88)

5.3　优化应用实例

5.3.1　参数确定

由前文分析可知，本章运用指数分布来描述设备的两阶段退化过程。根据指数分布的概率密度函数可得：

关键部件处于正常状态，$\lambda_1 = 0.021$；关键部件处于缺陷阶段，$\lambda_2 = 0.032$；非关键部件处于正常状态，$\lambda_3 = 0.030$；非关键部件处于缺陷阶段，$\lambda_4 = 0.035$。

由指数分布的估计参数可得，两个部件各个阶段的预期持续时间分别为：$E(X_1) = 1/\lambda_1 = 47.619$，$E(X_2) = 1/\lambda_2 = 31.250$；$E(X_1') = 1/\lambda_3 = 33.333$，$E(X_2') = 1/\lambda_4 = 28.571$。

技术人员根据现场实际情况进行定期检查，并向维修经理提交一份报告。从现场数据中得到的相应参数如表 5-2 所示，其中，成本单位是千元，时间单位是天。例如，每次检查需要花费的成本为 1000 元（$C_i = 1$），每次维护需要花费的人员成本为 2000 元（$C_m = 2$）。等待关键部件备用订单会导致每天损失 3000 元（$C_s = 3$），等待非关键部件备用订单会导致每天损失 2000 元（$C_s' = 2$）。然而，如果非关键部件常规订购的备件交付并存入库存未进行使用，则会造成每天 500 元的库存持有成本（$C_h' = 0.5$）。备件紧急订购的成本高于常规订购的成本，关键部件常规订购的备件交货期为 30 天，常规订购成本为 5000 元，但紧急订购的交货期缩短为 3 天，相应的费用更高，为 8000 元；非关键部件常规订购的备件交货期为 28 天，相应的订单成本为 4000 元，紧急订购的交货期缩短为 2 天，紧急订单成本随之增加至 6000 元。

5.3.2　最优方案求解

根据联合优化模型（5-19）、表 5-1 算法中相关值及表 5-2 模型参数取值，采用 ABC 算法求解最优化模型，得到最优解（T^*，δ^*，δ'^*）= （12，15，13），$EC(T^*, \delta^*, \delta'^*) = 1.731$。可见，目前公司的周期性检查间隔 20 天不是最优的，将检验周期由 20 天缩短为 12 天具有较好的成本效益，即每 12 天进行一次周期性检查，关键部件、非关键部件的备件订购阈值分别设置为 15 天、13 天。

表 5-2　模型参数

参数	C_i	C_m	C_s	C_s'	C_h'	C_{no}	C_{no}'	C_{eo}	C_{eo}'	C_f	L_o	L_e	L_o'	L_e'
取值	1	2	3	2	0.5	5	4	8	6	10	30	3	28	2

5.3.3　结果分析

通过数值实验分析紧急订单提前期 L_e、L_e' 和随机相关性 P_0 对最优解的影响，验证所建模型的有效性。主要是因为：①提前期 L_e、L_e' 对阈值水平 δ、δ' 的影响较大；②维修活动受 P_0 的影响较大。

5.3.3.1　紧急订购提前期 L_e、L_e' 的影响

由于紧急订购备件通常由联盟供应商或第三方供应商补充，管理者更关心提前期对最优解决方案的影响。同时，紧急订购的提前期与紧急订单的更换成本之间存在很强的关系，即提前期的增加会导致紧急订单更换成本降低。在工程实践中，L_e 与 C_{eo} 呈负相关关系，因此，根据表 5-2 中 L_e、C_{eo}、L_o、C_{no} 的值，建立线性函数 $C_{eo}(L_e) = (1/3 - L_e/9) + 8$ 来表示关键部件四者之间的关系。同时，非关

键部件通过建立线性函数 $C'_{eo}(L'_e) = (1/2 - L'_e/4) + 6$ 来表示。我们结合表 5-2 中给定的参数 $L_e = 3$、$C_{eo} = 8$、$L_o = 30$、$C_{no} = 5$ 和 $L'_e = 2$、$C'_{eo} = 6$、$L'_o = 28$、$C'_{no} = 4$ 给出在其他参数不变的情况下，不同紧急订单提前期值下的最优决策结果。

从表 5-3 可以看出，当紧急订购提前期 L_e 值增大时，最优检查间隔 T^* 减小并趋于稳定；当紧急订购提前期 L_e 值增大时，关键部件的最优阈值 δ^* 随着其紧急订购提前期 L_e 值的增大而增大；在其他参数不变的情况下，关键部件紧急订购提前期 L_e 值增大，非关键部件的最优阈值 δ'^* 保持不变。同时，当紧急订购提前期 L_e 值增大时，设备运行单位时间内的期望成本 $EC(T, \delta, \delta')$ 随着 L_e 值的增大而增加。

表 5-3　不同 L_e 值下的最优决策结果

参数	$L_e = 3$	$L_e = 9$	$L_e = 18$	$L_e = 24$
T^*	12	10	10	10
δ^*	15	18	23	28
δ'^*	13	13	13	13
$EC(T^*, \delta^*, \delta'^*)$	1.731	1.744	1.781	1.788

从表 5-4 可以看出，当紧急订购提前期 L'_e 值增大时，最优检查间隔 T^* 减小并趋于稳定；当紧急订购提前期 L'_e 值增大时，非关键部件的最优阈值 δ'^* 随着其紧急订购提前期 L'_e 值的增大而增大；在其他参数不变的情况下，非关键部件紧急订购提前期 L'_e 值增大，关键部件的最优阈值 δ^* 保持不变。

表 5-4　不同 L'_e 值下的最优决策结果

参数	$L'_e = 2$	$L'_e = 8$	$L'_e = 14$	$L'_e = 20$
T^*	12	10	9	9
δ^*	15	15	15	15
δ'^*	13	14	15	18
$EC(T^*, \delta^*, \delta'^*)$	1.731	1.741	1.757	1.771

综上所述，在生产实际中，当部件紧急订单的交货时间增加时，检查周期应

相应减小，即当交货时间变长时，应更频繁地进行检查，有助于减少备件等待时间较长造成的短缺损失，这样就可以按照需要预防性或修复性地对部件进行替换，避免造成更大的成本损失。

同时，以关键部件为例，当紧急订购提前期较长时，建议等待常规订购的备件，因为它们之间的差异很小。这意味着提前期较长的紧急订单是没有意义的。

此外，表5-3、表5-4的结果表明，当紧急订购提前期增加时，单位时间内的最小期望成本也随之增加。虽然提前期较短的紧急订购的成本远高于常规订购，但减少了因备件短缺而产生的成本损失，预期成本也将更小。换句话说，如果等待常规订购的备用订单的时间间隔足够长，那么紧急订购是一个有吸引力的选择。根据讨论，经理应该根据交货期选择最好的供应商。

通过对比表5-3、表5-4可得，关键部件紧急订购提前期的变化对最优检查间隔以及订购阈值的影响比非关键部件显著。同时，关键部件紧急订购提前期的变化对期望成本的影响也大于非关键部件。这是因为，根据前文部件结构重要性的分析，关键部件对系统性能的影响大于非关键部件，关键部件的故障会直接导致设备停机，而非关键部件的故障不会直接导致设备停机。因此，在同等条件下，如果关键部件的紧急订购提前期增加，设备在故障状态停机造成的成本损失也将更大。

5.3.3.2 概率的影响

本章中部件随机相关性用概率来表示，P_0 值的大小直接影响关键部件的运行，进而影响维修活动的执行以及维修备件的订购。我们给定 0、0.5、0.8、1四个数值进行分析。表5-5 给出了在其他参数不变的情况下，不同交互概率下的最优决策结果。

表 5-5　不同 P_0 值下的最优决策结果

参数	$P_0 = 0$	$P_0 = 0.5$	$P_0 = 0.8$	$P_0 = 1$
T^*	15	12	10	7
δ^*	15	15	15	15
δ'^*	13	13	13	13
$EC(T^*, \delta^*, \delta'^*)$	1.383	1.731	1.845	2.209

从表 5-5 可以看出，当 P_0 增大时，最优检查间隔 T^* 减小；当 P_0 增大时，关键部件、非关键部件的最优阈值保持不变。同时，当 P_0 增大时，设备运行单位时间内的期望成本 $EC(T^*, \delta^*, \delta'^*)$ 增大。

表 5-5 的情况表明，无论其他参数值如何，只要部件间的交互概率增加，最优检查间隔 T^* 相应减小，即应更频繁地进行检查，防止部件缺陷或者故障。这是因为从现场获得的数据可以明显看出，检查的成本明显低于缺陷、故障时更换的成本，因此，当 P_0 增大时，适当缩短检查间隔是有经济效益的。而备件订购阈值主要受备件订购提前期的影响，与部件之间的相关性影响不大，这与实际情况相符。

第6章 考虑设备可修性的部件系统维护策略优化研究

6.1 问题描述及基本假设

6.1.1 问题描述

本章考虑一个由四个部件构成的串并联设备系统,其中有一个串联部件、三个并联部件,两类部件都有各自的退化过程。基于结构重要性我们将四个部件分为两种类型:"关键"和"非关键"。将故障形式分为两种:关键部件发生故障、非关键部件发生故障。第一种故障形式下,除非全部关键部件发生故障,否则不会造成系统停机;第二种故障形式下,非关键部件整体发生严重故障将导致整个设备机组停机维护。不同部件之间独立运行且互不影响,即不考虑随机相关性。部件性能随着使用时长的增加而逐渐退化(劣化水平增加,可靠性降低)。根据设备结构关系,在现有设备维修计划的基础上,将定期维护从事后维护向预防性维护的方向转变。制定基于状态的维护策略,定期检查以揭示部件退化水平,不同的部件处于不同退化状态时对应不同的维护活动。考虑维修有效性和两类部件对系统的影响,最终在满足部件维护后的可靠性前提下使系统在有限周期内单位运行时间平均预期维护成本最小。

为了更好地研究设备维护问题,本章结合以往设备维护的相关研究和风电场的实际运维过程对所研究的问题进行以下补充说明：

（1）采用延迟时间理论来描述该设备的退化过程，将设备关键部件的退化过程分为轻度损耗期、严重损耗期和故障风险期三个阶段，将非关键部件退化过程分为稳定运行期和轻微故障期两个阶段。此外，非关键部件整体还可能发生严重故障情况。采用伽马分布来描述各部件的随机退化过程。

（2）技术人员定期执行检查方案来测量部件运行参数，并按照部件生产特性或供应商提供的数据设置相应退化水平阈值，以了解部件退化水平。按照原有维护策略采用维修与更换组合的方式，但维修将从最小化维修变为考虑不完全维修。目前，A 公司 X 风电场 2.0MW 双馈式风电机组设备造价昂贵，部分原材料还需要通过进口获取，备件采购成本相对较高，单一部件的成本就达上万元，对于这类备件的维修时间点的把控将极大程度上影响维护全过程的总成本。

6.1.2　基本假设

系统退化及维护过程需要满足的具体基本假设如下：

（1）系统是由两类部件组成的，并且存在一个串联（部件1）、三个并联（部件2、部件3、部件4）的结构关系，串联部件故障将直接导致系统故障停机，并联部件全部发生轻微故障 F_1 时系统故障停机，并且并联三部件整体发生严重故障 F_2 的概率为 q，这将导致整个机组系统严重故障停机并开展全面检修。系统故障直接可以发现，部件故障状态需要通过检查才可以发现。根据结构重要性理论，我们将串联部件称作关键部件，将并联部件称作非关键部件。

（2）所研究的两类部件初始状态均为全新状态。在系统运行开始后，定期对各个部件进行检查，以揭示其退化水平，检查周期为 T。

（3）部件由于长期使用、役龄增长存在性能退化现象，我们通过引入预防性不完全维修阈值 M_1 和预防性更换阈值 M_2，将关键部件退化的整个过程划分为三个阶段：

$$\begin{cases} 0 \leqslant X_1 < M_1 & \text{轻度损耗期} \\ M_1 \leqslant X_1 < M_2 & \text{严重损耗期} \\ M_2 \leqslant X_1 & \text{故障风险期} \end{cases}$$

轻度损耗期，各部件发生常规性轻微损耗，不影响系统运行，为保证生产的持续性，一般不进行维护活动。

严重损耗期，各部件退化水平逐渐影响生产设备系统，可能导致生产产品合格率下降产生质量问题，甚至引发设备停机，造成停产，其中以关键部件的影响为主，所以此时开始按照制定的预防性维护策略展开维护活动。

故障风险期，各部件已到达故障阈值，即使没有引发设备系统停机，也可能导致生产出不合格的产品。

对于非关键部件，由于结构重要度比关键部件更低，并且大型风力发电机产品的叶片部件体积巨大、设计寿命较长、整件更换概率较低，我们只引入预防性不完全维修阈值 M_1'，将非关键部件的退化过程划分为两个阶段，即稳定运行期和轻微故障期：

$$\begin{cases} 0 \leqslant X_2 < M_1' & \text{稳定运行期} \\ M_1' \leqslant X_2 & \text{轻微故障期} \end{cases}$$

$$\begin{cases} 0 \leqslant X_3 < M_1' & \text{稳定运行期} \\ M_1' \leqslant X_3 & \text{轻微故障期} \end{cases}$$

$$\begin{cases} 0 \leqslant X_4 < M_1' & \text{稳定运行期} \\ M_1' \leqslant X_4 & \text{轻微故障期} \end{cases}$$

关键部件的三阶段退化状态 i 分别记作 0、1、2、F（故障状态），即：

$$X_1(t) = i, \ i \in (0, 1, 2, F) \tag{6-1}$$

非关键部件的两阶段退化状态 j 分别记作 0、F_1，即：

$$X_2(t) = j_1$$
$$X_3(t) = j_2$$
$$X_4(t) = j_3$$
$$j_1, j_2, j_3 \in (0, F_1) \tag{6-2}$$

（4）本章所考虑的系统是由具有相同故障模式的两类不同部件所组成的。部件退化过程利用伽马过程建模。

关键部件 1 的退化过程 $\{X_1(t) : t \in R^+\}$ 服从形状参数为 α_1、尺度参数为 β_1 的伽马分布，对应的概率密度函数为 $f_{X_1(t)}(x)$，对应公式为：

$$f_{X_1(t)}(x) = \frac{\beta^{\alpha_1 t}}{\Gamma(\alpha_1 t)} x_n^{\alpha_1 t - 1} e^{-\beta_1 x}, \ x \geqslant 0 \tag{6-3}$$

非关键部件的退化过程 $\{X_2(t), X_3(t), X_4(t) : t \in R^+\}$ 服从形状参数为 α_2、尺度参数为 β_2 的伽马分布，对应的概率密度函数为 $f_{X_2(t)}(x)$、$f_{X_3(t)}(x)$、$f_{X_4(t)}(x)$，对应公式为：

$$f_{X_2(t)}(x) = f_{X_3(t)}(x) = f_{X_4(t)}(x) = \frac{\beta^{\alpha_2 t}}{\Gamma(\alpha_2 t)} x_n^{\alpha_2 t - 1} e^{-\beta_2 x}, \quad x \geqslant 0 \tag{6-4}$$

相关参数可以通过以往的维护数据资料，通过极大似然法估算得出。

（5）为了尽量降低部件劣化导致的系统故障停机，减小对生产质量的影响，我们通过定期的预防性不完全维修、预防性更换和故障后更换相结合的方式，调整系统的运行状态。不完全维修可以降低部件劣化程度，维修后部件状态处于全新和 M_1（非关键部件为 M_1'）之间。预防性更换和纠正性更换后部件将恢复到全新状态。

（6）在两次连续的检查之间，关键部件突发故障的概率为 p，非关键部件整体发生严重故障的概率为 q，并且本章我们假设两次检查之间至多发生一次故障。

（7）假设检查结果都准确无误，维护活动需要的人力、时间、技术水平等辅助资源都可满足维护需求。

6.1.3　参数定义

该串并联系统维护模型所涉及的相关参数定义如下：

$X_n(t)$，（n＝1，2，3，4）：关键部件 1 和非关键部件 2、3、4 在时间 t 的性能退化水平。

$\Delta X_n(\Delta t)$，（n＝1，2，3，4）：Δt 时间间隔内部件 n 退化水平的增量。

$f_{X_n}(x)$：$X_n(t)$ 的概率密度函数（pdf）。

F：关键部件故障状态。

F_1：非关键部件轻微故障状态。

F_2：非关键部件整体严重故障状态。

d_1：预防性维修后关键部件退化状态。

d_2：预防性维修后非关键部件退化状态。

P：关键部件在两次检查间隔期间发生故障的概率。

q：非关键部件整体在两次检查间隔期间发生严重故障的概率。

C_i：每次检查所需的成本。

C_p：关键部件更换成本。

C_p'：非关键部件更换成本。

C_{mp}：部件更换需要的人工成本。

C_r：关键部件维修成本。

C_r'：非关键部件维修成本。

C_{mr}：部件维修需要的人工成本。

C_F：设备故障停机单位时间造成的经济损失。

J_p：系统一级故障停机维护时间。

K_p：系统二级故障停机维护时间。

决策变量定义如下：

T：定期检查的时间间隔。

M_1：关键部件预防性维修阈值。

M_2：关键部件预防性更换阈值。

M_1'：非部件预防性维修阈值。

λ_1：关键部件预防性维修的有效性。

λ_2：非关键部件预防性维修的有效性。

6.2 设备维护优化策略制定

设备在使用过程中系统内各部件会随着时间推移发生磨损和老化，部分部件由于生产或采购成本昂贵，所以在维护活动中往往更加受到关注。此外，部件重要性存在差异，串联部件故障将直接导致系统停机，并联部件除非全部故障，否则系统至少仍可低效率运行。因此，针对不同重要度的部件制定差异化的维护策略将有望提高维护效率并且实现维护成本的降低。为保证设备可靠性、降低运行过程中的故障风险，本章采用基于状态的维护策略，并利用控制极限的思想进行策略制定。

6.2.1 关键部件维护策略

检查发现关键部件 1 的退化水平 $X_1(t) \geqslant M_2$ 时，关键部件进入故障风险期，部件故障率明显升高，我们用 ξ_1 表示部件 1 退化状态对应的时间，那么部件 1 在 t 时刻的退化状态在整个区间的概率为：

$$P(\xi_1 \leqslant t) = P(X_1(t) \geqslant M_2) \int_{M_1}^{+\infty} f_{X_1(t)} = \frac{\gamma(\beta_1^{\alpha_1 t}, \beta_1 M_1)}{\Gamma(\alpha_1 t)} \qquad (6-5)$$

关键部件 1 的具体维护策略如下：

（1）保留实际维护过程中周期性的检测机制。设备系统设计寿命为 T_f，以 T 为检查周期，针对关键部件考虑预防性维修、预防性更换和事后更换三种方式。

（2）检查发现关键部件退化状态处于全新和轻度损耗期，即 $X_1(t) = 0$（如图 6-1 所示的 T_1 时刻）时，不进行任何维护活动。

（3）检查发现关键部件退化状态处于严重损耗期，即 $X_1(t) = 1$（如图 6-1 所示的 T_2 时刻）时，进行预防性维修，维修完成后部件状态处于 d（如图 6-1 曲线 1 所示）。

（4）检查发现关键部件退化状态处于故障风险期时，即 $X_1(t) = 2$，直接进行预防性更换，及时完成维护，维护完成后部件状态恢复到全新状态（如图 6-1 曲线 2 所示）。

（5）另外，关键部件突发故障时，即 $X_1(t) = F$，将造成系统停机，此时应当立即更换部件恢复运行，及时完成维护，维护完成后部件状态恢复到全新状态（如图 6-1 曲线 3 所示）。

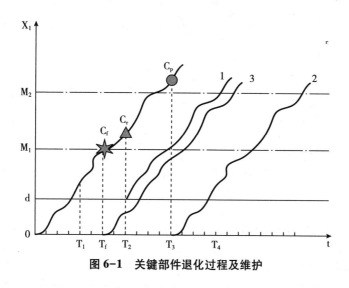

图 6-1　关键部件退化过程及维护

6.2.2　非关键部件维护策略

对非关键部件只采用预防性维修以及故障更换两种维护方式，相对关键部件而言维护时间和条件相对放宽，同理，检查发现非关键部件 2、3、4 的退化水平 $X_2(t) \geq M_1'$ 时，关键部件进入轻微故障期，我们用 ξ_2 表示非关键部件的退化状态对应的时间，那么非关键部件在 t 时刻退化状态进入轻微故障期的概率为：

$$P(\xi_2 \leq t) = P(X_n(t) \geq M_1') \int_{M_1'}^{+\infty} f_{X_n(t)} = \frac{\gamma(\beta_1^{\alpha_2 t}, \ \beta_2 M_1')}{\Gamma(\alpha_2 t)} \tag{6-6}$$

其中，$\Gamma(a) = \int_0^\infty u^{a-1} e^{-u} du, \ a \geq 0, \ \gamma(a, \ b) = \int_b^\infty u^{a-1} e^{-u} du, \ a > 0, \ b \geq 0$。

（1）检查非关键部件退化状态处于全新和正常运行期时，即 $X_2(t) = 0$、$X_3(t) = 0$、$X_4(t) = 0$（如图 6-2 所示的 T_1 时刻）时，不进行任何维护活动。

（2）检查关键部件退化状态处于轻微故障期，即 $X_2(t) = F_1$、$X_3(t) = F_1$、$X_4(t) = F_1$ 时（如图 6-2 所示的 T_2 时刻），进行预防性维修，维修完成后部件状态处于 d′（如图 6-2 曲线 1 所示）。

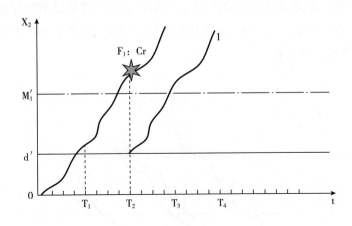

图 6-2 非关键部件退化过程及维护

6.2.3 系统整体故障维护策略

当非关键部件整体出现严重故障时，会引发设备系统发生二级故障，应立即对整个机组进行停机维护，全部检修设备各部件使设备系统恢复到全新状态，包括关键部件和非关键部件，具体如图 6-3 所示。

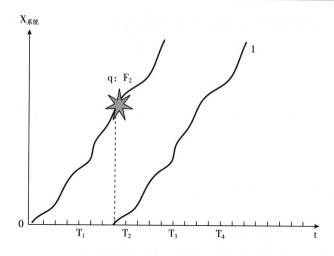

图 6-3　非关键部件系统整体严重故障维护

6.3　模型构建

本章建立了一个相互独立且具有串并联结构关系的四部件系统的维护优化模型，目的是在原有定期检查机制的基础上，改进维护策略，针对退化的多部件系统根据结构关系执行差异化维护策略，引入不完全维修的维护方式，通过优化检查周期、维护阈值以及维修有效性使维护过程中单位时间维护成本最小。

模型构建过程分为三步，首先，结合维护策略，将检查成本、预防性维修成本、预防性更换成本、轻微故障维修成本、严重故障更换成本、单位时间故障停机成本和人工及其他费用各项成本相加，计算每种部件退化状态情况下的维护成本。其次，结合退化过程和系统状态转移概率，构造各部件状态组合下系统的预期维护成本函数。最后，给出整个四部件系统维护策略优化模型并通过算法设计进行求解。

6.3.1　部件维护成本

各部件各状态的维护活动成本如下：

（1）不进行任何维护时，只产生单一的检查成本 C_i。

（2）关键部件预防性维修成本为检查成本、维修成本和维修所需的固定人工费用，即：

$$C_i+C_r+C_{mr} \tag{6-7}$$

（3）关键部件预防性更换成本为检查成本、更换成本和关键部件更换所需的固定人工费用，即：

$$C_i+C_p+C_{mp} \tag{6-8}$$

（4）关键部件突发故障时，单位维护成本为：

$$C_{f1}+C_{mf1} \tag{6-9}$$

非关键部件维护活动成本如下：

（1）不进行任何维护时，只产生单一的检查成本 C_i。

（2）非关键部件进行预防性维修活动时，非关键部件单位维护成本为：

$$C_i+C_r'+C_{mr} \tag{6-10}$$

（3）非关键部件整体系统突发严重故障时，维护成本为：

$$C_{f_2}+C_{mf2} \tag{6-11}$$

在执行维护活动时所产生的各项成本中，系统由于非关键部件整体严重故障造成的维护成本最高，其次是关键部件故障停机的相关成本，再次是关键部件预防性更换成本、预防性维修成本、非关键部件维修成本，最后是更换固定费用、维修固定费用以及检查成本，即：

$$C_F>C_{f2}>C_{mf2}>C_{f1}>C_{mf1}>C_p>C_r>C_r'>C_{mp}>C_{mr}>C_i \tag{6-12}$$

$$K_p>J_p \tag{6-13}$$

6.3.2 系统退化状态

根据图 6-1、图 6-2 对系统部件退化过程的描述，系统四部件退化状态可表示为图 6-4。

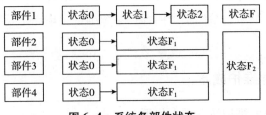

图 6-4 系统各部件状态

整个系统中关键部件存在三个渐变退化状态以及一个随机故障状态，非关键部件存在一个退化状态和两个随机故障状态。系统各种运行状态情况如表6-1所示。

表6-1　系统运行状态

系统运行情况下各部件状态组合			
(0, 0, 0, 0)	(0, 0, 0, F_1)	(0, 0, F_1, 0)	(0, F_1, 0, 0)
(0, F_1, 0, F_1)	(0, F_1, F_1, 0)	(0, 0, F_1, F_1)	
(1, 0, 0, 0)	(1, 0, 0, F_1)	(1, 0, F_1, 0)	(1, F_1, 0, 0)
(1, F_1, 0, F_1)	(1, F_1, F_1, 0)	(1, 0, F_1, F_1)	
(2, 0, 0, 0)	(2, 0, 0, F_1)	(2, 0, F_1, 0)	(2, F_1, 0, 0)
(2, F_1, 0, F_1)	(2, F_1, F_1, 0)	(2, 0, F_1, F_1)	

出现关键部件故障或者三个非关键部件全部发生轻微故障的情况时，系统将发生一级故障停机，可能的状态组合如表6-2所示。

表6-2　系统一级故障状态

系统一级故障停机各部件状态组合			
(0, F_1, F_1, F_1)	(1, F_1, F_1, F_1)	(2, F_1, F_1, F_1)	(F, F_1, F_1, F_1)
(F, 0, F_1, F_1)	(F, F_1, 0, F_1)	(F, F_1, F_1, 0)	(F, 0, 0, 0)
(F, 0, 0, F_1)	(F, 0, F_1, 0)	(F, F_1, 0, 0)	

出现三个非关键部件整体发生严重故障的情况时，系统将发生二级故障停机，可能的状态组合如表6-3所示。

表6-3　系统二级故障状态

系统二级故障停机各部件状态组合			
(0, F_2)	(1, F_2)	(2, F_2)	(F, F_2)

在有限周期内，会定期检查四个部件退化状态，假设 $X(t_n)$，$n=1$，2，…，

n，表示在第 n 次检查结束时所揭示的部件退化状态，$\Delta X_1(T)$ 表示部件 1 在 nT~(n+1)T 区间内退化水平的增量。根据伽马过程，$\Delta X_1(T)$ 是一个随机变量，其服从形状参数为 $\alpha_1(T)$ 以及尺度参数为 β_1 的伽马分布，概率密度函数 $f_T^1(x)$ 公式为：

$$f_T^1(x) = \frac{\beta_1^{\alpha_1 T} x^{\alpha_1 T - 1}}{\Gamma(\alpha_1 T)} e^{-\beta_1 x}, \quad x \geq 0 \tag{6-14}$$

其中，$\Gamma(\cdot)$ 是伽马函数，即：

$$\Gamma(a) = \int_0^\infty u^{a-1} e^{-u} du, \quad a \geq 0$$

关键部件的平均退化率为 α_1/β_1，其方差为 α_1/β_1^2，此外部件 1 在 nT~(n+1)T 这段时间间隔内的退化增量 $\Delta X_1(T)$ 的累积分布函数可以通过式（6-15）来表示。

$$F_T^1 = \frac{1}{\Gamma(\alpha_1 t)} \gamma(\beta_1^{\alpha_1 t}, \beta_1 x), \quad x \geq 0 \tag{6-15}$$

其中，$\gamma(a, b) = \int_b^\infty u^{a-1} e^{-u} du, \quad a > 0, \ b \geq 0$。

同理可得非关键部件 2、3、4 在 nT~(n+1)T 时间间隔内的退化水平增量 $\Delta X_1(T)$ 所服从的概率密度函数以及累积分布函数，具体如式（6-16）和式（6-17）所示。

$$f_T^2(x) = f_T^3(x) = f_T^4(x) = \frac{\beta_2^{\alpha_2 T} x^{\alpha_2 T - 1}}{\Gamma(\alpha_2 T)} e^{-\beta_2 x}, \quad x \geq 0 \tag{6-16}$$

$$F_T^2 = F_T^3 = F_T^4 = \frac{1}{\Gamma(\alpha_2 t)} \gamma(\beta_2^{\alpha_2 t}, \beta_2 x), \quad x \geq 0 \tag{6-17}$$

在系统正常运行情况下，每次检查可能存在的状态组合共 21 种，系统轻微故障停机情况共 4 种，其中，由关键部件突发故障导致的情况有 1 种，由非关键部件全部处于轻微故障状态导致的情况有 3 种，所以在系统退化过程中，每次检查时系统可能出现的状态一共有 24 种。每种系统状态对应一次完整的检查维护活动过程。由于系统严重故障的概率已给定，且严重故障时各部件经过维护后都恢复为全新状态，因此可以得出全部的系统状态转移概率。

我们采用马尔可夫转移矩阵法来描述系统每次检查处于每种状态的概率，即在马尔可夫过程分析中，引入状态转移的概念。状态指的是客观事物可能存在或已出现的实际情况，状态转移概率是描述客观事物在两种可能出现的状态之间变化的概率。20 世纪初，马尔可夫发现并指出，一个系统的某些因素在转移过程中，第 n 次的结果只被第 n-1 次的结果影响，即系统即将出现的状态只与当前所处状态有关，与其他无关。

用马尔可夫转移矩阵法对系统可能在检查时发现的所有状态进行描述，将所研究的四部件系统的转移概率通过矩阵 R 来表示，每次检查的系统状态的转移概率取决于当前状态下所做的维护选择。因此，系统在运行和维护过程中所有状态之间的转移概率矩阵 R 在理论上一共有 24×24 = 576 种可能。

首先，假设 $P_{ij_1j_2j_3}^{uv_1v_2v_3}$ 表示系统在第 n 次检查发现系统状态为 (i, j_1, j_2, j_3)，在第 n+1 次检查间隔得到系统状态为 (u, v_1, v_2, v_3) 的概率，则可推导出：

当对系统各部件进行第 n 次检查时，已知原有系统状态 $X(t_n) = (x_1, x_2, x_3, x_4)$，其中，$x_1 < M_1$，$x_2 < M_1'$，$x_3 < M_1'$，$x_4 < M_1'$，下次检查时系统状态仍然保持不变的概率为：

$$P_{0000}^{0000} = P\left\{\begin{matrix} x_1(t_{n+1}) < M_1, \ x_2(t_{n+1}) < M_1', \ x_3(t_{n+1}) < M_1', \ x_4(t_{n+1}) < M_1' \\ | \ x_1(t_n) < M_1, \ x_2(t_n) < M_1', \ x_3(t_n) < M_1', \ x_4(t_n) < M_1' \end{matrix}\right\}$$

$$= P\{\Delta x_1(T) < M_1 - x_1, \ \Delta x_2(T) < M_1' - x_2, \ \Delta x_3(T) < M_1' - x_3, \\ \Delta x_4(T) < M_1' - x_4\}$$

$$= P\{\Delta x_1(T) < M_1 - x_1\} \times P\{\Delta x_2(T) < M_1' - x_2\} \times \\ P\{\Delta x_3(T) < M_1' - x_3\} \times P\{\Delta x_4(T) < M_1' - x_4\}$$

$$= \left(\int_0^{M_1 - x_1} f_T^1(t)\,dt\right) \times \left(\int_0^{M_1' - x_2} f_T^2(t)\,dt\right) \times \left(\int_0^{M_1' - x_3} f_T^3(t)\,dt\right) \times \left(\int_0^{M_1' - x_4} f_T^4(t)\,dt\right)$$

$$= \left(1 - \int_{M_1 - x_1}^{\infty} f_T^1(t)\,dt\right) \times \left(1 - \int_{M_1' - x_2}^{\infty} f_T^2(t)\,dt\right) \times \left(1 - \int_{M_1' - x_3}^{\infty} f_T^3(t)\,dt\right) \times \\ \left(1 - \int_{M_1' - x_4}^{\infty} f_T^4(t)\,dt\right)$$

$$= \left(1 - \frac{\gamma[\alpha_1 T, \ \beta_1(M_1 - x_1)]}{\Gamma(\alpha_1 T)}\right) \times \left(1 - \frac{\gamma[\alpha_2 T, \ \beta_2(M_1' - x_2)]}{\Gamma(\alpha_2 T)}\right) \times \\ \left(1 - \frac{\gamma[\alpha_2 T, \ \beta_2(M_1' - x_3)]}{\Gamma(\alpha_2 T)}\right) \times \left(1 - \frac{\gamma[\alpha_1 T, \ \beta_2(M_1' - x_4)]}{\Gamma(\alpha_2 T)}\right) \quad (6-18)$$

其中，$\gamma(a, b) = \int_b^{\infty} u^{a-1} e^{-u}\,du$，$a \geq 0$，$b \geq 0$。

在第 n 次检查时，给定系统状态 $X(t_n) = (x_1, x_2, x_3, x_4)$，第 n+1 次检查时系统各部件状态分别处于 $M_1 < x_1 < M_2$、$x_2 < M_1'$、$x_3 < M_1'$、$x_4 < M_1'$ 的概率为：

$$P_{0000}^{1000} = P\left\{ \begin{array}{l} M_1 < x_1(t_{n+1}) < M_2, \ x_2(t_{n+1}) < M_1', \ x_3(t_{n+1}) < M_1', \ x_4(t_{n+1}) < M_1' \\ | \ x_1(t_n) = x_1, \ x_2(t_n) = x_2, \ x_3(t_n) = x_3, \ x_4(t_n) = x_4 \end{array} \right\}$$

$$= P\{ M_1 - x_1 < \Delta x_1(T) < M_2 - x_1, \ \Delta x_2(T) < M_1' - x_2, \ \Delta x_3(T) < M_1' - x_3,$$
$$\Delta x_4(T) < M_1' - x_4 \}$$

$$= P\{ M_1 - x_1 < \Delta x_1(T) < M_2 - x_1 \} \times P\{ \Delta x_2(T) < M_1' - x_2 \} \times$$
$$P\{ \Delta x_3(T) < M_1' - x_3 \} \times P\{ \Delta x_4(T) < M_1' - x_4 \}$$

$$= \{ [(1 - P\{ \Delta x_1(T) \geqslant M_2 - x_1 \})] - [1 - P\{ \Delta x_1(T) \} > M_1 - x_1] \}$$

$$= \{ F(M_1 - x_1) - F(M_2 - x_1) \} \times [1 - F(M_1' - x_2)] \times [1 - F(M_1' - x_3)] \times$$
$$[1 - F(M_1' - x_4)]$$

$$= \left(\frac{\gamma[\alpha_1 T, \ \beta_1(M_1 - x_1)]}{\Gamma(\alpha_1 T)} - \frac{\gamma[\alpha_1 T, \ \beta_1(M_2 - x_2)]}{\Gamma(\alpha_1 T)} \right) \times$$

$$\left(1 - \frac{\gamma[\alpha_2 T, \ \beta_2(M_1' - x_2)]}{\Gamma(\alpha_2 T)} \right) \times \left(1 - \frac{\gamma[\alpha_2 T, \ \beta_2(M_1' - x_3)]}{\Gamma(\alpha_2 T)} \right) \times$$

$$\left(1 - \frac{\gamma[\alpha_1 T, \ \beta_2(M_1' - x_4)]}{\Gamma(\alpha_2 T)} \right) \tag{6-19}$$

同理，在第 n 次检查时，给定系统状态 $X(t_n) = (x_1, \ x_2, \ x_3, \ x_4)$，第 n+1 次检查时系统状态处于以下各种状态的概率：

系统状态为 $M_2 < x_1$、$x_2 < M_1'$、$x_3 < M_1'$、$x_4 < M_1'$ 的概率：P_{0000}^{2000}。

系统状态为 $M_2 < x_1$、$x_2 \geqslant M_1'$、$x_3 < M_1'$、$x_4 < M_1'$ 的概率：$P_{0000}^{2F_100}$。

……

系统状态为 $M_2 < x_1$、$x_2 > M_1'$、$x_3 > M_1'$、$x_4 > M_1'$ 的概率：$P_{0000}^{2F_1F_1F_1}$。

由于在第 n 次检查时，部件被检查发现处于非 0 状态时，经过不同的维护活动后将返回到状态 0，并且由于非关键部件的同质性，存在相同的系统转移概率，例如，$P_{1000}^{0000} = P_{2000}^{0000} = P_{0000}^{0000}$，$P_{i000}^{i00F_1} = P_{i000}^{i0F_10} = P_{i000}^{iF_100}$，$P_{i000}^{i0F_1F_1} = P_{i000}^{iF_1F_10} = P_{i000}^{iF_10F_1}$。因此，可推导各不相同的系统运行情况下所有状态转移概率一共有 21 种，除去相同情况则一共有 9 种。这里不展示其余状态转移概率表示方式，具体见附录 5。

在系统运行—退化过程中计算出所有可能的转移概率，我们用 R 表示系统的转移概率矩阵（共 21 种）：

$$
R = \begin{bmatrix}
P_{0000}^{0000} & P_{0000}^{000F_1} & P_{0000}^{00F_10} & \cdots & P_{0000}^{2F_10F_1} & P_{0000}^{2F_1F_10} \\
P_{000F_1}^{0000} & P_{000F_1}^{000F_1} & P_{000F_1}^{00F_10} & \cdots & P_{000F_1}^{2F_10F_1} & P_{0000}^{2F_1F_10} \\
\vdots & & & \ddots & & \vdots \\
P_{2F_1F_10}^{0000} & P_{2F_1F_10}^{000F_1} & P_{2F_1F_10}^{00F_10} & \cdots & P_{2F_1F_10}^{2F_10F} & P_{2F_1F_10}^{2F_1F_10} \\
P_{2F_1F_1F_1}^{0000} & P_{2F_1F_1F_1}^{000F_1} & P_{2F_1F_1F_1}^{00F_10} & \cdots & P_{2F_1F_1F_1}^{2F_10F} & P_{2F_1F_1F_1}^{2F_1F_10}
\end{bmatrix}
$$

当系统开始处于（0，0，0，0）状态时，那么可以推导出以下结论：

在第一次检查系统处于这 21 种状态的概率 $P_1 = (1, 0, 0, 0, 0, 0, 0, 0, 0, 0, 0, 0, 0, 0, 0, 0, 0, 0, 0, 0, 0) \times R$；

在第二次检查系统处于这 21 种状态的概率 $P_2 = (1, 0, 0, 0, 0, 0, 0, 0, 0, 0, 0, 0, 0, 0, 0, 0, 0, 0, 0, 0, 0) \times R^2$；

在第三次检查系统处于这 21 种状态的概率 $P_3 = (1, 0, 0, 0, 0, 0, 0, 0, 0, 0, 0, 0, 0, 0, 0, 0, 0, 0, 0, 0, 0) \times R^3$；

……

在第 n 次检查系统处于这 21 种状态的概率 $P_n = (1, 0, 0, 0, 0, 0, 0, 0, 0, 0, 0, 0, 0, 0, 0, 0, 0, 0, 0, 0, 0) \times R^n$，其中，$n = 1, 2, 3, \cdots, N_i$。

此外，当关键部件以概率 P 突发故障或者非关键部件全部退化到轻微故障期时，将引发系统一级故障停机，状态转移概率可表示如下：

$$
\begin{aligned}
P_{0000}^{0F_1F_1F_1} &= P\left\{ \begin{array}{l} x_1(t_{n+1}) < M_1, \ x_2(t_{n+1}) > M_1', \ x_3(t_{n+1}) > M_1', \ x_4(t_{n+1}) > M_1' \\ | \ x_1(t_n) = x_1, \ x_2(t_n) = x_2, \ x_3(t_n) = x_3, \ x_4(t_n) = x_4 \end{array} \right\} \\
&= P\{\Delta x_1(T) < M_1 - x_1, \ \Delta x_2(T) > M_1' - x_2, \ \Delta x_3(T) > M_1' - x_3, \ \Delta x_4(T) > M_1' - x_4\} \\
&= [1 - F(M_1 - x_1)] \times [F(M_1' - x_2)] \times [F(M_1' - x_3)] \times [F(M_1' - x_4)] \\
&= \left(1 - \frac{\gamma[\alpha_1 T, \ \beta_1(M_1 - x_1)]}{\Gamma(\alpha_1 T)}\right) \times \left(\frac{\gamma[\alpha_2 T, \ \beta_2(M_1' - x_2)]}{\Gamma(\alpha_2 T)}\right) \times \\
&\quad \left(\frac{\gamma[\alpha_2 T, \ \beta_2(M_1' - x_3)]}{\Gamma(\alpha_2 T)}\right) \times \left(\frac{\gamma[\alpha_2 T, \ \beta_2(M_1' - x_4)]}{\Gamma(\alpha_2 T)}\right)
\end{aligned} \tag{6-20}
$$

$$
\begin{aligned}
P_{0000}^{1F_1F_1F_1} &= P\left\{ \begin{array}{l} M_1 < x_1(t_{n+1}) < M_2, \ x_2(t_{n+1}) > M_1', \ x_3(t_{n+1}) > M_1', \ x_4(t_{n+1}) > M_1' \\ | \ x_1(t_n) = x_1, \ x_2(t_n) = x_2, \ x_3(t_n) = x_3, \ x_4(t_n) = x_4 \end{array} \right\} \\
&= P\{M_1 - x_1 < \Delta x_1(T) < M_2 - x_1, \ \Delta x_2(T) > M_1' - x_2, \ \Delta x_3(T) > M_1' - x_3, \\
&\quad \Delta x_4(T) > M_1' - x_4\}
\end{aligned}
$$

$$= \left[\, F(M_1-x_1)-F(M_2-x_1)\,\right] \times \left[\, F(M_1'-x_2)\,\right] \times \left[\, F(M_1'-x_3)\,\right] \times \left[\, F(M_1'-x_4)\,\right]$$

$$= \left(\frac{\gamma\left[\,\alpha_1 T,\ \beta_1(M_1-x_1)\,\right]}{\Gamma(\alpha_1 T)} - \frac{\gamma\left[\,\alpha_1 T,\ \beta_1(M_2-x_1)\,\right]}{\Gamma(\alpha_1 T)} \right) \times$$

$$\left(\frac{\gamma\left[\,\alpha_2 T,\ \beta_2(M_1'-x_2)\,\right]}{\Gamma(\alpha_2 T)} \right) \times \left(\frac{\gamma\left[\,\alpha_2 T,\ \beta_2(M_1'-x_3)\,\right]}{\Gamma(\alpha_2 T)} \right) \times$$

$$\left(1 - \frac{\gamma\left[\,\alpha_2 T,\ \beta_2(M_1'-x_4)\,\right]}{\Gamma(\alpha_2 T)} \right) \tag{6-21}$$

$$P_{0000}^{2F_1F_1F_1} = P\left\{ \begin{matrix} x_1(t_{n+1})>M_2,\ x_2(t_{n+1})>M_1',\ x_3(t_{n+1})>M_1',\ x_4(t_{n+1})>M_1' \\ \mid x_1(t_n)=x_1,\ x_2(t_n)=x_2,\ x_3(t_n)=x_3,\ x_4(t_n)=x_4 \end{matrix} \right\}$$

$$= P\left\{ \Delta x_1(T)>M_2-x_1,\ \Delta x_2(T)>M_1'-x_2,\ \Delta x_3(T)>M_1'-x_3,\ \Delta x_4(T)>M_1'-x_4 \right\}$$

$$= \left[\, F(M_2-x_1)\,\right] \times \left[\, F(M_1'-x_2)\,\right] \times \left[\, F(M_1'-x_3)\,\right] \times \left[\, F(M_1'-x_4)\,\right]$$

$$= \left(\frac{\gamma\left[\,\alpha_1 T,\ \beta_1(M_2-x_1)\,\right]}{\Gamma(\alpha_1 T)} \right) \times \left(\frac{\gamma\left[\,\alpha_2 T,\ \beta_2(M_1'-x_2)\,\right]}{\Gamma(\alpha_2 T)} \right) \times$$

$$\left(\frac{\gamma\left[\,\alpha_2 T,\ \beta_2(M_1'-x_3)\,\right]}{\Gamma(\alpha_2 T)} \right) \times \left(\frac{\gamma\left[\,\alpha_2 T,\ \beta_2(M_1'-x_4)\,\right]}{\Gamma(\alpha_2 T)} \right) \tag{6-22}$$

因为关键部件 1 突发故障的概率为 p，并且关键部件或者非关键部件全部退化到轻微故障期时系统将发生一级故障停机，所以系统发生轻微故障停机的概率 P_{ij}^{F/F_1} 可推导如下：

$$P_{ij}^{F/F_1} = (1-p) \times (P_{0000}^{0F_1F_1F_1}+P_{0000}^{1F_1F_1F_1}+P_{0000}^{2F_1F_1F_1}) + p \times \left[\, 1-(P_{0000}^{0F_1F_1F_1}+P_{0000}^{1F_1F_1F_1}+P_{0000}^{2F_1F_1F_1})\,\right]$$

$$\tag{6-23}$$

系统还存在由于非关键部件整体以概率 q 发生严重故障而停机的情况，概率 $P_{ij}^{iF_2}$ 可表示如下：

$$P_{ij}^{iF_2} = q \tag{6-24}$$

因此，将系统故障停机情况的概率表示为：

$$\left[\, P_F\,\right] = \left[\, P_{f1},\ P_{f2}\,\right],\ F=f1,\ f2,\ P_{f1}=P_{ij}^{F/F_1},\ P_{f2}=q \tag{6-25}$$

6.3.3 系统维护优化模型

本章建立了一个包含两类四个部件的串并联系统的维护优化模型，维护过程的控制变量是检查时间间隔，即检查周期 T，三个维护阈值 M_1、M_2、M_1' 以及预防性维修的有效性 λ_1、λ_2，维护优化的目的是寻找控制变量组合的最优值使串并联四部件系统整个维护过程中单位运行时间维护成本最小化。

在系统退化过程中针对不同状态开展不同的维护活动可能产生的维护成本 $C_{(i,j_1,j_2,j_3)}$ 可表示如下：

不触发维护活动：

$$C_{(0,0,0,0)} = c_i \tag{6-26}$$

对一个非关键部件做预防性维修：

$$C_{(0,0,0,F_1)} = C_{(0,0,F_1,0)} = C_{(0,F_1,0,0)} = c_i + c_r' + c_{mr} \tag{6-27}$$

对两个非关键部件做预防性维修：

$$C_{(0,0,F_1,F_1)} = C_{(0,F_1,F_1,0)} = C_{(0,F_1,0,F_1)} = c_i + 2 \times c_r' + c_{mr} \tag{6-28}$$

对关键部件做预防性维修：

$$C_{(1,0,0,0)} = c_i + c_r \tag{6-29}$$

对关键部件和一个非关键部件做预防性维修：

$$C_{(1,0,0,F_1)} = C_{(1,0,F_1,0)} = C_{(1,F_1,0,0)} = c_i + c_r + c_r' + c_{mr} \tag{6-30}$$

对关键部件和两个非关键部件做预防性维修：

$$C_{(1,0,F_1,F_1)} = C_{(1,F_1,F_1,0)} = C_{(1,F_1,0,F_1)} = c_i + c_r + 2c_r' + c_{mr} \tag{6-31}$$

对关键部件做预防性更换：

$$C_{(2,0,0,0)} = c_i + c_p + c_{mp} \tag{6-32}$$

对关键部件做预防性更换、一个非关键部件做预防性维修：

$$C_{(2,0,0,F_1)} = C_{(2,0,F_1,0)} = C_{(2,F_1,0,0)} = c_i + c_p + c_{mp} + c_r' + c_{mr} \tag{6-33}$$

对关键部件做预防性更换、两个非关键部件做预防性维修：

$$C_{(2,0,F_1,F_1)} = C_{(2,F_1,F_1,0)} = C_{(2,F_1,0,F_1)} = c_i + c_p + c_{mp} + 2c_r' + c_{mr} \tag{6-34}$$

系统发生一级故障停机维护成本：

$$C_{(0,F_1,F_1,F_1)} = C_{(1,F_1,F_1,F_1)} = C_{(2,F_1,F_1,F_1)} = C_{f1} + C_{mf1} + J_p \times c_F \tag{6-35}$$

系统发生二级故障停机维护成本：

$$C_{(i,F_2)} = C_{f2} + C_{mf2} + K_p \times c_F \tag{6-36}$$

此外，部件退化状态和维护成本存在以下关系：

$$d = \lambda_1 \times X(t) , \quad d' = \lambda_2 \times X(t)$$

$$C_r = \lambda_1 \times C_p , \quad C_r' = \lambda_2 \times C_p' \tag{6-37}$$

为方便表示，我们将系统运行退化过程中各状态下对应的期望维护成本表示如下：

$$EC_{M\overline{F}} = [C_1, C_2, C_3, \cdots, C_{21}] \tag{6-38}$$

系统发生故障停机情况下各状态对应的维护成本表示如下：

$$EC_{MF} = [C_{22}, C_{23}] \tag{6-39}$$

其中，各成本表示对应关系如下，详见附录6。

$$C_1 = C_{(0,0,0,0)}, \quad C_2 = C_{(F,0,0,0)}, \quad \cdots, \quad C_{21} = C_{(2,0,F_1,F_1)}, \quad C_{22} = C_{(F/F_1)}, \quad C_{23} = C_{(i,F_2)} \tag{6-40}$$

因此，有限周期内系统单位运行时间期望成本可表示如下：

$$\overline{EC_M^{Total}}(T, M_1, M_2, M_1', \lambda_1, \lambda_2) = \frac{C_{M\overline{F}}^{Total} + C_{MF}^{Total}}{EL}$$

$$= \frac{\sum\limits_{n=1}^{n} \left[EC_{M\overline{F}} \times [P_k]^T + EC_{MF} \times [P_F]^T \right]}{N_i \times T} \tag{6-41}$$

其中，$\overline{EC_M^{Total}}$ 表示系统有限运行周期内单位时间维护成本，EL 表示预期周期长度，$C_{M\overline{F}}^{Total}$ 表示系统有限运行周期内运行状态下预期维护总成本，C_{MF}^{Total} 表示系统有限运行周期内突发故障状态时预期维护成本，$EC_{M\overline{F}}$ 表示系统运行状态下每次检查时预期维护成本，EC_{MF} 表示系统故障停机状态预期维护成本，P_k 表示第 k 次检查维护时系统处于各种运行状态的概率，P_F 表示第 n 次检查维护时系统处于各种故障状态的概率。

将 $EC_{M\overline{F}}$、EC_{MF}、$P_1 \sim P_k$、P_{f1}、P_{f2} 以及 EL 分别代入式（6-41）中，得到系统单位运行时间的期望维护成本 $\overline{EC_M^{Total}}$，我们将寻求使目标函数 $\overline{EC_M^{Total}}$ 最小化的最优解（T^*, M_1^*, M_2^*, $M_1'^*$, λ_1^*, λ_2^*）。

至此，系统全过程维护的优化模型构建完成，模型的目的是设计一个最优检查和维护方案使设备长期运行时间内单位时间期望维护成本最小，具体优化模型如下：

$$\min \overline{EC_M^{Total}}(T, M_1, M_2, M_1', \lambda_1, \lambda_2)$$

$$\text{s. t. } T^{lb} \leqslant T \leqslant T^{ub}$$

$$M_1^{lb} \leqslant M_1 < M_2 \leqslant M_2^{ub}$$

$$M_1'^{lb} < M_1' < M_1'^{ub}$$

$$\lambda_1^{lb} \leqslant \lambda_1 \leqslant \lambda_1^{ub}$$

$$\lambda_2^{lb} \leqslant \lambda_2 \leqslant \lambda_2^{ub}$$

$$T, M_1, M_2, M_1' \in N$$

$$\lambda_1, \lambda_2 \in 0.1 \times N \tag{6-42}$$

其中，T、M_1、M_2、M_1'取值为正整数。

6.4 算法设计与模型求解

6.4.1 算法设计

本章建立了一个多变量非线性优化问题模型，本节将通过采用一种算法，通过仿真计算对模型进行求解。元启发式算法，如遗传算法（GA）、模拟退火算法（SA）和蚁群优化算法（ACO）等，是寻找多目标非线性规划问题全局最优解或近似全局最优解的常用高效方法，这些算法不需要衍生信息来确定下一步的搜索方向，并且可以很好地适应其他问题。在这些算法中，遗传算法是使用最广泛的进化算法之一。遗传算法是解决各种优化问题的流行通用工具，并已成功应用于可靠性工程中的大量优化问题[30] 以及维护优化问题。此外，遗传算法可以灵活地表示任何类型的设计变量，并且具有良好的全局优化能力，因此，本章采用遗传算法并借助 MATLAB 软件求解模型。

遗传算法的设计灵感来自大自然的生物进化规律。该算法是按照达尔文生物进化论的遗传和选择逻辑模拟得出的计算方法。遗传算法通过数学的方式利用计算机进行仿真运算，将问题的求解过程转换成类似于生物进化中的染色体基因的交叉、变异等过程。在搜索最优解、解决较为复杂的组合优化问题时，相比一些常规的优化算法，利用遗传算法可以较快地获得较好的优化结果。遗传算法在求解多变量优化问题中应用广泛。

遗传算法求解过程包含 6 个阶段：算法参数初始化阶段，编码阶段，初始种群生成阶段，评估适应度阶段，遗传选择、交叉或变异阶段，迭代循环阶段。

算法参数初始化阶段的任务是根据目标函数及其约束条件对遗传算法所需调节的所有参数进行定义，包括编码位数、染色体节点数（函数自变量的维度）、最大迭代次数、突变概率、交叉概率等具体参数。

编码阶段任务是确定函数各维度变量形成的解的空间所对应遗传空间的表示方式，一般有二进制编码和实数编码两种方式，由于遗传空间搜索范围较大，本章采用实数编码，避免了后续解码的问题，可提高对遗传算法搜索精度的要求。

初始种群生成阶段是定义好染色体的变化范围并对测试函数、平局适应度、最优适应度和各种群编号开放存储空间，一般以矩阵形式存放，之后进行初始种群生成，初始种群个体的染色体应处于染色体自变量参数的约束范围之内，在定义域内随机生成。

评估适应度阶段也称作测试函数值阶段，是基于已有种群计算所有个体的测试函数值，然后将数值最小的个体作为最优适应度个体，记录当前最优适应度和对应的染色体，最后再计算当前的平均适应度函数值。

交叉、变异阶段，对当前染色体部分基因进行交叉、变异操作，交叉和变异的概率在参数初始化时要提前进行定义，通过预设的选择方式得到下一代种群，然后记录种群代数数值加一。

迭代循环阶段，在初始种群经过一次交叉变异后，选择最优适应度对应的值进行储存，使这一过程进行循环，直到达到预设的最大循环次数。

遗传算法流程如图 6-5 所示。

设计的遗传算法具体执行步骤如下：

步骤 1：初始化过程。

初始化时，设定相关参数并对相关变量进行编码。交叉概率设置为 g_1，变异概率设置为 g_2，最大迭代次数设置为 n_{max}。根据约束条件，随机生成 s 个可行解作为初始种群。初始种群生成区间根据函数自变量约束条件的上下限确定，可通过式（6-43）确定初始可行解，所有的初始可行解作为遗传的初始种群（初始种群遗传代数记作 n=1）：

$$x_i = lb + rand[step_D, \cdots, step_D \times (ub-lb)] \tag{6-43}$$

其中，x_i，（i=1, 2, $\cdots$, s）表示 D 维向量、D 维优化参数的个数，即自变量数；ub、lb 表示自变量取值范围的上、下限；$step_D$ 表示不同自变量对应的取值步长，其中，λ_1、λ_2 取值步长为 $step_{D2}$，其余变量取值步长为 $step_{D1}$；rand[·] 表示在集合 [·] 的闭区间内取随机数。

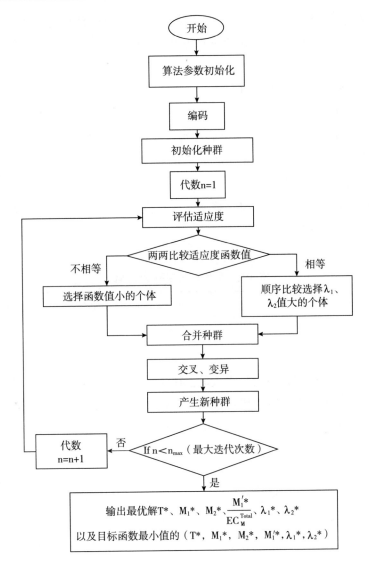

图6-5　遗传算法流程

步骤 2：遗传选择过程。

根据当前种群个体，计算每个个体测试函数值，并选择函数值最小的个体作为当前最优适应度的个体，保存最优适应度及对应的个体。当存在相同适应度的个体时，按顺次优先选择自变量 λ_1、λ_2 数值大的个体。对择优后的个体种群按概率进行交叉和变异从而生成新的种群。交叉运算是对选中的个体以概率 g_1

交换部分染色体，即交换部分维度的变量取值。变异运算是对选中的个体以概率 g_2 改变某个或部分基因为其他等位基因，即对某些或某个维度的变量重新赋值。

步骤 3：循环过程及终止输出。

交叉、变异结束后的种群作为新的种群，要判断其是否达到提案设置的最大迭代次数，即 $n \geq n_{max}$，条件不满足则种群迭代次数加一并返回步骤 2，重新进入适应度评估环节；当满足 $n \geq n_{max}$ 时，输出最优适应度值及其对应的变量组合，即为目标函数的最小值和最优解。

遗传算法的初始种群数、交叉概率、变异概率、最大迭代次数、取值步长的具体赋值如表 6-4 所示。

表 6-4　遗传算法控制参数赋值

s	g_1	g_2	n_{max}	$step_{D1}$	$step_{D2}$
500	0.6	0.02	1000	1	0.1

定期维护需要调配相应的检修人员去往风电场现场执行。根据设备各部件的退化特性，设备维护检修时间周期通常在 15 天以上半年以下。齿轮箱是风力发电机提高和传递风速的重要部件，常将它的高速轴的振动频率作为分析齿轮箱部件退化水平的主要依据，设备正常运行时齿轮箱高速轴的振动频率范围应控制在 $4.5 \sim 13.35 Hz$。叶片是由多个零件构成的可单独控制角度以获得最佳的集风效果的大型部件，受风力等因素影响，其中的双层剪腹板是主要损耗部位，磨损上限通常为 40cm，当磨损超过 40cm 时，将严重影响设备集风效率，从而影响发电效率。为方便模型计算，后续进行参数确定时将对相关参数取整赋值。最终决策变量搜索空间的赋值如表 6-5 所示。

表 6-5　决策变量搜索空间

$(T^{lb}, M_1^{lb}, M_2^{lb}, M_1'^{lb}, \lambda_1^{lb}, \lambda_2^{lb})$	$(T^{ub}, M_1^{ub}, M_2^{ub}, M_1'^{ub}, \lambda_1^{ub}, \lambda_2^{ub})$
(10, 5, 6, 1, 0.3, 0.3)	(180, 12, 13, 40, 0.8, 0.8)

6.4.2　参数确定

根据本章假设，采用伽马分布描述设备两类部件的退化过程，根据伽马分布的概率密度函数和设备历史故障资料估算在设备运行部件退化过程中两类部件参数的值：

$$\alpha_1 = 1.5,\ \beta_1 = 0.2$$
$$\alpha_2 = 2,\ \beta_2 = 0.15 \tag{6-44}$$

关键部件故障检测值范围为 $4.5 \sim 13.35\text{Hz}$，非关键部件检测值上限为 40cm，分别对边界值取整得到：

$$[4.5] + 1 = 4 + 1 = 5$$
$$[13.35] = 13$$
$$[40] = 40 \tag{6-45}$$

根据现场实际历时维护记录，技术与维修人员对系统进行检查维护时都需进行记录并向上级提交检查与维护报告。以 X 风电场现场维护数据和风电市场对相关部件维护费用标准为参考，对相关数值取近似值可得到相应初始参数。其中各项成本的单位为万元，时间单位为天。例如，每次对系统的四部件进行检查时花费的固定检查成本为 7500 元（$C_i = 0.75$），每次预防性维修需要花费的固定成本为 10000 元（$C_{mr} = 1$），每次关键部件更换需要花费的固定成本为 50000 元（$C_{mp} = 5$），关键部件的单位更换成本为 980000 元（$C_p = 98$），非关键部件的单位更换成本为 420000 元（$C'_p = 42$），系统发生轻微故障的维护成本为 1800000 元（$C_{f1} = 180$），固定人工成本为 80000 元（$C_{mf1} = 8$）。系统发生严重故障的维护成本为 2400000 元（$C_{f2} = 240$），固定人工成本为 120000 元（$C_{mf2} = 12$）。此外，还有更换时间和故障概率等参数，具体赋值如表 6-6 所示。

表 6-6　模型参数

α_1	β_1	α_2	β_2	C_i	C_p	C'_p	C_{mp}	C_{mr}
1.5	0.2	2	0.15	0.75	98	42	4	1
C_F	C_{f1}	C_{mf1}	C_{f2}	C_{mf2}	J_p	K_p	p	q
0.5	180	8	240	12	3	10	0.2	0.001

6.4.3 最优方案求解

根据所建维护成本模型、表6-4中的遗传算法控制参数、表6-5中的决策变量搜索空间以及表6-6中的模型参数，运用遗传算法对模型进行求解，可得四部件系统维护模型的最优解：$(T^*, M_1^*, M_2^*, M_1'^*, \lambda_1^*, \lambda_2^*) = (45, 10, 13, 17, 0.5, 0.5)$、$\min\overline{EC_M^{Total}} = 0.1708$。因此，对比目前公司对该设备相关部件的维护计划，原有检查周期为30天不是最优的检查间隔，将系统的检查周期由30天延长为45天具有较好的成本效益，即每隔45天进行一次周期性的检查。此外，考虑不完全维护可以在保证系统可靠性的同时降低系统维护成本，因此针对两类部件分别引入维护阈值 $M_1^* = 10$、$M_2^* = 13$、$M_1'^* = 17$，以及维修有效性 $\lambda_1^* = 0.5$、$\lambda_2^* = 0.5$，即当检查发现关键部件退化状态达到10时采取预防性维修措施，维修的有效性控制在0.5；在退化状态达到13时，采取预防性更换措施。同理，当非关键部件退化程度达到17时，采取预防性维修措施，维修有效性控制在0.5，其余正常情况不进行维护，系统发生故障时根据引发故障的实际原因采取相应维护措施。按以上维护策略执行，可产生系统在有限周期内单位运行时间，即运行一天的平均最小维护成本为 $\min\overline{EC_M^{Total}} = 0.1708$。最优解及目标函数的最小值如表6-7所示。

表6-7　模型最优解

T^*	M_1^*	M_2^*	$M_1'^*$	λ_1^*	λ_2^*	$\min\overline{EC_M^{Total}}$
45	10	13	17	0.5	0.5	0.1708

6.4.4 结果分析

本节将通过数值实验分析模型部分预置参数对模型的影响，以验证所建模型的有效性。具体选取关键部件故障率 p、非关键部件整体严重故障率 q 以及有限运行周期内的检查次数 N_i 三个参数进行分析。这是因为在考虑系统串并联结构特征时，关键部件故障率和非关键部件整体故障率是引发系统故障停机，进而产生停机维护成本的重要因素，并且参与模型成本运算过程中，系统检查次数将直接影响整个有限周期内维护活动的总成本。而在求单位时间预期维护成本时，由于检查次数增多，系统故障停机状态造成的成本将直接体现到每个单位时间预期成本之中。

6.4.4.1　部件故障率的影响

部件故障率是指在部件运行过程中由不确定的客观因素导致的突发故障概率，在实际工程中，故障率的大小不仅与部件生产时的设计强度有关，还与设备所处的工作环境有密切联系。基于风力发电机组所处的安装地点及其工作特性，恶劣的自然天气变化将加速部件劣化，提高故障发生的风险。但为了降低问题的复杂程度，本章对部件故障率参数的确定以陆上风电场风机设计强度要求为主，不考虑其余客观因素。那么，部件生产质量的好坏将直接影响部件故障率，进而影响维护成本。图6-6、图6-7展示的是两类部件故障率对单位时间预期维护成本的影响。

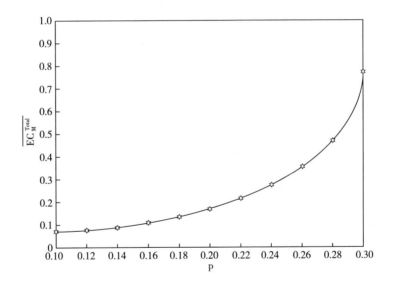

图 6-6　关键部件故障率对单位时间预期维护成本的影响

由图6-6可知，关键部件故障率与单位时间预期维护成本呈正相关关系，并且当故障率超过根据部件设计强度所预设的值时，维护成本将明显升高，这是因为，部件故障率的升高导致系统发生停机的概率增大，而设备停机会产生巨大的生产损失和维护费用。

不同 P 值下的最优决策结果如表 6-8 所示。

表 6-8　不同 P 值下的最优决策结果

参数	P = 0.1	P = 0.15	P = 0.2	P = 0.25	P = 0.3
T^*	55	48	45	36	19
M_1^*	12	11	10	8	4
M_2^*	13	13	13	13	13
$M_1'^*$	19	19	17	17	17
λ_1^*	0.3	0.3	0.5	0.6	0.7
λ_2^*	0.5	0.5	0.5	0.5	0.5
$\min EC_M^{Total}$	0.0882	0.1003	0.1708	0.3204	0.7811

由表 6-8 数值实验计算结果分析可得，关键部件本身故障率越高，可能引发系统故障停机的风险也就越高，为降低单位时间预期维护成本，得出关键部件故障率对模型最优决策结果的影响为：当关键部件故障率 P 增大时，最优检查周期 T^* 变小，关键部件最佳维修阈值 M_1^* 变小，对关键部件维修的有效性 λ_1^* 增大。此外，当关键部件故障率 P 变小时，可适当放宽对非关键部件维修的条件，即非关键部件维修阈值 $M_1'^*$ 增大。但无论如何，关键部件故障率 P 的增大，都将引起单位时间维护成本的升高。并且根据分析可知，提高部件本身质量对系统运行维护成本的影响可产生明显效果。

非关键部件整体严重故障率是风电机叶片发生严重故障导致风轮停转的假设概率。例如，当发生叶片断裂等重大事故时，风电机组将全部进行停机整顿，检查事故原因，对所有机组进行检查维护，避免再次发生此类事故。尽管非关键部件整体严重故障的概率很小，但一旦发生，所产生的维护成本是十分昂贵的，因此我们通过数值实验分析不同 q 值对模型最优决策结果的影响。

如图 6-7 所示，非关键部件整体故障率的升高将引起单位时间与其维护成本的升高，但相比关键部件故障率而言，对单位时间预期维护成本的影响波动范围较小。

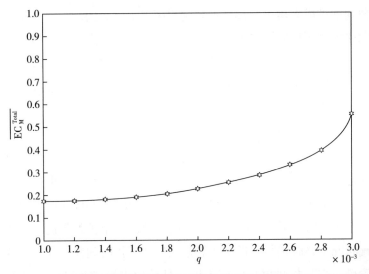

图 6-7　非关键部件整体严重故障率对单位时间预期维护成本的影响

不同 q 值下的最优决策结果如表 6-9 所示。

表 6-9　不同 q 值下的最优决策结果

参数	q = 0.0010	q = 0.0014	q = 0.0018	q = 0.0022	q = 0.0026
T^*	45	45	45	44	44
M_1^*	10	10	10	10	10
M_2^*	13	13	13	13	13
$M_1'^*$	17	17	17	16	15
λ_1^*	0.5	0.5	0.5	0.5	0.5
λ_2^*	0.5	0.5	0.6	0.6	0.6
$\overline{minEC_M^{Total}}$	0.1708	0.1795	0.2015	0.2464	0.3271

由表 6-9 可知，非关键部件整体严重故障率 q 与单位时间预期维护成本都呈正相关关系，当 q 增大幅度较小时，不影响最优决策结果；当 q 增大幅度较大时，最优检查周期 T^* 变小，非关键部件维修阈值 $M_1'^*$ 减小，最佳维修有效性 λ_2^* 增大。

通过对比表 6-8 和表 6-9 可得，关键部件故障率的变化对模型最优决策结果的影响比非关键部件整体严重故障率显著。同时，两类部件故障率的升高都将使单位时间预期维护成本增大，都呈现影响程度逐渐增大的趋势。这是因为关键部件故障率和非关键部件整体严重故障率都将引发系统故障停机，停机维护的成本是昂贵的，为保证系统可靠性，避免故障停机造成的重大损失，应当加强退化过程中的检查与维护管理，所以提高检查频率、减小维修阈值以及提高维修有效性是科学合理的选择。

6.4.4.2 单位时间故障停机成本 C_F 的影响

由于风力发电机工作环境具有不确定性因素，如风速大小、气候变化等，风力发电机在运行过程中并不能 24 小时满负荷运转，实际上，根据公开数据，全国年平均风力发电机的利用不足 2000 小时，即使按照 2000 小时计算，平均每天也只能达到 5.5 小时。通常在制定风力发电机检查与维护计划时，要考虑在风速较低且天气状况良好时进行。通常我们把低风速维护时间窗口作为定期检查的计划内停机阶段，它与故障停机时间不同，是计划内维护活动造成的必要停机时间，这段时间内将不需要风电机发电供电。而在计划运行期间，由部件退化故障引起的突发性停机为故障停机时间，停机期间不仅会造成计划内的电力供应中断，而且将引发全面检测与维修。突发性故障停机将产生额外的费用，我们把这部分费用损失作为一项新增单位时间停机成本加入到维护成本中。不同规格型号的风力发电机设备的单位时间维护成本不同，此外，该参数也受到风电场风电机组的实际运行环境等其他因素的影响。

不同单位时间故障停机成本 C_F 对最优决策结果的影响如表 6-10 所示。

表 6-10　不同单位时间故障停机成本 C_F 对最优决策结果的影响

C_F	0.4	0.5	0.6	0.7	0.8
T^*	45	45	45	45	45
M_1^*	10	10	10	9	9
M_2^*	13	13	13	13	13
$M_1'^*$	17	17	17	16	15
λ_1^*	0.5	0.5	0.5	0.5	0.5
λ_2^*	0.5	0.5	0.5	0.5	0.5
$\overline{minEC_M^{Total}}$	0.1685	0.1708	0.1718	0.1753	0.1788

由表 6-10 可知，单位时间故障停机成本小幅度的变化并不会引起最优决策结果的变化，尽管其与最终整个系统单位运行时间的预期维护成本呈正相关关系，但数值分析结果影响性较小，原因是故障停机的系统状态概率较低。此外，当单位时间故障停机成本达到 0.8 时，非关键部件的最佳维修阈值减小，而关键部件的相关最优解无变化，这与实际情况相符，因为非关键部件整体严重故障引发的故障停机时间比关键部件故障导致的故障停机时间更长。

6.5　本章小结

本章以原有定期维护策略为基础，以风电机组设备具有串并联结构关系的四部件系统为研究对象，设计了考虑不完全维修活动的多阶段、多状态维护策略，利用马尔可夫转移矩阵法描述了系统退化过程，构建了以单位运行时间维护成本最小化为目标的系统维护模型，并利用遗传算法对优化模型进行了求解。另外，对模型设置的部分重要参数进行分析，验证了优化模型的可行性。

第7章　实际应用

7.1　FD 公司设备维修与备件订购联合优化

7.1.1　FD 公司基本情况

7.1.1.1　FD 公司简介

FD 公司是全球领先的石墨电极和炭素制品专业化研发与营销公司。该厂始建于 1965 年，1971 年建成投产，目前为中国国内较大的炭素制造公司，重点经营石墨和炭素成品的制造机械加工、批发零售业以及技术开发。公司注册资金为 2 亿多元，总建筑面积为 623436 平方米，生产建设面积为 157172 平方米，主要产品为石墨制品、炭素制品、复合新材料等。

FD 公司依托自身的科技资源优势、生产优势和规模资源优势，以集约化经营、规范化销售、一体化物流为主要经营战略，做到按需配置、一体化核算、统一销售、一体化产品服务，承担 FD 公司及旗下三家公司产品在国内外市场的销售和进口业务。公司在进出口公司下划分对内贸易部、对外贸易部、市场服务部等主要部门，以品质管理和专业的售后服务为基础，用心服务于顾客，竭力开辟新兴市场。

FD 公司是我国成立最早的综合型炭素生产企业，经过多年发展，已跻身于甘肃省"双十"工程企业行列。FD 公司至今已成立 50 余年，总投资额达到 10.5 亿元，经历了四次技术革新，在生产工艺、技术和设备方面有了很大的突破，炭素制品年综合生产能力达到 23 万吨。公司有近 5000 套生产设备，固定资产净额超过 3 亿元，主要包括德国、美国进口的混捏机、二次焙烧炉、电极、加工机床等，以及我国研发制造的油压机、石墨化炉等，生产水平在国内处于龙头地位。形成了 4 大系列产品，包含 38 个品类、126 种规格。主要产品有石墨电极、炭砖以及复合型材料等，产品的应用范围极广，涉及冶金、化工、航空等多方面，销售市场广阔，涉及全国 30 多个省区市，同时在国外也有广阔的市场，出口到美国、日本和欧洲、东南亚等国家和地区。

　　FD 公司将坚持"诚信、和谐、共赢"的经营理念，以庞大的工业基地为依托，利用总部经济的发展趋势，重点发展民族工业，致力于建设全球炭素生产第一品牌，开创中国品牌的全球化之路。

　　7.1.1.2　FD 公司组织架构

　　FD 公司的组织架构如图 7-1 所示。

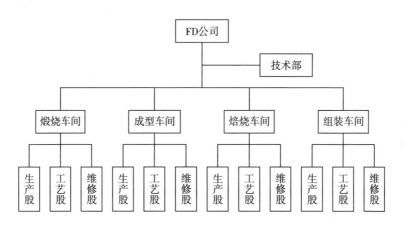

图 7-1　FD 公司组织架构

　　FD 公司的组织结构主要包括煅烧、成型、焙烧和组装等主要车间，而各个车间又都设有生产股、工艺股与维修股。每个车间的主要功能如下：

　　煅烧车间：炭素厂在进行生产时，其第一步工序往往是固定的，即将需要用到的原材料与空气隔绝并进行高温处理。FD 公司所属的大部分车间之间是相互关联的，煅烧车间的生产将为后续其他车间的生产供应原料，其重要性不言而喻。

　　成型车间：在经过原材料的高温煅烧后，成型车间负责把煅烧环节产生的煅后焦等物质破碎成型，包括粉碎、混捏以及压型等一系列过程。FD 公司有部分设备的生产条件要求高且难度大，其所使用的生产机器大部分为进口设备。在成型车间相关设备的生产过程中，应高度重视生阳极的质量，在保证其质量达标的前提下，才可以确保预焙阳极的理化指标。

焙烧车间：焙烧车间是公司终端产品预焙阳极的生产车间，是公司"节能降耗、提质增效"的主战场。焙烧工序是炭素生产过程中的重要工序之一，同时也是炭素生产过程中周期最长的工序。

组装车间：炭块焙烧之后，不能直接用于操作流程，它需要插入铝制的金属棒，组装合格后，送往电解铝厂在电解槽进行电解。在这个流程中，一般来说，炭块在组装之前被称为"炭块"；组装之后，即浇注好之后，被称为"阳极炭块"。整个组装流程结束后，阳极炭块被送到电解铝厂完成它艰巨而又光荣的使命。

7.1.1.3 焙烧车间基本情况

面对新的市场竞争压力，炭素厂为了提升企业整体水平，需要进行一些大的发展和变革。FD 公司焙烧厂 A#窑投产于 1992 年，目前使用的主要设备为建厂之初所购置的设备，经过设备的逐渐更新，形成现在的设备构成。电极生产过程所涉及的工艺和设备繁多，从原材料至成品石墨电极的生产周期也相对较长，石墨电极的生产工艺流程如图 7-2 所示。炭素厂的生产方式通常来说是从煅烧石油

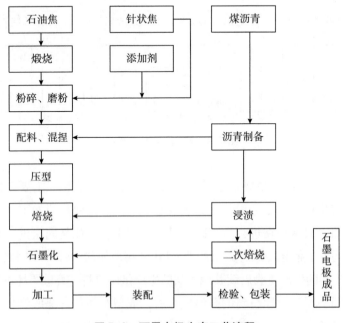

图 7-2　石墨电极生产工艺流程

焦开始的，接着将其捏成生炭块，经历焙烧工序成为预焙阳极，最后在组装车间进行一定的加工，以供使用。由此可见，焙烧车间在炭素厂整个生产制造过程中是十分关键的。而焙烧工序是阳极碳块制造过程中最重要的一步，生阳极炭块通常需要先经焙烧，以便在特定环境下对生阳极采取间接热处理，使其中的黏合剂分解通过挥发进行排除并逐渐焦化为 C-C 结构，以便生阳极的成型碳化。

焙烧工序中使用的主要设备为焙烧炉，该设备可以将各类炭素制品经过高压加工使其成型。它在隔离空气的前提下进行加热，目的是增加制品的导电导热性，进而增强其强度，在铝制品的生成过程中起着重要连接作用。预焙阳极在 20 世纪 70 年代得以引进和使用，焙烧炉技术则于 20 世纪 80 年代末和 90 年代初由日本引进，而贵阳铝业则于 1997 年从法国彼施涅铝业公司引入了具有世界先进水平的阳极焙烧炉，而这些炉型在中国也得以推广与应用。炭素焙烧炉主要分为两种：敞开式环式和有盖式。不论哪种类型，其目的都是用于焙烧以及冶炼，重点运用在铝用炭素阳和炼钢电的焙烧过程中。我国现已有 200 余台焙烧炉设备投入使用，以敞开式环式为主。在企业生产过程中，该炉型的热利用率和热损失约各占一半。因此，提升整个炭素行业的生产效率、降低能源消耗是以后研究的重点内容。

本章以焙烧车间的焙烧炉设备为主要研究对象，其本体为一个钢壳，内衬有耐火耐酸砖，在本体上呈切线分布 3 个烧嘴加热，烘干来自浓缩器的酸液。通常在焙烧炉中连接燃烧喷嘴组件，该组件中喷出天然气并燃烧以实现对阳极炭块的焙烧工序，但是现在的燃烧喷嘴组件在喷出天然气的时候，会造成天然气的泄漏。同时，目前的燃烧喷嘴是燃烧器的内芯直接进入到焙烧炉中，由于焙烧炉中温度过高，燃烧器内芯的耐温性不好，寿命较短。加之目前的燃烧喷嘴组件是一体式的，如果损坏，需要进行整体更换。综合以上分析可知，燃烧喷嘴组件的性能退化情况严重影响焙烧设备的使用。其在使用过程中发生堵塞，喷嘴的口径会因堵塞而相应减小，进而导致设备故障，因此它可被用来评估设备退化情况。同时，在焙烧炉中，焙烧炉的部分炉箆被分隔成被称作溢流炉箆的独立炉箆，在该部分可以对喷嘴和通过喷嘴送入的焙烧气体的量进行与主炉箆无关的调节。炉箆的堵塞不会直接造成喷嘴的故障，但会对其运行有一定影响。

因此，本章选取了最具代表性的焙烧炉设备喷嘴和炉箆部件作为研究对象。技术人员通过定期手动检查来测量其性能。基于检查的维修策略被广泛用来识别部件状态并采取相应措施以防止造成更大的损失。针对设备维修工艺复杂、维修专业化程度高、备件库存成本高、采购周期长等主要特点，制定科学合理的设备维修策略和备件库存订购策略，对合理安排设备维修周期、降低库存成本具有十分重要的意义。

焙烧车间管理组织结构如图 7-3 所示。

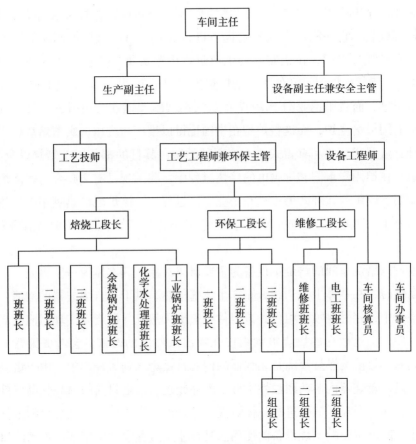

图 7-3 焙烧车间管理组织结构

7.1.2 FD 公司设备维修和备件订购现状

7.1.2.1 FD 公司设备维修管理现状

（1）设备维修管理的组织结构。在设备维修管理方面，FD 公司为了提高设备管理工作的效率，目前主要采用扁平化组织架构。设备维修管理工作需要从两个层级来综合考虑：一是公司技术管理层级，进行信息的核对审查工作。工作人员根据各车间上报的设备维修信息，进行审查，对所有的维修资源和备件资源进行统计以便使用，及时安排技术人员进行维修。除此之外，为了保障设备维修工作的有序展开，FD公司需要培训相关技术人员的技能。二是车间维修部门。与公司层面不同，车间维修部门主要确定存在故障的设备，对其进行统计并制订维修计划。根据维修计划设置合理的维修工序，安排维修人员的工作计划表。车间层级涉及的其他管理工作还有维修所需的关键备件的库存管理等，因为关键备件库存是影响维修计划实施的直接原因。这两个层级需要互相配合、互相帮助才能完成工作。因此，公司应高度重视设备维修和关键备件库存管理计划的制订。

（2）设备维修人员基本情况。目前，FD公司共有维修技术人员48名、维修技术工334名，分别在两个生产班进行工作。FD公司设备维修人员的总体情况大致有如下特点：一是技术水平参差不齐。因为没有专业的技术培训体系，所以维修人员的技术水平高低不同。二是工作配合比较困难。由于公司合并后部分人员没有转岗，仍在车间操作，同时公司也新招收了一批维修技术人员，因此技术人员很难磨合并高效地配合工人的操作。

（3）设备检修主要方式。目前，FD公司的设备检修主要采用以下两种方式：

第一种，生产操作人员点检。在焙烧炉的生产运行过程中，为保障设备的正常运行、生产工作的均衡稳定，应当认真执行检查制度。当日主操人员至少在接班前、工作期间、交班前三个时间节点，向厂调度室汇报其所在岗位的详细情况，具体内容如下：一是汇报相应车间主要设备的运行情况；二是针对设备维修工作，上报维修过程及结果；三是通过统计主要指标及生产数据，计算并汇总产能。FD公司焙烧炉设备的日常维护保养标准如表7-1所示。

表7-1　焙烧炉开停车状态点检标准

序号	点检部位	点检项目	点检内容	判定基准	点检周期		点检方法		点检状态	
					点检周期	巡检周期	五感	仪器	运转	停机
1	基础	螺栓	松动或折损	无	1天	2小时	√			
2		箱体	震动	<0.3mm/s	1天	2小时			√	
3	减速机	轴承	异音	无	1天	2小时	√			
4			温度	≤75℃	1天	2小时			√	
5			振动	无异振	1天	2小时			√	
6			表面损伤	无	1年		√			

序号	点检部位	点检项目	点检内容	判定基准	点检周期		点检方法		点检状态	
					点检周期	巡检周期	五感	仪器	运转	停机
7	焙烧炉本体	外部钢板	表面损伤	无烧红、穿透	1 天	2 小时	√			
8		连接处	固定牢靠	无漏料、漏风	1 天	2 小时	√			
9	联轴器	半联轴器	变形、裂纹	无	1 天	2 小时	√			
10	输送带	柱销	直径磨损	<5mm	1 天	2 小时		√		
11			异响	无	1 天	2 小时	√			
12		跑偏	不超过带宽的 1%	1 天	2 小时					
13	托辊		开裂	无开裂	1 天	2 小时		√		
14			磨损	上胶面>1mm	1 天	2 小时		√		
15			异响	无	1 天	2 小时		√		
16	轴承座		磨损	无	1 天	2 小时		√		
17			轴承	异音	无	1 天		√		
18	螺旋	螺旋体	温度	≤80℃	1 天	2 小时		√		
19			振动	无异振	1 天	2 小时		√		
20			表面损伤	无	3 个月		√			
21			异音	无	1 天	2 小时		√		
22	炉体	螺旋架	振动	<2.8mm/s	1 天	2 小时		√		
23			磨损量	距壳体<10mm	3 个月			√		
24			表面损伤	无	3 个月		√			
25		内衬	有无脱落	无烧红、穿透	1 个月		√			
26		炉体框架	有无泄漏	无漏风、漏料	1 天	2 小时	√			

　　第二种，技术人员定期检修。除上述设备检修方式外，技术人员定期检修作为主要的检修方式被广泛运用。FD 公司焙烧炉设备周期性检修计划如表 7-2 所示。

表 7-2　焙烧炉检修间隔期

序号	工艺编号	设备名称	检修周期	备注
1	1-6#焙烧炉	焙烧炉	20 天	

　　通过以上两种检修方式，能够完成对所有设备的检查工作，涉及所有生产和

非生产设备。在检修的基础上，为主要设备的维修管理工作分配责任人，落实相应的监督管理责任。

（4）设备维修管理现状。焙烧炉种类多且已经历多次维修与改造，随着使用时间的增加，设备的故障率也逐渐上升。因此设备维修工作将更加烦琐，要求维修的设备和工作量大大增加。充分考虑到设备运行时间及公司采取的人员出勤制，提出合理的现场检查维修时间，对公司控制成本最为有利。由于 FD 公司焙烧炉设备主要是作为一个整体进行的，如果某些关键部件发生了故障，将造成整条生产线的停工，停产成本较高。因此，就需要设备维修管理人员科学、全面地制订并执行设备维修计划，以合理缩短生产线设备的故障停机时间，从而降低设备的故障停机损失。

由于公司级技术管理部门每年都会制定一个整体维修提纲，因此，FD 公司目前的设备维修计划是在此基础上根据相应车间的设备维修方案制订的，并根据每日点检情况以及周期性维修的需要、设备维修内容和紧急程度，做出相应的调整，设置最佳的周期维修计划。

FD 公司以预防性维修为主，以事后维修为辅。预防维修工作在点检和定期检查相结合的基础上，完成设备的维修管理。同时，根据设备安装调试时制造商所给出的维保标准，再加上过往维修累积的经验进行预防性维修周期的设定。

值得注意的是，FD 公司通过设备厂商给出的设备说明书及建议，或同类设备的历史维修数据以及过往维修实践经验来制订维修计划。可以看出，维修计划并没有随着设备老化而及时更新，甚至有些同类型设备的维修计划不确定，参考价值不大。这些基于经验的维修策略可能是主观的、次优的，造成设备维修计划制订的滞后性和随机性。考虑到目前周期性维修计划存在的问题较为突出，因此本章关注周期性维修计划的安排问题。

7.1.2.2　FD 公司备件库存现状

（1）备件库存管理系统介绍。随着企业对生产能力要求的日益增加，对设备生产能力的要求也相应增加。因此，在设备维修计划合理实施的基础上，FD 公司对备件库存管理水平也提出了更高的需求。目前，FD 公司将备件供应与管理工作转交给第三方物流中心，专心将生产线做大做强。因此，在 FD 公司的生产过程中，只需要生产部门将所需备件的具体信息传递到采购部，通过信息分享，向第三方物流中心下达采购订单即可。为了提升信息传递的真实性和效率，FD 公司早年构建了 ERP 管理系统，将备件的信息通过物料的编码技术进行管理，每一个备件都有独立的编号信息。刚建立的时候有一定的成效，但由于发展速度快以及各部门信息沟通不畅，随着时间的推移，该公司的储存信息多达158万条。由此，FD公司虽然采用第三方管理库存，但仍然导致备件库存成本在整体资金的占比中居高不下，占公司固定设备资金投入的12%以上。

（2）备件库存管理的订货方法。备件采购一般是从公司内部根据需要对外采购备件开始，各部门需求负责人将备件供应信息汇报到采购部门，由采购部门负责协助采购，并针对公司各部门中比较常用的通用备件，在评估采购要求后决定是否允许采购。采购订单发出后，由供应商统一发货，供货到公司库房备用，具体如图7-4所示。利用物料编码，企业能够迅速查询各种物料，便于从各车间备件部门借调，从而减少备件的重复采购。

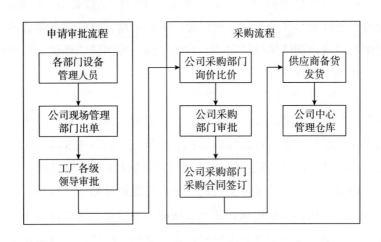

图7-4　备件采购流程

虽然FD公司已经采用ERP管理系统进行备件库存管理工作，但也只是用该系统进行会计核算，日常的备件出入库信息以及库存信息的修改与发布依旧通过手工报表的形式来完成，系统中备件信息未更新。这样不仅导致工作效率低下，同时也使仓库与系统之间的备件信息不一致、现有备件信息不准确，公司无法全面掌握备件库存，信息的沟通很难且信息准确率降低。目前，公司根据以往相关备件的更换记录和出现的问题，在以往经验的基础上对现场能够使用到的主要部件都设定了安全库存，但因为缺少科学论证，还没有得到有价值的信息，容易造成备件库存短缺或积压。

（3）备品备件的管理方法。目前，FD 公司焙烧炉设备的备件并未明确分类。备件采购部门只从订购角度对设备维修备件加以粗略划分，以便于订购。备件管理部门则只按照设备组成将备件存放在备件库中，没有进行详细分类，经常根据备件数量进行统计。FD 公司焙烧车间现有焙烧炉部分备品备件数量如表 7-3 所示。根据车间备件编码，选取部分随机消耗性备品备件的物料清单作为研究对象。这些原材料的采购成本较高，需求量大，批量采购会造成库存资金的过量浪费。然而，由于库存量不足将造成设备无法应付正常的检修需要，而备件的紧急采购成本相对较高，因此，本章选取最具代表性的焙烧炉烧嘴和影响烧嘴运行的炉篦作为研究对象。

表 7-3　备品备件清单

序号	备件编码	台用量	备件名称	规格型号	备注
1	0602080010	5 件	中心管	D2507×1790×8//	C01
2	0602080041	14 件	中心管	D2007×1550×10//SBYH931-4	C02
3	0602080068	11 件	中心管	D1733×1430×8//	C03
4	0602080090	7 件	中心管	D1508×1000×8//SBYH933	C04
5	0602080091	4 件	中心管	D2637×3730×6//SBYH926	P01
6	0602080092	1 件	中心管	D2907×2000×8//SBYH927	P02
7	0602080040	12 件	烧嘴	//V19 国产一期焙烧炉	燃烧站
8	0602080051	10 件	烧嘴	//V19 国产二期焙烧炉	二期焙烧炉
9	602080040	12 件	烧嘴	//V19 国产	二期焙烧炉

虽然 FD 公司整体发展呈上升趋势，但就库存管理而言，其资金占比高达 400 万元，但每月备件的实际领取成本大约只有 50 万元。综合以上分析可以发现，FD 公司存在备件库存积压和缺货现象。备件库存积压，严重占用 FD 公司资金，影响公司整体发展；备件库存短缺，当车间生产所急需备件时，往往因为某一个备件缺失而影响整条生产线的进度。

综上所述，设备维修与备件管理是在公司的维修部门与采购部门的协同下作决策，即当检查显示需要进行设备维修时，公司技术管理层级进行维修信息的核对审查工作。工作人员根据各车间上报的维修信息进行审查，对所有的维修资源和备件资源进行统计以便使用，及时安排技术人员进行维修，在此基础上，向采购部门下发备件订购信息，采购部门收到信息进行相应评估后实施采购计划。之后，经采购部门采购的备件到达仓库以供相应车间维修设备使用。

7.1.3　FD公司设备维修与备件订购存在的主要问题分析

7.1.3.1　设备维修存在的主要问题

设备维修计划是不是科学合理，将直接影响设备维修时间的长度以及稳定运行的持续时间。良好的设备维修计划安排与设置、科学合理的人员结构，有助于设备的正常使用，从而能够合理降低设备维修过程中无谓的时间与资金浪费。所以，设备维修计划的安排是目前亟待解决的关键问题之一。经过对FD公司设备维修管理现状的分析，总结出该公司焙烧炉设备维修计划管理工作主要存在以下几方面的问题：

（1）缺乏科学有效的设备维修计划。近年来，FD公司在设备维修方面一直遵循两个原则进行维修计划的制订：一是设备厂家维修计划，根据设备厂家所给出的推荐维修计划进行维修，包括产品保养说明书等。二是以往经验的借鉴，FD公司要求将往年所有维修过的问题进行归类、存档，进而方便解决后续遇到的相似问题。但只依靠以上两个原则是远远不够的，很多因素无法预测和控制，包括设备维修种类繁多、工作人员安排计划紊乱等。因此，为了提升维修过程中的维修项目的完成率、保障设备的正常运转，制订科学有效的设备维修计划迫在眉睫。本章通过对FD公司2020年10月26日至2020年11月25日检修设备缺陷的统计分析，获得设备缺陷基本情况，具体如表7-4所示。

表7-4　设备缺陷基本情况

检修专业类别（班组）	本月发生数量（条）				消缺数量	11月消缺率（%）	10月消缺率（%）	11月消缺及时率（%）	10月消缺及时率（%）
	直接缺陷	间接缺陷	设备异常	总计					
分厂	9	0	1	10	0	0	0	0	0
机务班	126	2	0	128	128	100	100	80.47	66.5
电气班	9	20	0	29	29	100	100	96.55	97.96
炉修班	84	1	0	85	85	100	99.05	68.24	53.33
特种班	54	1	0	55	55	100	100	76.36	69.7
全厂总计	282	24	1	307	297	96.74	99.53	75.24	67.21

由表 7-4 可知，FD 公司 2020 年 11 月的消缺及时率上升了 8.03 个百分点，而消缺率下降了 2.79 个百分点。由于设备维修计划的制订主观性较强，从而导致设备维修不全面、不及时等。因此，应合理安排检修工作，提高工作效率，制定科学有效的设备维修周期，严格按照设备维修周期计划实施。

　　（2）设备维修主次安排不尽合理。由于设备部件组成复杂，每个部件的角色可能不同，部件在设备中所起的重要性也就有所不同。有些部件的退化直接影响设备运行，有些部件的退化不会直接影响设备运行。而目前 FD 公司设备维修是根据检查活动安排的，当检查显示设备异常时就采取维修措施，维修活动未区分部件重要性等级，设备维修缺乏主次安排。通过统计分析可以得到维修人员月度出勤时间和设备重点故障统计情况，具体如表 7-5 和表 7-6 所示。由表 7-5可以看出，在每个月标准工作时长 178h 的前提下，大部分人员基本都存在加班情况，有些员工每月加班时长甚至高达 12h。而就在这样的工作时长下，车间设备重点故障停机时间仍然偏长。

表 7-5　车间维修人员月度出勤时间表（2020 年 3 月）

工号	210198	210315	210244	211826	211525	212826	212901	213211
月出勤时间（h）	182	190	178	186	185	180	184	188

表 7-6　设备重点故障统计

序号	日期	故障描述	停机时间（min）	是否有故障报告
1	2020 年 1 月 12 日	氢氧化铝仓堵塞	50	是
2	2020 年 2 月 5 日	烟道结疤严重	35	否
3	2020 年 2 月 27 日	燃料不足	110	是
4	2020 年 3 月 30 日	1#炉高温阀漏水	33	是
5	2020 年 4 月 21 日	炉温太高	38	否
6	2020 年 5 月 2 日	旋风筒	30	否
7	2020 年 5 月 18 日	出料温度高	45	是
8	2020 年 6 月 4 日	局部烧红	90	是
9	2020 年 6 月 19 日	烟道变形	105	是

　　工作不协调是维修工作管理中的一种典型问题，维修费用在总工作时间增加

的基础上增加。因为每个阶段的总维修时间是固定的，单个设备维修期限的延长就可能降低车间整体设备的维修效率，必须严格加以控制。所以有必要根据设备部件重要性等级安排主次维修以及针对重要度不同的部件采取不同的维修措施，从而在缩短设备停机时间的基础上减少总维修成本。

据不完全统计，焙烧炉作为整个焙烧车间的关键设备，2020年上半年出现故障的次数将近10次，设备故障涉及各个方面。通过分析可知，这些问题是由设备维修管理工作所引起的。因此，公司需要进行设备维修管理工作方面的改进研究。

7.1.3.2　备件库存管理存在的主要问题

目前，FD公司备件管理非常混乱，存在很多问题。我们可以用鱼骨图来分析FD公司维修备件管理混乱的原因，具体如图7-5所示。

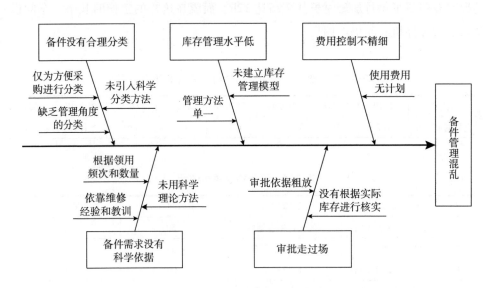

图7-5　备件管理混乱原因分析

从图7-5可以看出，FD公司设备维修备件管理存在的问题主要可以归纳概括为以下两个方面：

（1）尚未合理区分备件重要性等级。由备品备件的现存管理方法可以看出，备件管理部门仅根据设备组成将备件存放在备件库中，没有进行详细的分类，经常需要根据备件数量进行统计。备件采购过程中缺乏对备件重要性的有效识别，没有区分结构重要性进行批量采购。而批量采购会造成备件库存积压，对公司流动资金的占用较多，甚至有些设备维修所需的关键部件备件不足，但非关键部件备件库存量大。目前，FD 公司 4 年以上未使用的备件积压成本占比较大，约占总库存成本的 35% 以上。同时，现有备件安全库存值的设定借鉴以往经验，该值设定的随意性强，也没有经过验证。在这些因素的影响下，公司备件库存过多。备件长期大量堆积，导致备件库存在整体资金中的占比居高不下，占设备资金投入的 12% 以上，浪费了公司大量的财力。因此，合理的备件分类是公司克服备件管理中诸多困难的第一步，同时也是十分重要的一步。

（2）缺乏有效的库存订货策略。设备的退化是无法预见的，这造成了备件需求的不确定性。目前公司大多使用缺货采购模式，即库存量降低到按照经验设定的既定数量后，系统产生采购计划，采购部门收到采购计划后，对于有 4 年以上采购史的备件，采购批次主要按照供应商推荐的标准来确定，包括备件清单等。而对于没有 4 年以上采购史的备件，主要按照设备规格说明书、领用频次和数量、维修经验以及设备停工的记录来估算采购批次。备件的定额需求没有任何需求预测理论和方法来进行指导，也没有使用任何科学的计算方法。

同时下发的备件订单存在一定的提前期，这就需要根据检查维修计划、备件提前期以及备件重要性等级等因素确定合理有效的备件订购时间。由于缺乏合理有效的库存订购策略，"部分备件存货较多，而部分备件缺货"的问题经常出现。

除了上述问题，备件管理还存在其他方面的问题。例如，就备件成本方面的问题而言，备件采购成本并不是单独列出，而是打包到了公司年度维修预算中。这就使维修成本控制员在上半年，特别是年初时保持高度警惕，不能贸然采购备件，担心成本不足无法支持后续维修。年末，若当年维修支出尚有剩余，不管金额多少，将全部用于购买备件，从而导致资金出现局部充足、总体耗费的情况，极易导致库存积压与缺货现象。

7.1.3.3　存在问题分析与总结

根据以上分析，对 FD 公司设备维修及备件库存管理中存在的问题总结如下：其一，维修计划以设备厂家提供的建议维修标准为依据，或借鉴以往维修经验，设备维修计划不具有科学性和有效性。其二，设备维修工作不协调，在维修人员严重加班的同时，设备重点故障的发生仍然比较频繁。备件库存管理中存在以下问题：备件未按结构重要性进行区分，缺乏对关键部件的有效识别，关键备件的短缺将导致设备生产停机等。与此同时，缺乏对备件订购时间以及订购量的合理设定，通常采取批量订购，导致库存积压或短缺，从而增加库存管理成本。

在以上因素的综合作用下，目前 FD 公司设备维修与备件库存管理虽然存在协同效应，但关于不同的维修计划的制订对备件库存的影响以及备件库存管理对维修计划实施的影响还有待进一步研究。因此，本节以 FD 公司生产实践为背景，重点从设备维修与备件订购两个方面展开联合优化研究，建立了设备维修与备件订购的联合优化模型，通过确定最佳检查周期以及维修备件订购阈值，在保障设备正常运行的前提下，最大限度地降低单位时间内的长期预期成本。

7.1.4 实施效果

维修以及备件管理是企业现代化管理的重要组成部分，是企业日常设备正常运行的保障。FD 公司是炭素公司，其成品生产的每个环节都非常重要。煅烧车间作业是产品生产的第一步，它为后续生产供应原料。成型车间是预焙阳极生产的关键环节，生阳极的质量控制直接影响着预焙阳极的合格率和理化指标。焙烧车间是公司终端产品预焙阳极的生产车间。碳块焙烧之后，不能直接用于操作流程，组装合格后送往电解铝厂电解槽配合电解，组装流程结束后整个生产结束。由于 FD 公司每个车间都对应着多种类型的设备，维修计划复杂，备件品种又十分广泛、消耗量大，因此公司难以掌握全部备件的供应需求。由于车间生产线是每天连续工作的，如果车间因未完成维修工作而造成整个车间处于关闭状态，那么对应的生产线就会停止。因此，该公司对维修计划与备件管理工作（尤其是关键部件的备件管理）的要求也在增多。

通过第 6 章总结的维修与备件库存联合优化方案，FD 公司对上述优化方案进行了分步实施落实，采用基于状态的维修与（0，1）备件订购策略，在此基础上优化检查维修周期与最优订货策略。笔者跟踪调查现场设备维修管理和备件库存管理的情况后发现 FD 公司在以下方面有明显改善：

7.1.4.1 维修周期优化效果

维修计划的制订更合理，主要体现在周期性检查维修间隔上。之前，FD 公司设备的维修周期设定为 20 天，主要依据是厂家在设备安装调试期间给出的维修标准以及以往维修积累的经验，这是主观的、不合理的。针对这一问题，进行检查间隔的优化，在现场验证优化前后的效果，可发现设备维修频次明显规律化，维修时间间隔制定得更加科学化，在缩短设备故障停机时间的同时，降低了停机损失，并最终反映到设备维修所需总成本中。

针对原有的缺乏科学有效的设备维修计划、设备维修主次安排不尽合理等问题,公司进行了有针对性的优化。在此基础上,得出使成本最小化的最优解。下面我们在备件订购阈值水平固定的情况下,就检查间隔 T 与单位时间期望成本 EC 的变化进行讨论,从成本方面检验维修周期的优化效果。

　　图 7-6 说明了单位时间期望成本 EC 随检查间隔 T 和关键部件阈值 δ 的变化而变化的情况。

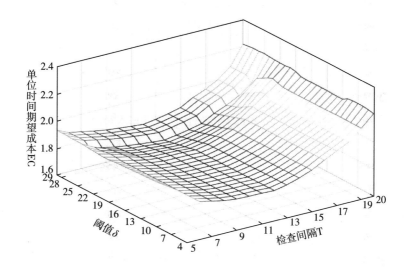

图 7-6　检查间隔 T、阈值 δ 和单位时间期望成本 EC 的变化趋势

　　由图 7-6 可知,当关键部件的阈值 δ 固定时,随着检查间隔 T 的增加,单位时间期望成本 EC 先降后升,符合预期。这是由于用较小的检查周期就会产生较多的检查活动,并由此产生较高的检查成本。如果用较长的间隔时间对设备进行检查,就容易因提前更新或者更新活动不及时导致设备发生故障,并由此造成更多的损失。此结果也符合企业实际情况。

　　同理,图 7-7 说明了检查间隔 T 和非关键部件阈值 δ' 关于单位时间期望成本 EC 的变化。

　　类似于关键部件,在非关键部件阈值水平固定的情况下,单位时间期望成本 EC 随着检查间隔 T 的增加呈现出先减少后增加的趋势。因此可以看出,在备件订购阈值固定的情况下,随着设备检查间隔 T 增加,单位时间期望成本 EC 呈现出先减小后增大的趋势。

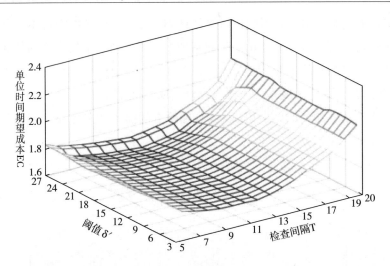

图 7-7　检查间隔 T、阈值 δ′ 和单位时间期望成本 EC 的变化趋势

对比公司经验法下的设备维修周期，我们发现，进行维修周期优化后，最优检查间隔由原本设定的 20 天降低为 12 天，设备运行单位时间期望成本也相应减少，具体如表 7-7 所示。

表 7-7　经验法与联合优化法维修结果对比

	经验法	联合优化法	优化效果	节省比率（%）
单位时间期望成本	2.139	1.731	−0.408	19.07

可见，目前公司的周期性检查间隔 20 天不是最优的，将周期由 20 天缩短为 12 天具有较好的成本效益。采用联合优化方法，对检验周期进行了优化，提高了公司的经济效益。

7.1.4.2　备件订购优化效果

目前，FD 公司根据以往相关备件的更换记录和检查时设备出现的问题，在以往经验的基础上对现场能够使用到的主要部件都设定了安全库存，但因为缺少科学论证，容易造成备件库存短缺或积压，从而浪费大量资金。从这一角度出发，根据 FD 公司设备特点（昂贵系统、备品备件成本相对较高），制定（0，1）备件订购策略，可以减少库存呆滞备件的数量堆积，避免资金浪费。通过对 FD 公司 2018~2019 年备件库存周转情况进行统计，可以发现 2020 年期末备件库存量明显低于期初，在期初库存量基数大幅增加的基础上，备件库存周转率与往年同期相比差距很小，这说明 FD 公司备件库存管理情况得到优化，库存整体情况有所改善，具体如图 7-8 所示。

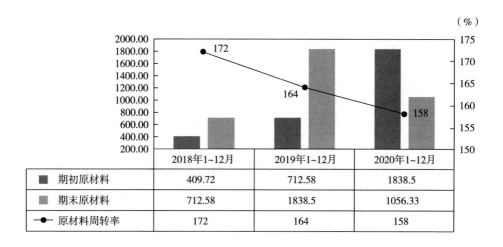

	2018年1~12月	2019年1~12月	2020年1~12月
■ 期初原材料	409.72	712.58	1838.5
■ 期末原材料	712.58	1838.5	1056.33
─●─ 原材料周转率	172	164	158

图 7-8　2018~2020 年备件库存周转情况

对 FD 公司设备备件采购提前期进行优化，即根据设备维修活动进行备件的订购。同时考虑了两种不同提前期和成本的备件供应模式。在此基础上，引入阈值水平来决定在常规订购的备件未交付时，是否进行紧急订购。因此，不同的阈值水平对备件订购起着关键作用。这促使我们探索不同阈值对单位时间期望成本的影响。

单位时间期望成本 EC 用阈值水平 δ、δ' 来表示，根据 $L_e<\delta<L_o$、$L'_e<\delta'<L'_o$，结合给定的模型参数，确定相关阈值的取值范围。关键部件备件订购阈值水平 δ 为 4~29 天，关键部件备件订购阈值水平 δ' 为 3~27 天。在固定设备最优检查维修间隔 $T^*=12$ 的情况下，单位时间期望成本 EC 随阈值水平 δ、δ' 的变化情况如图 7-9、图 7-10 所示。

可以发现，在一组阈值水平 $\delta\in\{12,13,14,15,16,17\}$ 下，预期成本几乎是相同的。因此，对于管理者来说，当阈值水平在 12~17 天时，绩效可以认为是相同的。

在区间 $\delta\in(L_e+1,\delta')$ 内，单位时间的长期预期成本随阈值水平的增加而降低。原因是，如果阈值水平很低，从需要备件的时间到常规订购的备件到达时

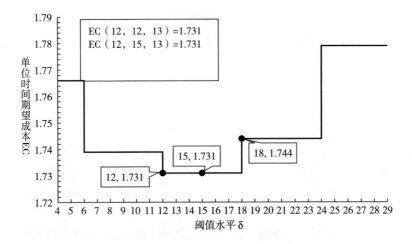

图7-9 T* = 12、δ′ = 13 时，单位时间期望成本 EC 随阈值水平 δ 的变化情况

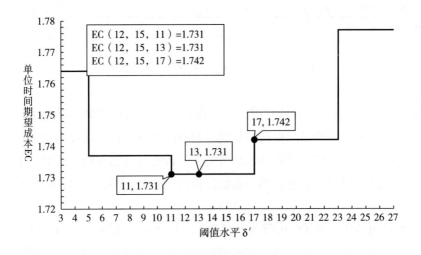

图7-10 T* = 12、δ′ = 15 时，单位时间期望成本 EC 随阈值水平 δ′ 的变化情况

间的间隔可能大于阈值水平。因此会产生一个成本相对较高的紧急订单 C_{eo}，在不考虑非关键部件阈值 δ′ 的情况下，会导致 EC(T，δ，δ′) 的增加。当 $δ \in (δ′$，$L_o - 1)$ 时，单位时间的长期期望成本逐渐增加。这表明在较高的阈值水平下，等待常规订购备件的决策可能会增加停机时间，造成更高的短缺损失，从而增加单位时间的预期成本。因此，阈值水平的高低直接影响管理者下订单的决策、订单的提前期以及订单的成本，进而影响单位时间期望成本。

在最优检查间隔 T^* 下讨论单位时间期望成本 EC 随非关键部件阈值水平 δ' 的变化情况。类似于关键部件，在区间 $\delta \in (L_e'+1, \delta')$ 内，单位时间的长期预期成本随着阈值水平的增加而降低；在区间 $\delta \in (\delta', L_o'-1)$ 内，单位时间的长期预期成本逐渐增加。因此，制定有效的备件最优订货策略显得尤为重要。同时，我们可以看到结构重要度不同的部件，最优阈值水平也会有所不同。因此，在备件订购中，区分备件重要性等级就显得很有必要。

7.1.5　保障措施

7.1.5.1　加强设备维修保养信息的收集与整理

设备维修管理部门在制订维修计划时，需要相关设备日常的维修保养信息作为依据。同时，该信息对备件采购与管理工作具有重要的参考价值。因此，企业在生产实际中，应高度重视维修保养信息的收集与整理。

公司级的技术管理部门将重点关注设备维修保养信息的获取，在获取以后加以整理与总结。在之后的企业生产实践中，重点关注故障之后恢复运行的设备。对设备从发生故障到故障部件更换及后续的故障设备状态进行监测，这整个过程中的维修保养信息的收集与整理，作为设备管理部门今后的核心工作。经过长期的信息采集，设备管理部门能够建立有关设备的数据信息库。在数据信息库中能够查询设备的历史故障记录，如故障成因说明、排故措施、长短期措施等，可以给设备维修管理人员带来丰富的经验教训，提升企业整体排故管理水平。为便于各基地、各部门之间就设备故障信息进行交流，公司还通过研发专用的软件实现设备信息的收集与整理，作为一种设备信息共享系统，各基地、各部门的设备维修管理人员都能够迅速掌握有关设备数据，并按照要求调整各自部门的相应设备维修策略。

除统一的设备信息管理平台之外，有需要时可结合实际具体情况，制定设备维护保养记录，具体如表 7-8 所示。通过对设备维修保养记录进行分类分析，就能够得到许多实用的信息。通过简单的筛选，仓库管理者就能够得到相应设备维护保养信息。对仓库管理者而言，最直接的收益就是能够掌握备件在一个生命周期内的总消耗量，同时通过对备件损耗情况的大数据分析，还能够协助仓库管理者发现备件损耗的变化规律，从而及时建立备件供应预案，并调整库存管理策略。因此，在今后的维修管理工作中就很有必要针对设备建立相应的设备维修保养信息记录，为企业设备维修工作提供决策支持。

表 7-8 设备维修保养记录

设备区域			责任人	
日期	具体设备	维修内容/原因	更换部件	维修人员

7.1.5.2 加强维修备件出入库管理

在针对 FD 公司设备维修策略的改进研究中，为了进一步提升备件管理工作的效率，最大限度地降低成本，应该将备件的出入库管理作为重点研究对象。首先，FD 公司设立专门的备件数据统计系统，根据生产部门使用的消耗频率预测其整体规律。其次，每年调拨固定的库存管理金额专项款，用来保障维修备件的出入库管理效率。最后，在原本出库管理的基础上，全面开展对出库备件的追踪管理工作，严格记录出库备件的使用系统及设备，并完善备品备件出入库记录，建立备品备件出入库记录表，具体如表 7-9 所示。

表 7-9 备品备件出入库记录

入库				出库						使用系统及设备
时间	名称	数量	入库人	时间	名称	数量	出库人	余量	库管员	

同时，FD 公司的备件在入库过程中需要经过相关部门的层层审批。首先从入库方面考虑，当供应商将所需备件按照原计划运输至仓库，出现备件与采购账目不对应的情况时，应拒绝通过正常程序入库，先办理暂时入库，使库存量与实际采购量保持一致。其次从出库方面考虑，库存管理人员必须详细核对备件信息，上报财务处，经过上级管理者的审批才可正常出库。最后将备件出、入库的综合信息上传至 ERP 系统，以便在设备维修实施过程中快速准确地掌握备件关键信息，提高维修的准确率，从而保障联合优化方案的实施。

7.1.5.3 设备状态监控及应急预案的完善

状态监控按照现场实际需求定期进行，状态监控管理人员定期在生产现场完成数据收集，并通过样本数据对这些设备的工作状况进行分析，提交状态监控报告。在获得监控报告后，现场维修管理人员将按照监控报告的描述对异常设备实施检测。通过对设备实施状态的监控，能够更加客观地对设备状态做出评估，协助设备管理人员提出维修措施以及备件采购计划。而状态监测的监控范围以及监测周期主要是按照设备的重要性程度来设定的，关键设备通常是状态监控的重点对象，监控频次相对较高。针对较为关键的设备，其频次可能比较低一点。此外，有些设备没有处在监控范围内。针对这部分设备，如果在企业生产现场发现这些设备出现了异常，应及时上报给状态监测部门，根据设备具体异常情况，采取相应措施。

同时，对于关键部件，企业应高度重视各种紧急预案的研发与编写，在日常维修工作中就应当重点关注设备的紧急替换预案，将设备的故障损失成本降至最低。并且应当为关键设备成立降级工作模式，当对应设备中的一台机器出现故障，且短期内无法恢复运行时，应迅速调至降级工作模式进行生产，尽管对生产速度有一定的影响，但能够把影响降至最低。通过构建设备降级模式并提出应急预案，可以减少设备故障对生产线的冲击，为设备管理部门进行维修工作创造出更大的空间，同时在一定程度上有利于维修备件采购工作。在设备实际运行过程中，受损的通常是其中的一部分，当设备发生故障时，就可以只考虑这部分故障部件的备件采购工作，避免整机备件的采购，可在很大程度上降低备件采购成本。

7.1.5.4　开展维修备件的国产化替代研究

目前，我国整个维修备件市场一直处于低迷期，国内各制造企业所依靠的维修备件大部分都是国外进口产品。过多地依赖国外进口不仅成本高，而且还会严重阻碍国内设备维修的发展步伐。因此，加快国产维修备件的广泛使用是企业现在非常重要的战略目标。为解决备件管理问题，本书主要从以下两个方面进行考虑：一是宏观角度，从源头改变维修备件的来源，将进口备件逐渐转换为国产备件，加强与国内供应商的合作；二是微观角度，从供应商管理方面进行监督与培训，因为供应商的水平也是影响备件库存管理的重要因素之一。

由于公司性质的原因，FD 公司设备维修所需备件大多数要从国外进口，所花费资金逐年增加。在 FD 公司的生产计划中，其生产线几乎全年无休地在运转，对应的生产设备的故障或损坏也是必然的。同时不能准确预测设备故障出现的时间以及具体的种类等，并且由于进口备件的整个交付周期比较长，容易受到运输周期和备货期等的因素影响，一般进口备件的采购周期快则一两个月，慢的话就需要五六个月甚至更长时间，交付时效无法得到保障。因此，FD 公司必须加快改变备件采购战略，选择国内备件供应商进行合作。使用国产设备的好处是不仅可以大大地缩短备件交货时间，而且采购资金也低于进口备件很多。供应商交货时间缩短，FD 公司在制订采购计划时就会选择短期订单，按需购买，从根本上解决备件短缺以及积压问题。怎样选择国内备件供应商、如何找到战略目标一致的供应商、怎样检验国产化备件的品质是整个工作的重点。

在设备维修备件的发展过程中，推进国产备件的发展步伐是一个重要的保障措施。本书基于两种订购方式考虑了两种不同交货期和成本的备件供应模式，包括常态化和紧急化。但形成这两种供应模式的主要因素之一是供应商服务水平低下。因此，需要寻找战略目标一致的供应商，并对其进行国产化替代。在进行备件国产化的过程中，一般选择先对重要程度较低的进口备件进行国产化替代，然后逐步对重要程度高的进口备件进行国产化替代。这样做的优点是对重要程度较低的进口备件进行国产化替代，可以促进企业和国内厂家间的彼此认可与交流，只有在确定了国内厂家的质量水准的条件下，才能进一步将重要程度更高的备件进行国产化替代，这样才能使国产化的风险降至最低。

7.2　A 公司考虑不完全维修的视情维护实际应用

7.2.1　A 公司基本情况

A 公司于 2006 年成立，总部位于广东省中山市。成立十多年来，发展迅速，目前已是我国能源行业中具备较大影响力的企业，甚至在国际市场上也取得了不俗的成就。A 公司主营业务有新能源高端装备、兆瓦级风电机及核心部件的开发设计、产品生产加工、运维服务以及相关市场投资业务。A 公司目前已经完成了"一个总部、五个中心"的生产建设布局，拥有国家级企业技术中心、国家与地方联合研发实验室，是具有多项专利认证的高新技术企业。A 公司目前自主设计并获得认证的机型已超 30 种。公司专注于可再生绿色清洁能源由补充能源向代替能源的转化，力求新能源的应用普惠且可持续。

A 公司主要的战略客户涵盖了中国广核集团、三峡集团以及华电集团等多个大型国有新能源产业集团，参与建设和投运全国数百个风力发电场项目，新能源相关产品远销东南亚以及南非等地。近年来，A 公司在新能源高端设备制造业务和智能微电网技术的基础上，构建数字化智能仓库以及大数据云平台，A 公司不断向国际风电行业中的明星企业学习，坚持自主创新的道路，为使企业由制造服务型向全流程服务化转型而努力。

A 公司是一家上市公司，当前的整体组织架构如图 7-11 所示。

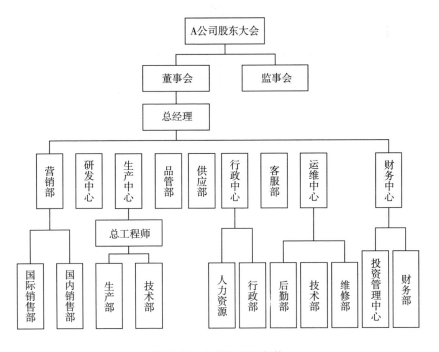

图 7-11 A 公司组织架构

目前，A 公司主营两大业务，一是大功率型风电机组和相关核心零部件的研发、制造和销售；二是参与风电场及光伏发电站开发投建以及维护运营。风机板块业务处于产业链中游，是公司的主要利润来源。另外，A 公司成立了运维中心，负责为其在风电场运营业务中安装的风机产品提供全方位的解决方案。公司通过不断迭代发展的新能源电站智能管理大数据平台，对电站运行数据进行监测、检测、收集以及整理分析，并逐步发展，开始结合当前最新技术，如利用物联网技术和云存储技术等以进一步提高远程监控、定期检修、故障诊断等预测性的维护能力，对新能源电站整个运维过程进行更加高效有序的管理。

A 公司与风机业务相关的收入（包括产品销售和后期风电场运营服务）占公司收入来源的 90%，其中，风电场的运营业务主要由公司设立的运维中心部门负责，并协同其他部门完成风电场初期建设、调试以及后期的维护工作。运维中心内设技术部、维修部和后勤部。技术部负责制定运维方案并和维修部联合负责风电场检修工作，运维中心同时负责多个风电场运维项目。根据地理位置，风电场可分为陆上和海上两类风电场，运维中心现有的组织结构如图 7-12 所示。

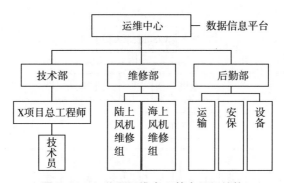

图 7-12　A 公司运维中心基本组织结构

7.2.2　A 公司风电机组设备维护现状

7.2.2.1　2.0MW 双馈式风力发电机设备信息

A 公司致力于风电机的整机开发，并为开发商提供安装、调试以及后期运营服务。2016 年 A 公司响应招标，在西北地区建成 X 风电场并在当年 3 月结束调试阶段。其中，风电场采用 A 公司研发的 2.0MW 双馈式风机的基本参数如表 7-10 所示。目前，X 风电场处于正常运营阶段，A 公司以委托形式负责相应区域的电场运营管理工作，在产品质保期内自行承担其产品的维修费用。

表 7-10　2.0MW 双馈式风机基本参数

额定功率 （KW）	切入风速 （m/s）	额定风速 （m/s）	切出风速 （m/s）	设计使用 寿命（年）	机组运行 温度（℃）	机组生存 温度（℃）	适应环境
2000	3	9.0 （静态）	20	20	(−40，+40)	(−45，+50)	常温、低温、超低温、高原、海岸

风力发电机组主要部件包括风轮叶片、齿轮箱、发电机、电气控制系统、变频器、主轴、轮毂等。双馈式和直驱式两类风机主要差异是直驱式无齿轮箱。目前主流风机以双馈式居多。兆瓦级风机体型庞大，造价昂贵，主要零部件的成本都很高。以 A 公司自主生产的 2.0MW 双馈式风力发电机组设备为例，单台风机售价高达 640 万元，生产成本 528.15 万元，其中的主要高成本部件是风轮叶片、齿轮箱、变桨控制系统、发电机。具体成本构成如表 7-11 所示。

表 7-11　A 公司 2.0MW 双馈式风力发电机组主要部件成本信息

部件名称（数量）	成本（万元）	占比（%）
风轮叶片（3）	126.14	23.89
齿轮箱（1）	98.58	18.67
变桨控制系统（1）	90.02	17.04
发电机（1）	35.22	6.67
铸锻件（25）	34.58	6.55
塔筒（1）	27.98	5.30
塔筒法兰（2）	23.50	4.45
定子段（6）	18.48	3.50
机舱罩（1）	12.67	2.40
升降设备（1）	18.74	3.55
诊断系统（1）	26.40	5.00
其他零部件（N）	15.84	3.00
整机总计	528.15	100

　　风力发电机主要部件中占设备所有组成材料成本比重最高的是风机叶片，成本占比 23.89%；其次为齿轮箱，成本占比 18.67%。主要部件成本占比如图 7-13 所示。

　　7.2.2.2　A 公司 X 风电场设备维护管理现状

　　A 公司 X 风电场设备维护包含日常维护、定期维护和应急维护三类。其中，每种维护都涉及维修计划制订、故障检查、信息监测与分析、维修人员管理以及设备备件管理等多个环节。

　　（1）设备维护的主要方式。日常维护是保证电机在适宜工作环境条件下正常运行并完成日常风电转换量的基础，主要维护流程是通过运维中心的信息监测

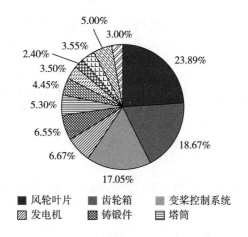

图 7-13 2.0MW 双馈式风力发电机组主要部件成本占比

系统，实时反馈风电机运行参数，当存在异常数据时系统会进行报警。经技术人员分析，决定是否需要派遣维修组进行处理。日常维护以电子监测、技术档案和设备日志为主，同时还重视技术性能、配置标准等相关参数的管理。在进行管理时，对设备运行中出现的各种事故及故障进行详细的分层记录。日常维护设计的主要监测数据如表 7-12 所示。

表 7-12 2.0MW 双馈式风机日常维护监测系统主要监测数据

日常监测数据项目
1. 发电机轴承温度、绕组温度、功率、电流、电压、电机转速
2. 齿轮箱温度、转速
3. 液压装置、油位及液压系统状态
4. 风速、风向
5. 机舱和塔架振动最大幅度
6. 风轮转速、电机转速
7. 偏航次数、位置
8. 电缆缠绕状态
9. 电子功率器件状态

定期维护是维修人员定期实地逐一检查风电机组各部件运行状态以及风电机组运行环境，发现设备存在问题时做出相应的维修或更换处理，定期点检是

风电场长期运行完成季度发电量任务的重要保障。定期维护点检项目如表 7-13 所示。

表 7-13 2.0MW 双馈式风机定期维护主要部件点检表

点检部位	检查内容	点检周期		检查方法	判定基准	检查结果	异常情况处理
		月检	年检				
总体检查	风机运行过程中产生的噪声	√		听	无异常声音		
	风机的基础	√		目视	无裂纹		
齿轮箱	检查齿轮箱密封	√		目视	无漏油现象		
	检查齿轮箱胀紧套螺栓		√	目视	力矩线没有变动		
	检查齿轮箱弹性支撑		√	目视	无裂纹、磨损和变形		
	通过油标检查齿轮箱油位	√		目视	不低于液位指示		
	检查齿轮箱润滑油管		√	目视	油管无脆化，损伤		
	检查齿轮箱各传动轴振动频率	√	√	测量仪	主轴振动率 3.5~13.35Hz 状态正常		
	检查齿轮箱运转时的声音	√	√	听	无异常声音		
	检查齿轮箱接地线		√	目视	连接可靠		
风轮叶片	用望远镜检查叶片	√		目视	叶片无裂纹，无气孔		
	检查上下剪腹板磨损量	√	√	测距工具	总磨损量小于 40cm		
	清洁叶片内的树脂颗粒	√	√	清洁工具	无"沙拉沙拉"的声音		
	检查叶片和变桨轴承的连接螺栓		√	目视	无松动，力矩线无变动		
	检查各个叶片的防雷接地线	√		目视	连接可靠，电缆无损坏		
	检查变桨轴控制单个叶片转动	√		目视	运转正常，无卡死现象		
	清洁轮毂		√	清理	保证轮毂内无碎屑		

应急维护通常是常规维护计划外的维护，由于风机工作环境相对恶劣，极端天气或自然灾害等特殊情况可能造成风机故障停机，此外也可能由于员工维护操作不到位造成严重事故导致停机。对于此类突发事故，运维中心在接到应急报警信息后，需要向技术部、后勤部和维修部同时发出应急维修指令，在保

证所有人员安全的前提下派遣应急维护小组前往现场，开展一系列的维修活动，以最快速度恢复风电机运转。目前 A 公司的应急维护方案是在定期维护的基础上制定的。

（2）设备维护管理的组织结构。A 公司风电场运营业务主要由运维中心负责，设备维护的组织结构力求扁平化，运维中心包括三个部门：技术部、维修部以及后勤部。技术部门人员按项目划分，负责对各个风电场运营监测台汇报的维修项目的审核、设备维修所需资源和备件资源的协调以及指导维修部门人员能级提升等统筹性和针对性工作，高级技术人员通常兼顾多个项目的运营管理工作。维修部门则主要负责各现场设备的全面检修保养，主要包括设备定期检查、设备维修人员管理、具体设备维护任务分配和计划制订等内容，此外由维修部与后勤部协调共同负责维护工具调配、交通保障以及设备备件库存管理和备件供应等工作。

（3）设备维修人员的基本情况。目前，A 公司的运维中心部门拥有在岗技术员 64 人、维修工 310 人，分别服务多个风电场项目组。技术员相比维修工整体技术水平更高，但各级员工内部也普遍存在水平差异，技术能力参差不齐。企业各项目维修技术人员分配不一，部分工作经验丰富的技术员要同时兼顾几个项目组。X 风电场项目按电场规模配备 2 名技术员和 5 名维修工负责全部常规维护工作，当需要应急处理时会派遣其他项目维修人员临时支援。

目前，运维中心针对各风电场设备维护计划制订方式为：技术部每年进行一次公司级整体设备维护大纲编制或修订，而各项目组每年以此为依据根据风电场具体情况制定各型号设备的维护方案。具体执行时除了依照日常维护和定期维护计划，还要根据设备实际维护任务的工作量和维护的紧迫程度进行安排。

技术部 X 风电场项目小组当前制定的定期维护周期如表 7-14 所示。

表 7-14　2.0MW 双馈式风机定期维护周期

维护类别	产品型号	设备名称	检修周期（天）	备注
定期维护	YFFK500-4-CWT2000	风力发电机组	30/360	

7.2.2.3　A 公司 X 风电场现有设备维护策略

A 公司针对 X 风电场 2.0MW 双馈式风电机组设计了相应的维护策略。由于公司现有设备维护策略是基于历史维护数据和维护人员的经验进行制定的，因此本章把现有的维护策略称为"经验维护法"，对于三种维护方式，经验维护法的响应条件和维护活动如表 7-15 所示。

表 7-15　现有维护策略"经验维护法"

	信息获取	维护条件	维护活动	主要响应人员
日常维护	监测报警	达临界值/故障	检查诊断+更换零部件	调度中心监测系统/监测员
定期维护	检查发现	役龄/达临界值/故障	保养/最小维修/更换	检修人员
应急维护	监测报警/检查发现	故障	停机检查+更换	技术人员+检修人员

现有维护策略为设备各类重要部件的主要运行参数分别预设了维护临界值。对于可监测的参数，远程监测平台会在部件运行参数退化到临界值或出现其他异常情况时报警，然后触发响应的维护活动。对于其余部件运行参数，要通过定期检查获取，当通过检查发现参数超过临界值时，要根据具体部件选择两种维护方式：①恢复属性到临界值做最小化维修；②更换部件。对于达到役龄限制或发生故障的部件将直接进行更换。

本部分主要研究设备的定期维护策略优化，以风轮叶片和齿轮箱两类部件的定期维护活动为例。受检修技术水平限制，为减少维修停机时间，当前采用"以换为主，以修为辅"的维护策略。两类部件的维护策略如表 7-16 所示。

表 7-16　风轮叶片和齿轮箱现有定期维护策略

部件名称	检查周期（天）	主要检查参数	维修执行	维修程度	更换执行
风轮叶片	30	上、下剪腹板累计磨损量	累计磨损量处于 40~60cm	最小化维修，修复累计磨损量 20cm	累计磨损量超过 60cm 或腹板严重开胶、脱落或叶片断裂
齿轮箱	30	高速主轴振动频率、润滑油油样分析	每次定检	保养性维修年检全面更换滤芯和润滑脂	检测值>13.35Hz 年检拆机更换

通过对表 7-16 风轮叶片和齿轮箱维护策略的分析可知，两类部件的现有维护策略为：每 30 天进行 1 次检查，当风轮叶片主要参数超过边界值较小时执行

最小化维修使之恢复到边界值,当超过边界值较大或发生其他故障问题时将进行更换活动。对于齿轮箱,在定期检查后,当主要参数值超过边界值时将进行更换维护,否则只进行简单保养,年检时进行全面保养,并拆机检修、更换受损零部件。总的来说,现有维护策略的维护边界值设置具有一定的主观性,并且维修活动在相关参数退化到临界值之后开展,维护活动主要以更换为主,采用最小化维修方式。

7.2.3 A 公司 X 风电场设备维护的问题及原因分析

由于 X 风电场风机布局的地域比较广,初期投产时监控部署成本较高,远程监控系统无法保证所有的风电机组设备每一个主要部件的运行信息都得到实时监测。因此,定期维护方式是预防和解决设备故障的主要维护方式。所以本章重点对定期维护的主要问题进行分析。

7.2.3.1 设备维护策略制定问题分析

目前,制定风电机组设备维修策略的主要参考依据有产品相关性能的测试评估结果、同型号设备的历史维护数据、维修人员通过以往的维修总结的个人经验。然而,由于风力发电机组包括多类、多个部件,每类部件有各自的维修工序,不同部件有维修的先后顺序,再加上维修工技术能力差异等多种因素的综合影响,只依靠"产品维护建议+主观性的经验判断"制定的维护策略,经常会导致检修不及时、维护不足或者过度维护的问题出现,甚至可能导致既定维护项目不能全部完成,最终发生设备故障停机现象。另外,现有的维护策略尽管是出于预防故障的目的,但对于零部件性能退化的过程无法及时预测,维护周期是根据分析结果和历史经验主观确定的,具有一定的随机性。

通过对 A 公司 2019 年 X 风电场某区域风电机组日常维护与定期检修设备时故障停机发送次数的统计,获得如表 7-17 所示的设备主要缺陷情况。由表 7-17 可知,维护过程中存在同机多次发生故障的情况。通过故障诊断分析可以发现首要故障原因是由于设备维护计划制订的主观性较强,导致出现设备维护不全面以及不及时的现象。因此,应当科学制定维护策略,设置更合理、更有效的设备维修周期,保证维护的及时性。

表 7-17 2019 年 X 风电场 E1 风田风机设备主要缺陷情况

风机编号	故障名称	故障时间	故障次数
E1-03（4#）	风机风轮 2#叶片转轴故障	2019 年 9 月 1 日	2
	风机风轮 2#叶片转轴故障	2019 年 9 月 9 日	
E1-03（5#）	2 号变桨电容电压不平衡	2019 年 3 月 23 日	1
E1-04（7#）	齿轮箱过热故障紧急停机	2019 年 10 月 3 日	1
E1-05（6#）	变流器反馈丢失 直流电压过高	2019 年 4 月 5 日	1
E1-05（9#）	电气控制系统温控传感信号丢失	2019 年 4 月 6 日	4
	齿轮箱异响振动	2019 年 5 月 15 日	
	风机风轮叶片转速异常	2019 年 9 月 15 日	
	齿轮箱钢体轻微渗漏油	2019 年 6 月 22 日	
E1-06（7#）	机舱加速度超限	2019 年 7 月 24 日	1
E1-09（8#）	TOPBOX UPS 故障	2019 年 11 月 28 日	4
E1-09（8#）	发电机断路器故障	2019 年 8 月 30 日	—
	更换齿轮箱机械泵	2019 年 3 月 23 日	
	发电机断路器故障	2019 年 9 月 30 日	
E1-11（4#）	43 号子站总线故障	2019 年 2 月 24 日	4
	变桨安全链失灵	2019 年 9 月 24 日	
	齿轮箱高速轴故障紧急停机	2019 年 3 月 23 日	
	4#机子站总线故障 PLC 急停请求	2019 年 9 月 27 日	
E1-11（7#）	IGBT 风扇 1 反馈丢失 IGBT 风扇 运行故障 电容风扇反馈丢失	2019 年 9 月 30 日	1
E1-12（7#）	中控转速信息显示故障	2019 年 10 月 24 日	3
	更换发电机转子制动器	2019 年 10 月 24 日	
	风机风轮 1#叶片磨损严重故障	2019 年 10 月 3 日	
E1-13（3#）	齿轮箱变速轴连接螺栓断裂	2019 年 10 月 25 日	1

7.2.3.2 设备维护活动执行问题分析

设备维护活动是按照维护计划和对应的策略开展的具体行动。现有维护策略虽然涉及三种维护方式，但实质上都以"事后维修"为主，然而，最小化维修会造成部件再次发生故障的时间缩短，而更换则会产生对备件的需求和更高的维护成本。因此，根据历史故障数据和现有维护策略分析当前维护活动执行存在以下问题：

（1）资源调配不及时。在执行各部件相应的维护策略时，由于维护活动以更换零部件为主，这使备件需求比较频繁。更换活动相比维修活动，对人、财、物等维护资源的需求量更大，由于调配不及时，维护计划经常难以保质保量地顺利完成。风电场所处的地理位置通常地形条件复杂，不只设备受到恶劣环境和自然灾害的影响，设备维护人员进行维护活动时也会受到交通不便、天气问题的影响。由于风电场地理位置的特殊性，通常不在现场设置大型部件仓库。因此，备件供应往往需要远程供给，这使执行维护的难度和成本都大大增加。

（2）检修技术问题。由于运维中心的技术员与维修工技术水平存在差异，维修执行难以标准化。并且由于现有检修手段较为陈旧、不同退化程度的部件维修程度没有区分，导致维修效果不佳，经常有同机同部件维修后短时间内出现二次故障的情况。风电场所处的恶劣环境也会导致设备维护人员在不同环境条件下的维修效率存在差异。

（3）分析方式落后。现有的维护策略缺乏对缺陷状态的分级维护。预防性维护活动开展不充分，主要原因是对风电设备检测状态的分析方式落后，而了解设备实际运行状态是进行风险评估、可靠性分析以及寿命管理等维护活动的前提，也是开展预防性维护活动的基础。A公司在技术引进时侧重于引进与设备制造技术、控制系统等与生产业务相关的设备和技术，对风电场风电机组运行状态分析和评估的软件工具以及相关方法的重视不够，现有分析方式的缺陷导致A公司对风电设备状态的诊断缺乏精确性。

7.2.3.3　设备维护问题的原因分析

对于设备维护策略制定中存在的问题，首先是因为维护策略的目标是恢复设备运行，而不追求更好的维护效果，导致维护不彻底、维护的次数较频繁。其次是因为缺少对设备各部件退化状态的预测，执行维护活动时部件状态较差，导致设备维护的预防性程度不足。此外，在制定维护策略时针对各部件分别考虑维护成本，缺乏从整体的角度进行系统性的考虑。

对于设备维护活动执行中存在的问题，主要原因是维护活动以更换为主，目的是使设备运行达标，尽管A公司可以通过自产自供的方式进行部分备件的供给，但由于更换活动成本较高，备件供给也可能不够及时，因此，频繁更换活动使维护执行更加困难。此外，由于公司对投资引进维护新技术的重视程度不够，因此公司的设备故障诊断能力也稍显不足。

7.2.4　实施效果

生产设备维护管理是企业现代化管理不可忽略的重要组成部分，是企业进行正常生产运作的保障。A 公司作为风电产品制造商及风电场全方位运维服务方案提供商，以被委托方身份负责运营维护其所售设备是公司重要的收入来源。风电场的发电是通过多台风机组成的数个风田发电来共同完成的，所产电能将通过相应的集电设施进行并网，完成相应的输送和利用。风电场运维过程中对风电机组的检修是重点工作。由于在风电机设备的所有组成部件中，叶片和齿轮箱的成本所占比例最高，并且通过历史维护资料发现这两类部件缺陷引发设备系统维护的频率也较高，因此本章针对风电机设备的这两类部件进行研究。

在原有设备维护计划中，风电机组组成部件种类较多，维护活动差异较大，维护方式通常是监测个别主要部件，发现故障问题或故障隐患时根据相应部件的维修条例进行最大化维修，既不考虑部件的相关性，也不考虑维修的有效性对维护成本的影响。这使设备维护成本居高不下。此外，由于维修计划复杂、设备故障问题多样化以及人员调度不及时，设备故障停机造成的损失也使维护成本大幅度升高。结合相应问题，本章在原有维护计划的基础上进行改进，实现预防性维护，根据不同的退化状态并结合维护阈值判断进行何种维护活动。

通过第 6 章的研究，可得出一套针对串并联结构部件组合系统的维护方案。根据风电场维护实际试行结果，发现在以下方面有明显改善：

7.2.4.1　维护周期优化效果

优化方案是在原有定期维护的基础上进行的，维护活动是产生主要维护成本的环节，而检查周期 T 是每次维护活动的节点，是根据设备设计寿命划分的多个执行维护活动的窗口。目前，A 公司设备的定期维护周期为 30 天（月检），主要根据设备生产及安装调试时给定的维护标准以及以往维护经验制定，这具有一定的主观性。针对这一问题，本章对检查周期进行了优化，根据对比发现，优化后的检查周期更加科学化，在保证系统运行可靠性的前提下降低了维护频率，并最终反映到单位运行时间维护的总成本中。

原有维护策略对于检测和维护都缺少科学合理以及高效的方式，设备部件维修的主次顺序安排也不够合理，针对这些维护相关问题，A 公司有关部门进行了针对性的优化，最终降低了单位时间的维护成本，得出了相应最小化单位时间维护成本对应的最优解。下面我们根据部件维护阈值以及在维护有效性固定的情况下，对检查周期 T 与单位时间期望维护成本的关系进行讨论。图 7-14 说明了检查周期对单位时间维护成本的影响。

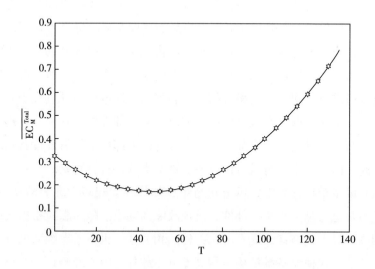

图 7-14　关键部件故障率对单位时间维护成本的影响

由图 7-14 可知，维护周期 T 大于 60 时，周期越长，设备各部件的劣化程度就越大，系统可靠性越小，引发故障的风险越高，因此所产生的维护成本也越高。维护周期太短时，设备各部件的劣化程度还不是很高，尽管维护活动的费用有所降低，系统的可靠性也能提前得到保障，但维护的频率太高，就要承担高昂的检查费用，这同样会使总体的维护成本升高。所以当其他变量固定时，检查周期存在一个合适的值，使按照这个周期去维护设备各部件时，可以实现系统单位时间平均维护成本最小的期望，这也符合我们对维护优化的预期。

7.2.4.2　维护阈值优化效果

齿轮箱是双馈式风力发电机组的重要组成部件之一，风机的叶轮在风力作用下的转速较慢，需要通过齿轮箱来提高转速再进一步提供给发电机。由于存在无规律的风力负荷和更强烈的阵风，以及所处地理位置交通不便，而齿轮箱被安装在风电机机舱罩的狭窄空间当中，一旦有故障发生，修复工作的展开将十分困难，因此对齿轮箱的可靠性以及设计寿命都提出了比其他零部件更高的要求。此外，齿轮箱作为串并联结构系统中的关键部件，其故障将直接导致系统故障停机，会造成巨大的生产损失和维护成本。因此，为加强对关键部件的关注，降低系统故障停机风险，本章引入两个维护阈值，按照检测、维修和更换进行三阶段维护。这两个维护阈值将决定是否对关键部件进行维护以及是进行维修还是更换，维护阈值的变化将影响部件的自然退化过程，进而影响整个系统单位时间维护成本。关键部件维护阈值对单位时间维护成本的影响如图 7-15 所示。

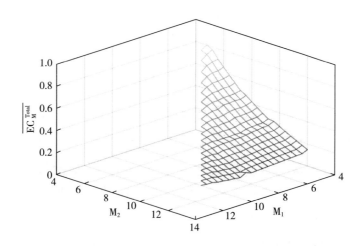

图 7-15 关键部件维护阈值对单位时间维护成本的影响

由图 7-15 可知，当关键部件的预防性维修阈值 M_1 固定时，随着关键部件预防性更换阈值 M_2 的增大，系统单位时间维护成本整体呈现减少趋势，符合预期。这是因为，预防性维修阈值的引入使 A 公司提前设置了一道防线来保障系统的可靠性，在此情况下，放宽预防性更换的条件可以降低更换维护活动发生的概率，从而降低系统单位时间维护成本。此外，当预防性更换阈值 M_2 固定时，随着预防性维修阈值 M_1 的增大，系统单位时间维护成本整体呈现先减少后增加的趋势。这是因为，当预防性维修阈值很小时，由于触发维修活动的可能性增大，频繁的维修产生了较高的检查成本，单位时间维护成本增加。当预防性维修阈值太大时，为保证系统可靠性，高质量的维修产生了较高的维修成本，单位时间维护成本增加，这符合本章控制维护时间点达到降低单位时间维护成本的预期。

进一步地，由图 7-16 可知，随着非关键部件预防性维修阈值的增大，系统单位时间维护成本呈现先减少后增加的趋势。与关键部件维修阈值不同，非关键部件的可靠性只受到预防性维修维护的影响，所以，预防性维修阈值的设置将直接影响非关键部件的维护成本。

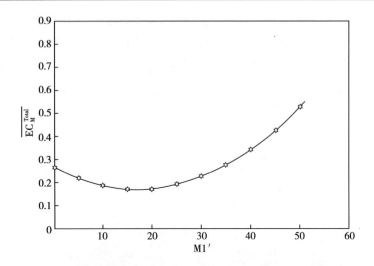

图 7-16　非关键部件维护阈值对单位时间维护成本的影响

7.2.4.3　维护有效性优化效果

维修有效性是指对部件进行预防性维修时的程度。当 $\lambda_1 = \lambda_2 = 0$ 时，表示两类部件的维修程度为 0，其劣化程度没有得到任何修复。当 $\lambda_1 = \lambda_2 = 1$ 时，表示两类部件的修复程度为 100%，部件劣化程度修复到完好的初始状态。然而，在实际修复活动中，受修复技术与修复时间的限制，部件完全修复的难度很大，并且可能比更换维护的成本更高。因此，根据工程实际中的单独维修案例，两类部件的维修有效性为 0.3~0.8 时可以满足维护策略和系统可靠性要求。本章假设部件的维修成本和更换成本呈线性关系。由于关键部件和非关键部件的更换单价存在差异，其对维修有效性的影响可能存在差异。因此，我们通过图形来进行模拟分析。

由图 7-17 可知，当关键部件维修有效性 λ_1 固定时，随着非关键部件维修有效性 λ_2 增大，单位运行时间维护成本先减少后增加。相应地，当非关键部件维修有效性 λ_2 固定时，随着关键部件维修有效性 λ_1 的增大，单位运行时间维护成本也呈现先减少后增加的变化趋势。这是因为，当维护阈值固定时，部件维修的有效性程度越高，延缓部件到达阈值的效果越好，但是需要的成本也越高。而当维修的有效性较低时，部件到达维护阈值的概率增大，维修的频率增加，也会使维护成本增大，所以，系统各部件存在最优的维修有效性组合使成本更少。此外，由图 7-17 可知，关键部件维修有效性的变化对单位时间维护成本的影响比非关键部件维修有效性的影响更明显。这是因为，基于维护策略，预防性维修可以降低关键部件退化状态，这与我们的预期相符。

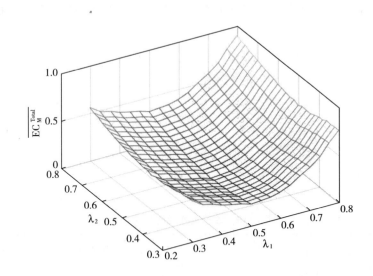

图 7-17　部件维修有效性对单位时间维护成本的影响

在原有定期维护计划中，月检和年检相结合，相当于每年每台风力发电机组至少进行 12 次计划内的定期检查维护。月检任务需至少两名维修人员执行，年检则需 3 名或 3 名以上维修人员共同完成。在不发生故障时，只进行简单保养工作；在检查发现故障问题时，通过更换相应零部件进行第一时间修复，当发生严重故障时需至少停机 72 小时进行全域设备的检修，不仅需要更换引发故障的部件，还需要对退化状态接近故障阈值水平的关键部件进行更换，对其余退化状态的部件进行维修或者更换以恢复到尽可能好的状态。原有维护计划定期维护活动情况如表 7-18 所示。

表 7-18　原有维护计划定期维护活动情况

	所需维修工数（人）	维修次数	时间点	停机情况
保养活动	2	12	计划检修点	生产间隔
检查活动	2~3	12	计划检修点	生产间隔
最小维修	2~4	—	计划检修点	生产间隔/停机 24h
预防性更换	2~4	≥1	计划检修点	停机 24h+
故障更换	4	—	计划外检修点	停机 72h+

A 公司以 X 风电场 1 号风田的 15 台 2.0MW 级风力发电机作为实验对象，针对齿轮箱和叶片两类部件应用优化方案。通过统计 2019 年和 2020 年原有维护数据以及 2021 年上半年应用优化策略维护后的维护数据，对比分析发现，优化方案实施后设备检修次数和故障频次明显降低，单位运行时间的维护成本也得到明显改善，优化方案起到了降本增效的作用。原有策略下，设备单位运行时间叶片和齿轮箱两类部件的维护成本为 2100 元，实施维护优化后，降低为 1708 元，最优检测间隔由月检的 30 天延长到 45 天，全年定期维护次数由 12 次减少为 8 次，对比经验维护法，新的维护策略单位运行时间可节省成本 392 元，具体维护成本结果对比如表 7-19 所示。

表 7-19　维护策略优化结果对比

	经验法	优化方案	优化效果	节省比率（％）
单位时间维护成本（元）	2100	1708	392	18.7

由表 7-19 可知，针对风电机组设备两类部件的维护策略优化可有效降低设备维护成本，节省比率可达 18.7％，考虑到风电机组部件众多和风电场的规模效应，节省比率可在之后的全面改善过程中得到进一步提升。维护策略优化可以为 A 公司带来可观的经济效益。

7.2.5　保障措施

7.2.5.1　加强对设备维护信息的收集与诊断

设备的维护保养需要完整科学的维护策略，而设备维护信息的收集与诊断是在制定维护策略时所必须考虑的内容。设备维护信息的收集与诊断决定了维护活动的选择，是维护行动触发的先决条件，也是改善维护方式和降低维护成本的重要环节。

在收集信息方面，公司运维中心应当针对风力发电场的场地环境和装机规模布置相应数量的监测仪器与设备，且检修人员在每次维护时的检查结果和维修信息都要被记录和汇总。建立信息平台，将长期监测与定期检查获得的维护数据上传到平台数据库，为日后调整和更新维护计划提供参考。收集信息时应当考虑检查时间，检查方法，部件劣化程度，系统劣化程度，部件或系统故障发生时间、发生频次、故障原因、排故方式，长短期策略以及各项开支等信息。

诊断是指根据所监测或检查发现的实时信息判断当前形势：是否需要维护、需要如何维护、需要调动哪些资源以及多长时间内完成。诊断方面应当提高员工技术水平，不断改进检测技术，针对不同部件的待检特征值划定劣化等级，细化诊断流程。将诊断流程、结果以及诊断偏差等各项统计数据都和维护信息一同上传到信息共享平台的数据库。完善收集与诊断的规章制度，可对员工开展培训活动，根据实际情况定期汇总并公示各个员工学习与实践的成果。在执行风电设备维护任务时，应当仔细记录所有维护活动，并把当次维护的内容和维护的结果进行汇总，进而完成对相关维护报告和进度表等文件的填写（见表 7-20），及时反馈实践过程中发现的维护问题，第一时间处理，尽可能高效维护。另外，还要将经常出现故障的部件和容易受损零件进行记录汇总，方便日后通过技术手段最大程度地改善。

表 7-20　设备维护信息记录

设备编号：				责任人：	
日期	具体部件	检测结果	诊断结果	维护活动	维护人员

7.2.5.2　学习维护新技术，加强设备系统整体维护水平

设备生产能力随着设备的大型化和复杂化不断提高，设备的维护与管理也随着相应技术的发展与时俱进，及时学习新技术、提高设备维护管理的效率是优秀的企业管理者应当做到的。例如，引进纳米减摩与自修复技术。在设备维护过程中，摩擦磨损属于设备维护劣化中最主要的三种失效形式之一。磨损是由于维护不及时，初期的表面轻度微损伤问题逐渐加重而形成的，所以设备维修人员长期以来都在追求在受损面进行原位修复。纳米减摩与自修复技术是将润滑和修复两项功能结合起来，从而有效减少摩擦、减小磨损以及最大程度规避表面微损伤的动态自修复技术，该技术不需要对设备进行部件拆卸。纳米减摩与自修复技术不仅在修复装备表面微损伤和预防设备部件失效及延长设备的寿命方面有重要作用，还能够通过影响和改进传统的设备部件润滑方式而减少润滑剂和燃料费用，

降低维护成本。因此，引进此项新技术对设备维护管理工作具有重要意义。

设备维护是由多个部件的维护内容组成的，考虑单一部件维护的最佳选择只是局部最优，考虑设备系统的最佳维护选择才是全局最优。本章所考虑的部件之间的结构相关性是部件相互关系的一种。大型设备结构复杂、部件众多，部件之间还存在随机相关性和经济相关性。随机相关性是指某个部件的退化可能影响其他部件的退化过程，部件退化状态存在相关性。经济相关性是指相比单独对某一部件做维修或更换维护，同时维护其他部件可以产生更好的经济效益。在考虑部件相关性的前提下分析设备系统整体的维护过程可以更加贴近工程实际，达到全局最优的优化效果。

7.2.5.3 安全保障措施

针对风力发电机组设备维护，应当制定细致全面的安全保障措施，所有维修工应按照相应设备维护要求进行定期检修。

在执行风电场现场巡视、维修保养、拆装更换等活动时，所有的作业人员应严格佩戴安全帽和其他防护装备。对于主要部件的维护活动，要及时填写工作票和维护报告。在进行事故抢修时，可以先不填写，但必须通知当值班长，并在维护活动结束后补充记录。开展维护活动前必须按照安全规章要求做好安全措施，并选出安全员保证维护检修必须在监护下执行。现场检修人员对安全作业负有直接责任，安全员负有监督责任，维护项目总负责人承担总体责任。要避免人员单独在现场进行相关作业。当需要进行工作位置转移时，应经过工作负责人许可。需要登塔完成维护活动时，禁止两人在同一段塔筒内同时登塔。维护所需零配件和工具要单独使用专用工具袋携带，并且要确保合规背负或者和安全绳进行连接。维护人员一旦出现身体不适或者情绪问题，禁止登塔作业。进行塔上作业时，风电机设备必须停机并锁定远程操作系统。在进行登塔维护作业前，现场维护负责人要提前检查现场，核对安全措施，排除作业安全隐患。

第 8 章　结论与展望

8.1　主要结论

关于设备维修和备件库存订购策略联合优化研究，本书取得的主要研究结论如下：

（1）利用联合优化，可以显著降低设备运行过程中的成本。FD 公司基于设备状态采取维修活动，进行周期性检查以揭示系统状态，在设备维修活动的基础上进行备件订购。通过联合优化模型，在检查维修间隔、备件订购等措施同时优化的影响下，设备运行过程成本降低，公司整体经济效益有所增加。

（2）结合备件订购提前期，选择备件订购计划。在备件及时到达的同时保障维修计划及时开展，避免造成更大的成本损失。在实际生产中，当紧急订单的交货时间增加时，维修计划的制订应该更加严格，这有助于减少维修备件供应不及时带来的损失，这样就可以按照需要，预防性或修复性地对部件进行替换，避免造成更大的成本损失。

（3）在考虑部件相关性的基础上，调整维修计划以减小相关性带来的影响，使公司整体经济效益显著提升。本书在考虑部件相关性的基础上，结合部件结构重要度，研究非关键部件故障对关键部件的影响。通过对部件相关性的研究可以看出，当交互概率增大时，应该适当缩短检查间隔以提高公司经济效益。

而关于不完全维修前提下对设备维护策略的优化研究，具体研究成果如下：

（1）在定期检查的基础上，引入两类部件退化状态检测的阈值作为部件维护活动决策的条件。按照部件在不同的退化阶段执行相应的维护活动，提高了维护的精准度，在一定程度上避免了维护不足的损失和过度维护的浪费。在保证部件可靠性前提的同时降低了维护成本。本书考虑设备部件之间的结构关系，考虑部件故障对系统故障的影响，进而将串并联的两类部件作为一个整体进行考虑，以伽马分布描述退化过程，建立了具有串并联结构的多部件、多状态和多阶段的维护策略优化模型。本书补充了有关多部件系统维护策略的相关理论研究。

（2）通过对所建立的多部件维护策略优化模型求解，得出一套可改善公司现有维护问题、降低维护成本的维护方案。使 FD 公司设备维护计划的制订更加合理、维护方式的选择更加科学、维护行为更具灵活性，有效降低了系统故障停机的风险，提高了维护的效率，降低了 A 公司设备的维护成本。本书的维护策略为 A 公司日后全面改进设备维护工作提供了参考，对同类型结构的多部件系统设备维护策略研究具有一定的借鉴意义。

8.2　不足与展望

本书在考虑满足市场需求的条件下，从双部件之间不存在和存在故障交互性两个方面分别建立双部件系统定期维修的联合优化模型。本书所提出的模型还存在一些值得拓展的地方，现将这些情形提出，供以后的学者进行进一步研究。

（1）从本书的研究对象来看，我们所研究的对象是双部件系统，但是在日常生活中也有很多复杂的多部件系统，同时系统可以由不同的结构组成，如串联多部件系统、并联多部件系统、串并联多部件系统等，所以在系统结构方面可以进行扩展延伸。

（2）因为本书的研究重点是保护关键部件，所以只考虑了非关键部件 2 发生故障时对部件 1 的劣化水平的影响，但是忽略了关键部件 1 发生故障时对部件 2 的影响。此外，部件之间的交互作用除了会对部件的劣化水平产生影响，也可能会对整个系统的成本以及维修的效果产生影响，这也是本书没有涉及的。

（3）关于部件劣化水平的描述方面，我们使用的是伽马分布。除此之外，我们也可以用故障率函数来进行表示，用指数分布、正态分布以及对数正态分布等来描述部件随着使用时间的增加所展现的劣化特征。

（4）在部件的维修方面，本书采用预防性维修、纠正性维修和纠正性更换三种维修方法，同时假设所有的维修行为都可以使部件达到和新的一样的状态，这里有很强的假设性。在实际的过程中，经过维修之后部件的状态会达到"全新"和"又老又旧"两个状态之间的任意一个状态，所以在这里可以引入一个不完美修理的概念去描述维修的效果。

（5）本书假设定期维修的时间间隔 T 是固定不变的，此外也可以从其他方面进行考虑，如部件维修间隔不同，或者检查间隔服从一个检查间隔函数，随着部件状态的变化不断地进行调整。

参考文献

［1］Rosenblatt M. J. , Lee H. L. A comparative study of continuous and periodic inspection policies in deteriorating production systems ［J］. IIE Transactions，1986 (18)：2-9.

［2］邵校，陈志祥. 多级产品质量体系下劣化部件的生产与维修联合决策 ［J］. 管理学报，2017，14 (12)：1862-1869.

［3］马松. 设备集成维护管理模式及优化策略研究 ［D］. 西安：西安电子科技大学，2010.

［4］莫大康. 半导体设备工业的变迁 ［J］. 电子工业专用设备，2004 (9)：3-4.

［5］尤明懿. 基于状态监测数据的产品寿命预测与预测维护规划方法研究 ［D］. 上海：上海交通大学，2012.

［6］BS EN 13306. Maintenance-Maintenance terminology ［S］. British：European Committee for Standardization，2010.

［7］Lynch P. K. , Adendorff V. S, S. Yadavalli, O. Adetunji. Optimal spares and preventive maintenance frequencies for constrained industrial systems ［J］. Computers & Industrial Engineering，2013，65 (3)：378-387.

［8］Barlow R. , Hunter L. Optimum preventive maintenance policies ［J］. Operations Research，1960，8 (1)：90-100.

［9］Wang H. A survey of maintenance policies of deteriorating systems ［J］. European Journal of Operational Research，2002，139 (3)：469-489.

［10］Chen C. , Lu N. , Jiang B. , et al. Condition-based maintenance optimization for continuously monitored degrading systems under imperfect maintenance actions

［J］. Journal of Systems Engineering and Electronics，2020，31（4）：841-851.

［11］ Zheng R.，Chen B.，Gu L. Condition-based maintenance with dynamic thresholds for a system using the proportional hazards model［EB/OL］. https：//www. sciencedirect. com.

［12］ 王凌，郑恩辉，李运堂，等. 维修决策建模和优化技术综述［J］. 机械科学与技术，2010（1）：133-140.

［13］ 许飞雪，刘勤明，叶春明，李冠林. 基于服务性能合同模式下单部件系统视情维修策略研究［J］. 计算机应用研究，2021，38（2）：460-464.

［14］ Cho D. I.，Parlar M. A survey of maintenance models for multi-unit systems［J］. European Journal of Operational Research，1991，51（1）：1-23.

［15］ Tian Z.，Liao H. Condition based maintenance optimization for multi-component systems using proportional hazards mode［J］. Reliability Engineering & System Safety，2011，96（5）：581-589.

［16］ Hong H.，Zhou W.，Zhang S.，et al. Optimal condition-based maintenance decisions for systems with dependent stochastic degradation of components［J］. Reliability Engineering & System Safety，2014（121）：276-288.

［17］ Salari N.，Makis V. Comparison of two maintenance policies for a multiunit system considering production and demand rates［J］. International Journal of Production Economics，2017（193）：381-391.

［18］ Eryilmaz S. The number of failed components in a K-out-of-N system consisting of multiple types of components［J］. Reliability Engineering & System Safety，2018（175）：246-250.

［19］ Zhang N.，Fouladirad M.，Barros A.，et al. Condition-based maintenance for a K-out-of-N deteriorating system under periodic inspection with failure dependence ［J］. European Jounal of Operational Research，2020，287（1）：159-167.

［20］ 程志君，高大化，黄卓，等. 不完全维修条件下的视情维修优化模型 ［J］. 系统工程与电子技术，2006，28（7）：1106-1108.

［21］ 李志栋，张涛. 多状态串联维修系统的检测及维修优化［J］. 计算机仿真，2017（3）：385-390+399.

［22］ 李想，朱才朝，李垚，等. 基于延迟时间模型的风电机组维修策略 ［J］. 重庆大学学报（自然科学版），2020，43（10）：20-28.

［23］Driessen J. P. C., Peng H., Van Houtum G. J. Maintenance optimization under non-constant probabilities of imperfect inspections ［J］. Reliability Engineering & System Safety, 2017（165）: 115-123.

［24］Zhang Y., Shen J., Ma Y. An optimal preventive maintenance policy for a two-stage competing-risk system with hidden failures ［EB/OL］. https: //www. scien-cedirect. com.

［25］Rui P., Liu B., Zhai Q., et al. Optimal maintenance strategy for systems with two failure modes ［J］. Reliability Engineering & System Safety, 2019（188）: 624-632.

［26］Wang H., Wang W., Peng R. A two-phase inspection model for a single component system with three-stage degradation ［J］. Reliability Engineering and System Safety, 2017, 158（2）: 31-40.

［27］Scarf P. A., Cavalcante C. A. V., Lopes R. S. Delay-time modelling of a critical system subject to random inspections ［J］. European Journal of Operational Research, 2019, 278（3）: 772-782.

［28］Zhang F., Shen J., Liao H., et al. Optimal preventive maintenance policy for a system subject to two-phase imperfect inspections ［J］. Reliability Engineering & System Safety, 2021（205）: 107-254.

［29］王文彬, 赵斐, 彭锐. 基于三阶段故障过程的多重点检策略优化模型 ［J］. 系统工程理论与实践, 2014, 34（1）: 223-232.

［30］刘学娟, 王文彬, 彭锐, 等. 基于延迟时间理论的两部件并联系统检测区间模型 ［J］. 数学的实践与认识, 2015, 45（7）: 231-239.

［31］刘昊, 吕文元, 刘勤明. 多产品生产系统的生产与预防维修综合计划优化模型 ［J］. 科技和产业, 2016, 16（11）: 114-120+158.

［32］刘学娟, 赵斐. 基于延迟时间理论的n中取k系统检测区间模型 ［J］. 控制与决策, 2020, 35（6）: 1469-1475.

［33］龙翔宇, 刘葛辉, 陈绍宽, 等. 基于延迟时间的地铁车辆多级维修计划优化模型 ［J］. 铁道学报, 2021, 43（2）: 30-36.

［34］吴波, 黎明发. 机械零件与系统可靠性模型 ［M］. 北京: 化学工业出版社, 2003.

［35］Lee H. L., Rosenblatt M. J. A production and maintenance planning model with restoration cost dependent on detection delay [J]. IIE Transactions, 2019, 21 (4): 368-375.

[36] Zhang X., Grechak Y. Joint lot sizing and inspection policy in an EOQ model with random yeild [J]. IIE Transactions, 1990 (22): 41-47.

[37] Makis V. Optimal lot sizing and inspection policy for an EMQ model with imperfect inspections naval research logistics [EB/OL]. https: //onlinelibrary. wiley. com.

[38] Liu Q., Dong M., Chen F. F., et al. Single-machine-based joint optimization of predictive maintenance planning and production scheduling [J]. Robo-tics and Computer & Integrated Manufacturing, 2018 (52): 238-247.

[39] Nourelfath M., Fitouhi M. C., Machani M. An integrated model for production and preventive maintenance planning in multi-state systems [J]. IEEE Transactions on Reliability, 2010, 59 (3): 496-506.

[40] Machani M., Nourelfath M. A. A genetic algorithm for integrated production and preventive maintenance planning in multi-state systems [EB/OL]. https: //www. researchgate. net.

[41] Fitouhi M. C., Nourelfath M. Integrating noncyclical preventive maintenance scheduling and production planning for multi-state systems [J]. Reliability Engineering & System Safety, 2014 (121): 175-186.

[42] Radhoui M., Rezg N., Chelbi A. Joint quality control and preventive maintenance strategy for imperfect production processes [J]. Journal of Intelligent Manufacturing, 2010, 21 (2): 205-212.

[43] Pal B., Sana S. S., Chaudhuri K. A mathematical model on EPQ for stochastic demand in an imperfect production system [J]. Journal of Manufacturing Systems, 2013, 32 (1): 260-270.

[44] Peng H., Van Houtum G. J. Joint optimization of condition-based maintenance and production lot-sizing [J]. European Journal of Operational Research, 2016, 253 (1): 94-107.

[45] Cheng G. Q., Zhou B. H., Li L. Integrated production, quality control and condition-based maintenance for imperfect production systems [J]. Reliability Engineering & System Safety, 2018 (175): 251-264.

[46] Duffuaa S., Kolus A., Al-Turki U., et al. An integrated model of pro-

duction scheduling, maintenance and quality for a single machine ［EB/OL］. https：//doi. org/10. 1016/j. cie. 2019. 106239.

［47］Sharifi M. , Taghipour S. Optimal production and maintenance scheduling for a degrading multi-failure modes single-machine production environment ［EB/OL］. https：//doi. org/10. 1016/j. asoc. 2021. 107312.

［48］王莹. 基于设备状态的预知维护策略与经济生产批量的整合研究 ［D］. 上海：上海交通大学，2012.

［49］刘学娟，赵斐. 多产品生产计划与部件维修整合优化模型 ［J］. 工业工程与管理，2015，20（4）：23-28.

［50］刘学娟，赵斐. 考虑协变量的设备退化和生产批量整合模型 ［J］. 浙江大学学报（工学版），2021，55（12）：2390-2396.

［51］汤乐成，刘勤明，张震宇. 批量生产模式下基于客户满意度的设备视情维修策略优化 ［J］. 计算机集成制造系统，2022，5（31）：1-14.

［52］成国庆，周炳海，李玲. 劣化系统的生产、质量控制与视情维护联合建模与优化 ［J］. 计算机集成制造系统，2019，25（7）：1620-1629.

［53］Keizer M. C. A. O. , Flapper S. D. P. , Teunter R. H. Condition-based maintenance policies for systems with multiple dependent components：A review ［J］. European Journal of Operational Research，2017，261（2）：405-420.

［54］Rezaei E. A new model for the optimization of periodic inspection intervals with failure interaction：A case study for a turbine rotor ［J］. Case Studies in Engineering Failure Analysis，2017（9）：148-156.

［55］Liu Z. , et al. Optimal production and pricing strategies for a remanufacturing firm ［EB/OL］. https：//doi. org/10. 1016/j. ijpe. 2018. 07. 015.

［56］Zhou Y. , Guo Y. , Lin T. R. , et al. Maintenance optimisation of a series production system with intermediate buffers using a multi-agent FMDP ［J］. Reliability Engineering & System Safety，2018（180）：39-48.

［57］Xiao L. , Song S. , Chen X. , et al. Joint optimization of production scheduling and machine group preventive maintenance ［J］. Reliability Engineering & System Safety，2016（146）：68-78.

［58］Wang L. , Lu Z. , Ren Y. Joint production control and maintenance policy for a serial system with quality deterioration and stochastic demand ［EB/OL］. http：//www.

semanticsholar. org.

［59］Dellagi S. , Chelbi A. , Trabelsi W. Joint integrated production – maintenance policy with production plan smoothing through production rate control ［J］. Journal of Manufacturing Systems, 2017（42）: 262-270.

［60］Zhou X. , Ning X. Maintenance gravity window based opportunistic maintenance scheduling for multi-unit serial systems with stochastic production waits ［EB/OL］. https: //doi. org/10. 1016/j. vess. 2021. 107828.

［61］Zhou Y. , Lin T. R. , Sun Y. , et al. Maintenance optimisation of a parallel-series system with stochastic and economic dependence under limited maintenance capacity ［J］. Reliability Engineering & System Safety, 2016（155）: 137-146.

［62］Nourelfath M. , Chatelet E. Integrating production, inventory and maintenance planning for a parallel system with dependent components ［J］. Reliability Engineering & System Safety, 2012（101）: 59-66.

［63］Zhou Y. , Zhang Z. , Lin T. R. , et al. Maintenance optimisation of a multi-state series-parallel system considering economic dependence and state-dependent inspection intervals ［J］. Reliability Engineering & System Safety, 2013（111）: 248-259.

［64］Cheng G. Q. , Zhou B. H. , Li L. Joint optimization of lot sizing and condition-based maintenance for multi-component production systems ［J］. Computers & Industrial Engineering, 2017（110）: 538-549.

［65］Cheng G. , Li L. Joint optimization of production, quality control and maintenance for serial-parallel multistage production systems ［EB/OL］. https: //doi. org/ 10. 1016/j. ress. 2020. 107146.

［66］汪博伦. 相关因素考虑下的串联生产系统维修策略优化研究 ［D］. 苏州：江苏大学, 2020.

［67］张博文, 陆志强, 张岳君. 并行机系统生产计划与预防性维修联合建模 ［J］. 上海交通大学学报, 2015, 49（4）: 564-571.

［68］成国庆, 周炳海, 李玲. 多设备系统的生产批量、质量控制与预知维护联合优化 ［J］. 系统工程理论与实践, 2019, 39（8）: 2152-2161.

［69］Murthy D. N. P. , Nguyen D. G. Study of two-component system with failure interaction ［J］. Naval Research Logistics, 1985, 32（2）: 239-247.

［70］Murthy D. N. P. , Nguyen D. G. Study of a multi－component system with failure interaction ［J］. European Journal of Operational Research, 1985 （3）: 330－338.

［71］Murthy D. N. P. , Casey R. T. Optimal policy for a two component system with shock failure interaction ［J］. Proceedings of the 8th National Conference of Australian Operations, 1987, 4 （8）: 161－172.

［72］Murthy D. N. P. , Wilson R. J. Parameter estimation in multi－component system with failure interaction ［J］. Stochastic Models and Data Analysis, 1994 （10）: 47－60.

［73］Jhang J. P. , Sheu S. H. Optimal age and block replacement policies for a multi－component system with failure interaction ［J］. International Journal of Systems Science, 2000, 31 （5）: 593－603.

［74］Scarf P. A. , Deara M. On the development and application of maintenance policies for a two－component system with failure dependence ［J］. IMA Journal of Mathematics Applies in Business and Industry, 1998 （9）: 91－107.

［75］Scarf P. A. , Deara M. Block replacement policies for a two－component system with failure dependence ［J］. Naval Research Logistics, 2003 （50）: 70－87.

［76］Zhang Z. , Wu S. , Li B. , et al. （n, N） type maintenance policy for multi－component systems with failure interactions ［J］. International Journal of Systems Science, 2015, 46 （6）: 1051－1064.

［77］Liu B. , Wu J. , Xie M. Cost analysis for multi－component system with failure interaction under renewing free－replacement warranty ［J］. European Journal of Operational Research, 2015, 243 （3）: 874－882.

［78］Yang L. , Zhao Y. , Ma X. Group maintenance scheduling for two－component systems with failure interaction ［J］. Applied Mathematical Modelling, 2019 （71）: 118－137.

［79］葛阳, 高崎, 黄照协, 等. 考虑故障相关的系统维修间隔期可用度模型 ［J］. 系统科学学报, 2015 （1）: 90－93.

［80］栗志荣, 高崎, 刘钢, 葛阳. 基于故障相关2单元并联系统的备件消耗预测 ［J］. 装甲兵工程学院学报, 2013, 27 （4）: 27－29.

［81］李有堂, 黄兆坤. 多资源约束下串并联生产系统的多目标动态维护

[J]. 兰州理工大学学报，2021，47（2）：26.

[82] Lai M. T.，Chen Y. C. Optimal periodic replacement policy for a two-unit system with failure rate interaction [J]. The International Journal of Advanced Manufacturing Technology，2006，29（3）：367-371.

[83] Lai M. T.，Chen Y. C. Optimal replacement period of a two-unit system with failure rate interaction and external shocks [J]. International Journal of Systems Science，2008，39（1）：71-79.

[84] Lai M. T. A discrete replacement model for a two-unit parallel system subject to failure rate interaction [J]. Quality and Quantity，2009，43（3）：471-479.

[85] Lai M. T.，Yan H. Optimal number of minimal repairs with cumulative repair cost limit for a two-unit system with failure rate interactions [J]. International Journal of Systems Science，2016，47（2）：466-473.

[86] Bian L.，Gebraeel N. Stochastic modeling and real-time prognostics for multi-component systems with degradation rate interactions [J]. Quality & Reliablity Engineering，2014，46（5）：470-482.

[87] Qiu Q.，Cui L.，Kong D. Availability and maintenance modeling for a two-component system with dependent failures over a finite time horizon [J]. Journal of Risk and Reliability，2019，233（2）：200-210.

[88] Rasmekomen N.，Parlikad A. K. Condition-based maintenance of multi-component systems with degradation state-rate interactions [J]. Reliability Engineering & System Safety，2016（148）：1-10.

[89] 张卓琦，吴甦，李斌锋. 考虑故障相关的两部件系统机会维修策略 [J]. 清华大学学报（自然科学版），2012（1）：122-127.

[90] 钱倩，蒋祖华. 考虑预防维修时间及相关性的多部件系统维护策略 [J]. 工业工程，2020，23（6）：95-100+123.

[91] Satow T.，Osaki S. Optimal replacement policies for a two-unit system with shock damage interaction [J]. Computers & Mathematics with Applications，2003，46（7）：1129-1138.

[92] Wang G. J.，Zhang Y. L. A geometric process repair model for a two-component system with shock damage interaction [J]. International Journal of Systems Science，2009，40（11）：1207-1215.

［93］Sheu S. H. , Liu T. H. , Zhang Z. G. , et al. Extended optimal replacement policy for a two-unit system with shock damage interaction ［J］. IEEE Transactions on Reliability, 2015, 64 （3）：998-1014.

［94］Lai M. T. , Chen C. H. , Hariguna T. A bivariate optimal replacement policy with cumulative repair cost limit for a two-unit system under shock damage interaction ［J］. Brazilian Journal of Probability and Statistics, 2017, 31 （2）：353-372.

［95］Meango T. J. M. , Ouali M. S. Failure interaction model based on extreme shock and Markov processes ［EB/OL］. https：//doi. org/10. 1016/j. ress. 2020. 106827.

［96］Wang H. , He Y. , Xiong L. , et al. Multi-level maintenance economic optimization model of electric multiple unit component based on shock damage interaction ［M］. Berlin：Springer, 2017.

［97］Shen J. , Elwany A. , Cui L. Reliability analysis for multi-component systems with degradation interaction and categorized shocks ［J］. Applied Mathematical Modelling, 2018 （56）：487-500.

［98］Sung C. K. , Sheu S. H. , Hsu T. S. , et al. Extended optimal replacement policy for a two-unit system with failure rate interaction and external shocks ［J］. International Journal of Systems Science, 2013, 44 （5）：877-888.

［99］范江川，刘子先. 基于故障相关与外部冲击的两部件系统机会维修研究 ［J］. 天津理工大学学报, 2014 （4）：1-5.

［100］范江川. 故障相关与外部冲击作用下的两部件系统维修策略研究 ［D］. 天津：天津大学, 2013.

［101］Falkner C. H. Jointly optimal inventory and maintenance policies for stochastically failing equipment ［J］. Operations Research, 1968, 16 （3）：587-601.

［102］Osaki S. An ordering policy with lead time ［J］. International Journal of Systems Science, 1977, 8 （10）：1091-1095.

［103］Van Horenbeek, A. J. Bure, D. Catrysse, L. Pintelon, P. Vansteenwegen. Joint maintenance and inventory optimization systems：A review ［J］. International Journal of Production Economics, 2013, 143 （2）：499-508.

［104］Wang L. , Chu J. , Mao W. A condition-based order-replacement policy for a single-tunit system ［J］. Applied Mathematical Modelling, 2008, 32 （11）：2274-2289.

［105］Zahedi-Hosseini F. , Scarf P. , Syntetos A. Joint maintenance-inventory optimisation of parallel production systems ［J］. Journal of Manufacturing Systems, 2018（48）：73-86.

［106］张晓红, 曾建潮. 设备视情预防维修与备件订购策略的联合优化［J］. 机械工程学报, 2015, 51（11）：150-158.

［107］赵斐, 刘学娟. 考虑不完美维修的定期检测与备件策略联合优化［J］. 系统工程理论与实践, 2017, 37（12）：3201-3214.

［108］林名驰, 钟强晖, 李大伟. 不可修复产品的组合维修和备件供应策略［J］. 系统工程与电子技术, 2020, 42（6）：1417-1423.

［109］张新辉, 王雷震, 赵斐. 基于剩余寿命预测的维修与备件订购联合策略优化［J］. 工业工程, 2020, 23（4）：106-113.

［110］Zhang X. , Zeng J. Joint optimization of condition-based opportunistic maintenance and spare parts provisioning policy in multiunit systems ［J］. European Journal of Operational Research, 2017, 262（2）：479-498.

［111］Keizer M. C. O. , Teunter R. H. , Veldman J. Joint condition-based maintenance and inventory optimization for systems with multiple components ［J］. European Journal of Operational Research, 2017, 257（1）：209-222.

［112］Wang J. , Zhu X. Joint optimization of condition-based maintenance and inventory control for a K-out-of-N：F system of multi-state degrading components ［J］. European Journal of Operational Research, 2021, 290（2）：514-529.

［113］张晓红. 多部件系统维修决策及维修与备件库存联合决策研究［D］. 太原：太原科技大学, 2015.

［114］逯程, 徐廷学, 王虹. 装备视情维修与备件库存联合优化决策［J］. 系统工程与电子技术, 2019, 41（7）：1560-1567.

［115］蒋伟, 盛文, 杨莉, 等. 视情维修条件下相控阵雷达备件优化配置［J］. 系统工程与电子技术, 2017, 39（9）：2052-2057.

［116］杨建华, 韩梦莹. 视情维修条件下 k/N（G）系统备件供需联合优化［J］. 系统工程与电子技术, 2019, 41（9）：2148-2156.

［117］Wang W. B. A joint spare part and maintenance inspection optimisation model using the delay-time concept ［J］. Reliability Engineering & System Safety, 2011, 96（11）：1535-1541.

［118］Zahedi-Hosseini F., Scarf P., Syntetos A. Joint optimisation of inspection maintenance and spare parts provisioning: A comparative study of inventory policies using simulation and survey data ［J］. Reliability Engineering & System Safety, 2017, 168 （12）: 306-316.

［119］Zhao F., Xie F., Shi C., et al. A joint inspection-based preventive maintenance and spare ordering optimization policy using a three-Stage failure process ［J］. Complexity, 2017 （5）: 1-19.

［120］Zhao F., Liu X., Peng R., et al. Joint optimization of inspection and spare ordering policy with multi-level defect information ［EB/OL］. https://doi.org/10.1016/j.cie.2019.106205.

［121］Vu H. C., Do P., Barros A. A stationary grouping maintenance strategy using mean residual life and the birnbaum importance measure for complex structures ［J］. IEEE Transactions on Reliability, 2016, 65 （1）: 217-234.

［122］Nguyen K. A., Do P., Grall A. Joint predictive maintenance and inventory strategy for multi-component systems using Birnbaum's structural importance ［J］. Reliability Engineering & System Safety, 2017 （168）: 249-261.

［123］Ma X., Zhang X., Peng R. An advanced replacement model for a two-unit system ［J］. International Journal of Performability Engineering, 2018, 14 （1）: 186-191.

［124］Nakagawa T., Yasui K. Optimum policies for a system with imperfect maintenance ［J］. IEEE Transactions on Reliability, 1987, 36 （5）: 631-633.

［125］Pham H., Wang H. Imperfect maintenance ［J］. European Journal of Operational Research, 1996, 94 （3）: 425-438.

［126］Jack N. Age-reduction models for imperfect maintenance ［J］. IMA Journal of Management Mathematics, 1998, 9 （4）: 347-354.

［127］Cassady C. R., Iyoob I. M., Schneider K. A generic model of equipment availability under imperfect maintenance ［J］. IEEE Transactions on Reliability, 2005, 54 （4）: 564-571.

［128］Labeau P. E., Segovia M. C. Effective age models for imperfect maintenance ［J］. Journal of Risk and Reliability, 2011, 225 （2）: 117-130.

［129］Liu Y., Huang H. Z. Optimal selective maintenance strategy for multi-state systems under imperfect maintenance [J]. IEEE Transactions on Reliability, 2010, 59 (2): 356-367.

[130] Zhang M., Xie M. Degradation modeling using stochastic filtering for systems under imperfect maintenance [J]. Chemical Engineering Transactions, 2013 (33): 7-12.

[131] Khatab A., Aghezzaf E. H. Selective maintenance optimization for series-parallel systems with continuously monitored stochastic degrading components subject to imperfect maintenance [J]. IFAC-Papers On Line, 2016, 49 (28): 256-261.

[132] Martinod R. M., Bistorin O., Castañeda L. F. Maintenance policy optimisation for multi-component systems considering degradation of components and imperfect maintenance actions [J]. Computers and Industrial Engineering, 2018 (124): 100-112.

[133] Liu Q., Dong M., Chen F. F. Multi-objective imperfect maintenance optimization for production system with an intermediate buffer [J]. Journal of Manufacturing Systems, 2020 (56): 452-462.

[134] Deng J., Liu Y., Huang J., et al. Maintenance decision optimization of multi-state system considering imperfect maintenance [J]. Industrial Engineering and Innovation Management, 2022, 5 (8): 16-24.

[135] Wang J., Miao Y., Yi Y., et al. An imperfect age-based and condition-based opportunistic maintenance model for a two-unit series system [J]. Computers and Industrial Engineering, 2021, 160 (10): 75-83.

[136] Jonge B. D., Scarf P. A. A review on maintenance optimization [J]. European Journal of Operational Research, 2020, 285 (3): 805-824.

[137] Block H. W., Borges W. S., Savits T. H. A general age replacement model with minimal repair [J]. Naval Research Logistics, 1988, 35 (5): 365-372.

[138] Jiang R. An accurate approximate solution of optimal sequential age replacement policy for a finite-time horizon [J]. Reliability Engineering and System Safety, 2009, 94 (8): 1245-1250.

[139] Tinga T. Application of physical failure models to enable usage and load based maintenance [J]. Reliability Engineering and System Safety, 2010, 95 (10): 1061-1075.

[140] Wang L., Chu J., Mao W. A condition-based order-replacement policy for a single-unit system [J]. Applied Mathematical Modelling, 2008, 32 (11): 2274-2289.

[141] Jardine A. K. S., Lin D., Banjevic D. A review on machinery diagnostics and prognostics implementing condition-based maintenance [J]. Mechanical Systems and Signal Processing, 2006, 20 (7): 1483-1510.

[142] Murthy D. P., Jack N. System degradation and maintenance [M]. Berlin: Springer, 2014.

[143] Pintelon L. M., Gelders L. F. Maintenance management decision making [J]. European Journal of Operational Research, 1992, 58 (3): 301-317.

[144] Moustafa M. S., Maksoud E. Y. A., Sadek S. Optimal major and minimal maintenance policies for deteriorating systems [J]. Reliability Engineering and System Safety, 2004, 83 (3): 363-368.

[145] Castanier B., Grall A., Berenguer C. A condition-based maintenance policy with non-periodic inspections for a two-unit series system [J]. Reliability Engineering and System Safety, 2005, 87 (1): 109-120.

[146] Lim J. H., Jian Q., Zuo M. J. Age replacement policy based on imperfect repair with random probability [J]. Reliability Engineering and System Safety, 2016 (149): 24-33.

[147] Christer A. H. Economic cycle periods for maintenance painting [J]. Operational Research Quarterly (1970-1977), 1976, 27 (1): 1-13.

[148] Christer A. H., Waller W. M. Reducing production downtime using delay-time analysis [J]. Journal of the Operational Research Society, 1984, 35 (6): 499-512.

[149] Wang W. An inspection model based on a three-stage failure process [J]. Reliability Engineering & System Safety, 2011, 96 (7): 838-848.

[150] Wang W. An overview of the recent advances in delay-time-based maintenance modelling [J]. Reliability Engineering and System Safety, 2012 (106): 165-178.

[151] De Jonge B., Scarf P. A. A review on maintenance optimization [J]. European Journal of Operational Research, 2020, 285 (3): 805-824.

[152] Thomas L. A survey of maintenance and replacement models for maintain-

ability and reliability of multi-item systems [J]. Reliability Engineering, 1986, 16 (4): 297-309.

[153] Dekker R., Wildeman R. E., Van Der Duyn, et al. A review of multi-component maintenance models with economic dependence [J]. Mathematical Methods of Operations Research, 1997, 45 (3): 411-435.

[154] Laggoune R., Chateauneuf A., Aissani D. Preventive maintenance scheduling for a multi-component system with non-negligible replacement time [J]. International Journal of Systems Science, 2010, 41 (7): 747-761.

[155] Wang H. A survey of maintenance policies of deteriorating systems [J]. European Journal of Operational Research, 2002, 139 (3): 469-489.

[156] Allen S. G., Desopo D. A. An ordering policy for repairable stock items [J]. Operations Research, 1968, 16 (3): 669-674.

[157] Dekker R., Kleijin M. J., De Rooij P. J. A spare parts stocking policy based on equipment criticality [J]. International Journal of Production Economics, 1998, 56 (97): 69-77.

[158] Braglia M., Grassi A., Montanari R. Multi-attribute classification method for spare parts inventory management [J]. Journal of Quality in Maintenance Engineering, 2004, 10 (1): 55-65.

[159] 曲立, 张群. 备件库存管理综述 [J]. 实验室研究与探索, 2006, 25 (7): 875-880.

[160] Mann L. Toward a systematic maintenance program [J]. Journal of Industrial Engineering, 1966, 17 (9): 461-473.

[161] Sani B., Kingsman B. G. Selecting the best periodic inventory control and demand forecasting methods for low demand items [J]. Journal of the Operational Research Society, 1997, 48 (7): 700-713.

[162] Vaughan T. S. Failure replacement and preventive maintenance spare parts ordering poliey [J]. European Journal of Operational Research, 2005, 161 (1): 183-190.

[163] Magee J. F. Production planning and inventory control [M]. New York: McGraw Hill, 1958.

[164] Bouslah B., Gharbi A., Pellerin R. Joint production, quality and main-

tenance control of a two-machine line subject to operation-dependent and quality-dependent failures [J]. International Journal of Production Economics, 2018 (195): 210-226.

[165] Bertsekas D. P., Tsitsiklis J. N. Neuro-dynamic programming: An overview [EB/OL]. https://ieeexplore.ieee.org/document/478953.

[166] Hajej Z., Rezg N., Gharbi A. Quality issue in forecasting problem of production and maintenance policy for production unit [J]. International Journal of Production Research, 2018, 56 (18): 6147-6163.

附录 1

（1）在第 n 次检查时，给定系统状态 $X(t_n)=(x_1, x_2)$，其中，$M_1 \leqslant x_1 < M$，$x_2 < D$，则在下次检查时系统状态转移到不同状态下的概率为：

$$p_{10}^{00}=p_{00}^{00}, \quad p_{10}^{10}=p_{00}^{10}, \quad p_{10}^{20}=p_{00}^{20}, \quad p_{10}^{01}=p_{00}^{01}, \quad p_{10}^{11}=p_{00}^{11}, \quad p_{10}^{12}=p_{00}^{12}$$

（2）在第 n 次检查时，给定系统状态 $X(t_n)=(x_1, x_2)$，其中，$x_1 \geqslant M$，$x_2 < D$，则在下次检查时系统状态转移到不同状态下的概率为：

$$p_{20}^{00}=p_{00}^{00}, \quad p_{20}^{10}=p_{00}^{10}, \quad p_{20}^{20}=p_{00}^{20}, \quad p_{20}^{01}=p_{00}^{01}, \quad p_{20}^{11}=p_{00}^{11}, \quad p_{20}^{12}=p_{00}^{12}$$

（3）在第 n 次检查时，给定系统状态 $X(t_n)=(x_1, x_2)$，其中，$x_1 < M_1$，$x_2 \geqslant D$，则在下次检查时系统状态转移到不同状态下的概率为：

$$p_{01}^{00}=p_{00}^{00}, \quad p_{01}^{10}=p_{00}^{10}, \quad p_{01}^{20}=p_{00}^{20}, \quad p_{01}^{01}=p_{00}^{01}, \quad p_{01}^{11}=p_{00}^{11}, \quad p_{01}^{12}=p_{00}^{12}$$

（4）在第 n 次检查时，给定系统状态 $X(t_n)=(x_1, x_2)$，其中，$M_1 \leqslant x_1 < M$，$x_2 \geqslant D$，则在下次检查时系统状态转移到不同状态下的概率为：

$$p_{11}^{00}=p_{00}^{00}, \quad p_{11}^{10}=p_{00}^{10}, \quad p_{11}^{20}=p_{00}^{20}, \quad p_{11}^{01}=p_{00}^{01}, \quad p_{11}^{11}=p_{00}^{11}, \quad p_{11}^{12}=p_{00}^{12}$$

（5）在第 n 次检查时，给定系统状态 $X(t_n)=(x_1, x_2)$，其中，$x_1 \geqslant M$，$x_2 \geqslant D$，则在下次检查时系统状态转移到不同状态下的概率为：

$$p_{12}^{00}=p_{00}^{00}, \quad p_{12}^{10}=p_{00}^{10}, \quad p_{12}^{20}=p_{00}^{20}, \quad p_{12}^{01}=p_{00}^{01}, \quad p_{12}^{11}=p_{00}^{11}, \quad p_{12}^{12}=p_{00}^{12}$$

附录 2

（1）在第 n 次检查时，给定系统状态 $X(t_n)=(x_1, x_2)$，其中，$M_1 \leqslant x_1 < M$，$x_2 < D_1$，则在下次检查时系统状态转移到不同状态下的概率为：

$$p_{10}^{00\prime}=p_{00}^{00}, \quad p_{10}^{01\prime}=p_{00}^{01}, \quad p_{10}^{02\prime}=(1-P_1)\times p_{00}^{02}, \quad p_{10}^{10\prime}=p_{00}^{10}, \quad p_{10}^{11\prime}=p_{00}^{11}$$

$$p_{10}^{12\prime}=P_1\times p_{10}^{02}+(1-P_2)\times p_{10}^{12}, \quad p_{10}^{20\prime}=p_{00}^{20}, \quad p_{10}^{21\prime}=p_{00}^{21}, \quad p_{10}^{22\prime}=P_2\times p_{00}^{12}$$

（2）在第 n 次检查时，给定系统状态 $X(t_n)=(x_1, x_2)$，其中，$x_1 \geqslant M$，$x_2 < D_1$，则在下次检查时系统状态转移到不同状态下的概率为：

$$p_{20}^{00\prime}=p_{00}^{00}, \quad p_{20}^{01\prime}=p_{00}^{01}, \quad p_{20}^{02\prime}=(1-P_1)\times p_{20}^{02}, \quad p_{20}^{10\prime}=p_{00}^{10}, \quad p_{20}^{11\prime}=p_{00}^{11}$$

$$p_{20}^{12\prime}=P_1\times p_{20}^{02}+(1-P_2)\times p_{20}^{12}, \quad p_{20}^{20\prime}=p_{00}^{20}, \quad p_{20}^{21\prime}=p_{00}^{21}, \quad p_{20}^{22\prime}=P_2\times p_{20}^{22}$$

（3）在第 n 次检查时，给定系统状态 $X(t_n)=(x_1, x_2)$，其中，$x_1 < M_1$，$D_1 \leqslant x_2 < D$，则在下次检查时系统状态转移到不同状态下的概率为：

$$p_{01}^{00\prime}=p_{00}^{00}, \quad p_{01}^{01\prime}=p_{00}^{01}, \quad p_{01}^{02\prime}=(1-P_1)\times p_{01}^{02}, \quad p_{01}^{10\prime}=p_{00}^{10}, \quad p_{01}^{11\prime}=p_{00}^{11}$$

$$p_{01}^{12\prime}=P_1\times p_{01}^{02}+(1-P_2)\times p_{01}^{12}, \quad p_{01}^{20\prime}=p_{00}^{20}, \quad p_{01}^{21\prime}=p_{00}^{21}, \quad p_{01}^{22\prime}=P_2\times p_{01}^{22}$$

（4）在第 n 次检查时，给定系统状态 $X(t_n)=(x_1, x_2)$，其中，$M_1 \leqslant x_1 < M$，$D_1 \leqslant x_2 < D$，则在下次检查时系统状态转移到不同状态下的概率为：

$$p_{11}^{00\prime}=p_{00}^{00}, \quad p_{11}^{01\prime}=p_{00}^{01}, \quad p_{11}^{02\prime}=(1-P_1)\times p_{11}^{02}, \quad p_{11}^{10\prime}=p_{00}^{10}, \quad p_{11}^{11\prime}=p_{00}^{11}$$

$$p_{11}^{12\prime}=P_1\times p_{11}^{02}+(1-P_2)\times p_{11}^{12}, \quad p_{11}^{20\prime}=p_{00}^{20}, \quad p_{11}^{21\prime}=p_{00}^{21}, \quad p_{11}^{22\prime}=P_2\times p_{11}^{22}$$

（5）在第 n 次检查时，给定系统状态 $X(t_n)=(x_1, x_2)$，其中，$x_1 \geqslant M$，$D_1 \leqslant x_2 < D$，则在下次检查时系统状态转移到不同状态下的概率为：

$$p_{21}^{00\prime}=p_{00}^{00}, \quad p_{21}^{01\prime}=p_{00}^{01}, \quad p_{21}^{02\prime}=(1-P_1)\times p_{21}^{02}, \quad p_{21}^{10\prime}=p_{00}^{10}, \quad p_{21}^{11\prime}=p_{00}^{11}$$

$$p_{21}^{12\prime}=P_1\times p_{21}^{02}+(1-P_2)\times p_{21}^{12}, \quad p_{21}^{20\prime}=p_{00}^{20}, \quad p_{21}^{21\prime}=p_{00}^{21}, \quad p_{21}^{22\prime}=P_2\times p_{21}^{22}$$

（6）在第 n 次检查时，给定系统状态 $X(t_n)=(x_1, x_2)$，其中，$x_1 < M_1$，$x_2 \geqslant$

D，则在下次检查时系统状态转移到不同状态下的概率为：

$$p_{02}^{00}{}' = p_{00}^{00}, \quad p_{02}^{01}{}' = p_{00}^{01}, \quad p_{02}^{02}{}' = (1-P_1) \times p_{02}^{02}, \quad p_{02}^{10}{}' = p_{00}^{10}, \quad p_{02}^{11}{}' = p_{00}^{11}$$

$$p_{02}^{12}{}' = P_1 \times p_{02}^{02} + (1-P_2) \times p_{02}^{12}, \quad p_{02}^{20}{}' = p_{00}^{20}, \quad p_{02}^{21}{}' = p_{00}^{21}, \quad p_{02}^{22}{}' = P_2 \times p_{02}^{22}$$

（7）在第 n 次检查时，给定系统状态 $X(t_n) = (x_1, x_2)$，其中，$M_1 \leqslant x_1 < M$，$x_2 \geqslant D$，则在下次检查时系统状态转移到不同状态下的概率为：

$$p_{12}^{00}{}' = p_{00}^{00}, \quad p_{12}^{01}{}' = p_{00}^{01}, \quad p_{12}^{02}{}' = (1-P_1) \times p_{12}^{02}, \quad p_{12}^{10}{}' = p_{00}^{10}, \quad p_{12}^{11}{}' = p_{00}^{11}$$

$$p_{12}^{12}{}' = P_1 \times p_{12}^{02} + (1-P_2) \times p_{12}^{12}, \quad p_{12}^{20}{}' = p_{00}^{20}, \quad p_{12}^{21}{}' = p_{00}^{21}, \quad p_{12}^{22}{}' = P_2 \times p_{12}^{22}$$

（8）在第 n 次检查时，给定系统状态 $X(t_n) = (x_1, x_2)$，其中，$x_1 \geqslant M$，$x_2 \geqslant D$，则在下次检查时系统状态转移到不同状态下的概率为：

$$p_{22}^{00}{}' = p_{00}^{00}, \quad p_{22}^{01}{}' = p_{00}^{01}, \quad p_{22}^{02}{}' = (1-P_1) \times p_{22}^{02}, \quad p_{22}^{10}{}' = p_{00}^{10}, \quad p_{22}^{11}{}' = p_{00}^{11}$$

$$p_{22}^{12}{}' = P_1 \times p_{22}^{02} + (1-P_2) \times p_{22}^{12}, \quad p_{22}^{20}{}' = p_{00}^{20}, \quad p_{22}^{21}{}' = p_{00}^{21}, \quad p_{22}^{22}{}' = P_2 \times p_{22}^{22}$$

附录 3

结合部件缺陷和故障需要替换时备件所有可能的状态，我们推导出以下所有可能事件发生的概率：

关键部件缺陷状态：

$T_f - T_i > L_o$，常规订购的备件到达。则：

$$P(T_f - T_i > L_o) = P(T_i + L_o < T_f < T_{i+1})$$
$$= P(T_{i-1} < X_1 < T_i, \ T_i + L_o < X_1 + X_2 < T_{i+1})$$
$$= \int_{T_{i-1}}^{T_i} \int_{T_i + L_o - x}^{T_{i+1} - x} f_{X_1}(x) f_{X_2}(y) \, dy \, dx$$

$T_f - T_i \leqslant L_o$，常规订购的备件在缺陷状态未到。则：

$$P(T_f - T_i \leqslant L_o) = 1 - P(T_f - T_i > L_o)$$
$$= 1 - \int_{T_{i-1}}^{T_i} \int_{T_i + L_o - x}^{T_{i+1} - x} f_{X_1}(x) f_{X_2}(y) \, dy \, dx$$

关键部件故障状态：缺陷状态下常规订购的备件未到（$P(T_f - T_i \leqslant L_o)$）才会发生故障状态。

$T_f - T_i = L_o$，常规订购的备件在故障点时刚好到达。则：

$$P(T_f - T_i = L_o) = P(T_{i-1} < X_1 < T_i, \ T_i < X_1 + X_2 \leqslant T_{i,j})$$
$$= \int_{T_{i-1}}^{T_i} \int_{T_i - x}^{T_{i,j} - x} f_{X_1}(x) f_{X_2}(y) \, dy \, dx$$

$T_f - T_i < L_o$，常规订购的备件尚未到达，需判断：

$T_i + L_o - T_f > \delta$，在故障点进行紧急订购。则：

$$P(T_i + L_o - T_f > \delta) = P(T_i < T_f < T_i + L_o - \delta)$$
$$= P(T_{i-1} < X_1 < T_i, \ T_i < X_1 + X_2 < T_i + L_o - \delta)$$

$$= \int_{T_{i-1}}^{T_i} \int_{T_i-x}^{T_i+L_o-\delta-x} f_{X_1}(x) f_{X_2}(y) \, dy \, dx$$

$T_i + L_o - T_f \leq \delta$，等待常规订购的备件到达。则：

$$P(T_i + L_o - T_f \leq \delta) = P(T_i + L_o - \delta \leq T_f < T_i + L_o)$$

$$= P(T_{i-1} < X_1 < T_i, \ T_i + L_o - \delta < X_1 + X_2 < T_i + L_o)$$

$$= \int_{T_{i-1}}^{T_i} \int_{T_i+L_o-\delta-x}^{T_i+L_o-x} f_{X_1}(x) f_{X_2}(y) \, dy \, dx$$

非关键部件缺陷状态：

$T'_f - T'_i > L'_o$，常规订购的备件到达。则：

$$P(T'_f - T'_i > L'_o) = P(T'_i + L'_o < T'_f < T'_{i+1})$$

$$= P(T'_{i-1} < X'_1 < T'_i, \ T'_i + L'_o < X'_1 + X'_2 < T'_{i+1})$$

$$= \int_{T'_{i-1}}^{T'_i} \int_{T'_i+L'_o-x}^{T'_{i+1}-x} f_{X'_1}(x) f_{X'_2}(y) \, dy \, dx$$

$T'_f - T'_i \leq L'_o$，常规订购的备件在缺陷状态未到。则：

$$P(T'_f - T'_i \leq L'_o) = 1 - P(T'_f - T'_i > L'_o)$$

$$= 1 - \int_{T'_{i-1}}^{T'_i} \int_{T'_i+L'_o-x}^{T'_{i+1}-x} f_{X'_1}(x) f_{X'_2}(y) \, dy \, dx$$

非关键部件故障状态：此故障状态一定会发生。

$T'_f - T'_i \geq L'_o$，常规订购的备件到达。则：

$$P(T'_f - T'_i \geq L'_o) = P(T'_f - T'_i > L'_o) + P(T'_f - T'_i = L'_o)$$

其中，

$$P(T'_f - T'_i = L'_o) = P(T'_{i-1} < X'_1 < T'_i, \ T'_i < X'_1 + X'_2 \leq T'_{i, j})$$

$$= \int_{T'_{i-1}}^{T'_i} \int_{T'_i-x}^{T'_{i, j}-x} f_{X'_1}(x) f_{X'_2}(y) \, dy \, dx$$

则：

$$P(T'_f - T'_i \geq L'_o) = \int_{T'_{i-1}}^{T'_i} \int_{T'_i+L'_o-x}^{T'_{i+1}-x} f_{X'_1}(x) f_{X'_2}(y) \, dy \, dx + \int_{T'_{i-1}}^{T'_i} \int_{T'_i-x}^{T'_{i, j}-x} f_{X'_1}(x) f_{X'_2}(y) \, dy \, dx$$

$T'_f - T'_i < L'_o$，常规订购的备件尚未到达，需判断：

$T'_i + L'_o - T'_{i, j} > \delta'$，在检查点进行紧急订购。则：

$$P(T'_i + L'_o - T'_{i, j} > \delta') = P(T'_i < T'_f < T'_i + L'_o - \delta')$$

$$= P(T'_{i-1} < X'_1 < T'_i, \ T'_i < X'_1 + X'_2 < T'_i + L'_o - \delta')$$

$$= \int_{T'_{i-1}}^{T'_i} \int_{T'_i-x}^{T'_i+L'_o-\delta'-x} f_{X'_1}(x) f_{X'_2}(y) \, dy \, dx$$

$T'_i + L'_o - T'_{i,j} \leqslant \delta'$，等待常规订购的备件。则：

$$P(T'_i + L'_o - T'_{i,j} \leqslant \delta') = 1 - P(T'_i + L'_o - T'_{i,j} > \delta')$$

$$= 1 - \int_{T'_{i-1}}^{T'_i} \int_{T'_i - x}^{T'_i + L'_o - \delta' - x} f_{X'_1}(x) f_{X'_2}(y) \, dy \, dx$$

附录 4

我们推导了一个由两部件组成的系统的转移概率矩阵 R，每个状态的转移概率取决于该状态下所做的决策。

具体转移矩阵 R 如下：

$$R = \begin{pmatrix} P_{00}^{00} & P_{00}^{01} & P_{00}^{02} & P_{00}^{10} & P_{00}^{11} & P_{00}^{12} & P_{00}^{20} & P_{00}^{21} & P_{00}^{22} \\ P_{01}^{00} & P_{01}^{01} & P_{01}^{02} & P_{01}^{10} & P_{01}^{11} & P_{01}^{12} & P_{01}^{20} & P_{01}^{21} & P_{01}^{22} \\ P_{02}^{00} & P_{02}^{01} & P_{02}^{02} & P_{02}^{10} & P_{02}^{11} & P_{02}^{12} & P_{02}^{20} & P_{02}^{21} & P_{02}^{22} \\ P_{10}^{00} & P_{10}^{01} & P_{10}^{02} & P_{10}^{10} & P_{10}^{11} & P_{10}^{12} & P_{10}^{20} & P_{10}^{21} & P_{10}^{22} \\ P_{11}^{00} & P_{11}^{01} & P_{11}^{02} & P_{11}^{10} & P_{11}^{11} & P_{11}^{12} & P_{11}^{20} & P_{11}^{21} & P_{11}^{22} \\ P_{12}^{00} & P_{12}^{01} & P_{12}^{02} & P_{12}^{10} & P_{12}^{11} & P_{12}^{12} & P_{12}^{20} & P_{12}^{21} & P_{12}^{22} \\ P_{20}^{00} & P_{20}^{01} & P_{20}^{02} & P_{20}^{10} & P_{20}^{11} & P_{20}^{12} & P_{20}^{20} & P_{20}^{21} & P_{20}^{22} \\ P_{21}^{00} & P_{21}^{01} & P_{21}^{02} & P_{21}^{10} & P_{21}^{11} & P_{21}^{12} & P_{21}^{20} & P_{21}^{21} & P_{21}^{22} \\ P_{22}^{00} & P_{22}^{01} & P_{22}^{02} & P_{22}^{10} & P_{22}^{11} & P_{22}^{12} & P_{22}^{20} & P_{22}^{21} & P_{22}^{22} \end{pmatrix}$$

其中：

令 $\lambda_1 e^{-\lambda_1 t} = M_1$；$\lambda_2 e^{-\lambda_2 t} = M_2$；$\lambda_3 e^{-\lambda_3 t} = M_3$；$\lambda_4 e^{-\lambda_4 t} = M_4$

则：

$$P_{00}^{00} = (1-M_1)(1-M_2)(1-M_3)(1-M_4)(1-M_1)(1-M_2)(1-M_3)(1-M_4)$$

$$P_{00}^{01} = (1-M_1)(1-M_2)(1-M_3)(1-M_4)(1-M_1)(1-M_2)M_3$$

$$P_{00}^{02} = (1-M_1)(1-M_2)(1-M_3)(1-M_4)(1-M_1)(1-M_2)M_4(1-P_0)$$

$$P_{00}^{10} = (1-M_1)(1-M_2)(1-M_3)(1-M_4)M_1(1-M_3)(1-M_4)$$

$$P_{00}^{11} = (1-M_1)(1-M_2)(1-M_3)(1-M_4)M_1 M_3$$

$$P_{00}^{12} = (1-M_1)(1-M_2)(1-M_3)(1-M_4)M_1M_4 + P_0 \cdot P_{00}^{02}$$

$$P_{00}^{20} = (1-M_1)(1-M_2)(1-M_3)(1-M_4)M_2(1-M_3)(1-M_4)$$

$$P_{00}^{21} = (1-M_1)(1-M_2)(1-M_3)(1-M_4)M_2M_3$$

$$P_{00}^{22} = (1-M_1)(1-M_2)(1-M_3)(1-M_4)M_2M_4$$

$$P_{01}^{00} = (1-M_1)(1-M_2)M_3(1-M_1)(1-M_2)(1-M_3)(1-M_4)$$

$$P_{01}^{01} = (1-M_1)(1-M_2)M_3(1-M_1)(1-M_2)M_3$$

$$P_{01}^{02} = (1-M_1)(1-M_2)M_3(1-M_1)(1-M_2)M_4(1-P_0)$$

$$P_{01}^{10} = (1-M_1)(1-M_2)M_3M_1(1-M_3)(1-M_4)$$

$$P_{01}^{11} = (1-M_1)(1-M_2)M_3M_1M_3$$

$$P_{01}^{12} = (1-M_1)(1-M_2)M_3M_1M_4 + P_0 \cdot P_{01}^{02}$$

$$P_{01}^{20} = (1-M_1)(1-M_2)M_3M_2(1-M_3)(1-M_4)$$

$$P_{01}^{21} = (1-M_1)(1-M_2)M_3M_2M_3$$

$$P_{01}^{22} = (1-M_1)(1-M_2)M_3M_2M_4$$

$$P_{02}^{00} = (1-M_1)(1-M_2)M_4(1-M_1)(1-M_2)(1-M_3)(1-M_4)$$

$$P_{02}^{01} = (1-M_1)(1-M_2)M_4(1-M_1)(1-M_2)M_3$$

$$P_{02}^{02} = (1-M_1)(1-M_2)M_4(1-M_1)(1-M_2)M_4 \cdot (1-P_0)$$

$$P_{02}^{10} = (1-M_1)(1-M_2)M_4M_1(1-M_3)(1-M_4)$$

$$P_{02}^{11} = (1-M_1)(1-M_2)M_4M_1M_3$$

$$P_{02}^{12} = (1-M_1)(1-M_2)M_4M_1M_4 + P_0 \cdot P_{02}^{02}$$

$$P_{02}^{20} = (1-M_1)(1-M_2)M_4M_2(1-M_3)(1-M_4)$$

$$P_{02}^{21} = (1-M_1)(1-M_2)M_4M_2M_3$$

$$P_{02}^{22} = (1-M_1)(1-M_2)M_4M_2M_4$$

$$P_{10}^{00} = M_1(1-M_3)(1-M_4)(1-M_1)(1-M_2)(1-M_3)(1-M_4)$$

$$P_{10}^{01} = M_1(1-M_3)(1-M_4)(1-M_1)(1-M_2)M_3$$

$$P_{10}^{02} = M_1(1-M_3)(1-M_4)(1-M_1)(1-M_2)M_4(1-P_0)$$

$$P_{10}^{10} = M_1(1-M_3)(1-M_4)M_1(1-M_3)(1-M_4)$$

$$P_{10}^{11} = M_1(1-M_3)(1-M_4)M_1M_3$$

$$P_{10}^{12} = M_1(1-M_3)(1-M_4)M_1M_4 + P_0 \cdot P_{10}^{02}$$

$$P_{10}^{20} = M_1(1-M_3)(1-M_4)M_2(1-M_3)(1-M_4)$$

$$P_{10}^{21} = M_1(1-M_3)(1-M_4)M_2M_3$$

$$P_{10}^{22} = M_1(1-M_3)(1-M_4)M_2M_4$$

$$P_{11}^{00} = M_1M_3(1-M_1)(1-M_2)(1-M_3)(1-M_4)$$

$$P_{11}^{01} = M_1M_3(1-M_1)(1-M_2)M_3$$

$$P_{11}^{02} = M_1M_3(1-M_1)(1-M_2)M_4(1-P_0)$$

$$P_{11}^{10} = M_1M_3M_1(1-M_3)(1-M_4)$$

$$P_{11}^{11} = M_1M_3M_1M_3$$

$$P_{11}^{12} = M_1M_3M_1M_4+P_0 \cdot P_{11}^{02}$$

$$P_{11}^{20} = M_1M_3M_2(1-M_3)(1-M_4)$$

$$P_{11}^{21} = M_1M_3M_2M_3$$

$$P_{11}^{22} = M_1M_3M_2M_4$$

$$P_{12}^{00} = M_1M_4(1-M_1)(1-M_2)(1-M_3)(1-M_4)$$

$$P_{12}^{01} = M_1M_4(1-M_1)(1-M_2)M_3$$

$$P_{12}^{02} = M_1M_4(1-M_1)(1-M_2)M_4(1-P_0)$$

$$P_{12}^{10} = M_1M_4M_1(1-M_3)(1-M_4)$$

$$P_{12}^{11} = M_1M_4M_1M_3$$

$$P_{12}^{12} = M_1M_4M_1M_4+P_0 \cdot P_{12}^{02}$$

$$P_{12}^{20} = M_1M_4M_2(1-M_3)(1-M_4)$$

$$P_{12}^{21} = M_1M_4M_2M_3$$

$$P_{12}^{22} = M_1M_4M_2M_4$$

$$P_{20}^{00} = M_2(1-M_3)(1-M_4)(1-M_1)(1-M_2)(1-M_3)(1-M_4)$$

$$P_{20}^{01} = M_2(1-M_3)(1-M_4)(1-M_1)(1-M_2)M_3$$

$$P_{20}^{02} = M_2(1-M_3)(1-M_4)(1-M_1)(1-M_2)M_4(1-P_0)$$

$$P_{20}^{10} = M_2(1-M_3)(1-M_4)M_1(1-M_3)(1-M_4)$$

$$P_{20}^{11} = M_2(1-M_3)(1-M_4)M_1M_3$$

$$P_{20}^{12} = M_2(1-M_3)(1-M_4)M_1M_4+P_0 \cdot P_{20}^{02}$$

$$P_{20}^{20} = M_2(1-M_3)(1-M_4)M_2(1-M_3)(1-M_4)$$

$$P_{20}^{21} = M_2(1-M_3)(1-M_4)M_2M_3$$

$$P_{20}^{22} = M_2(1-M_3)(1-M_4)M_2M_4$$

$$P_{21}^{00} = M_2 M_3 (1-M_1)(1-M_2)(1-M_3)(1-M_4)$$

$$P_{21}^{01} = M_2 M_3 (1-M_1)(1-M_2) M_3$$

$$P_{21}^{02} = M_2 M_3 (1-M_1)(1-M_2) M_4 (1-P_0)$$

$$P_{21}^{10} = M_2 M_3 M_1 (1-M_3)(1-M_4)$$

$$P_{21}^{11} = M_2 M_3 M_1 M_3$$

$$P_{21}^{12} = M_2 M_3 M_1 M_4 + P_0 \cdot P_{21}^{02}$$

$$P_{21}^{20} = M_2 M_3 M_2 (1-M_3)(1-M_4)$$

$$P_{21}^{21} = M_2 M_3 M_2 M_3$$

$$P_{21}^{22} = M_2 M_3 M_2 M_4$$

$$P_{22}^{00} = M_2 M_4 (1-M_1)(1-M_2)(1-M_3)(1-M_4)$$

$$P_{22}^{01} = M_2 M_4 (1-M_1)(1-M_2) M_3$$

$$P_{22}^{02} = M_2 M_4 (1-M_1)(1-M_2) M_4 (1-P_0)$$

附录 5

结合部件退化状态和系统故障状态，可推导出系统全部状态转移各不相同的概率：

$$P_{0000}^{0000} = P\left\{ \begin{array}{l} x_1(t_{n+1}) < M_1, \ x_2(t_{n+1}) < M'_1, \ x_3(t_{n+1}) < M'_1, \ x_4(t_{n+1}) < M'_1 \\ \mid x_1(t_n) < M_1, \ x_2(t_n) < M'_1, \ x_3(t_n) < M'_1, \ x_4(t_n) < M'_1 \end{array} \right\}$$

$$= P\{\Delta x_1(T) < M_1 - x_1, \ \Delta x_2(T) < M'_1 - x_2, \ \Delta x_3(T) < M'_1 - x_3, \\ \Delta x_4(T) < M'_1 - x_4\}$$

$$= P\{\Delta x_1(T) < M_1 - x_1\} \times P\{\Delta x_2(T) < M'_1 - x_2\} \times P\{\Delta x_3(T) < M'_1 - x_3\} \times \\ P\{\Delta x_4(T) < M'_1 - x_4\}$$

$$= \left(\int_0^{M_1 - x_1} f_T^1(t) dt \right) \times \left(\int_0^{M'_1 - x_2} f_T^2(t) dt \right) \times \left(\int_0^{M'_1 - x_3} f_T^3(t) dt \right) \times \left(\int_0^{M'_1 - x_4} f_T^4(t) dt \right)$$

$$= \left(1 - \int_{M_1 - x_1}^{\infty} f_T^1(t) dt \right) \times \left(1 - \int_{M'_1 - x_2}^{\infty} f_T^2(t) dt \right) \times \left(1 - \int_{M'_1 - x_3}^{\infty} f_T^3(t) dt \right) \times \\ \left(1 - \int_{M'_1 - x_4}^{\infty} f_T^4(t) dt \right)$$

$$= \left(1 - \frac{\gamma[\alpha_1 T, \ \beta_1(M_1 - x_1)]}{\Gamma(\alpha_1 T)} \right) \times \left(1 - \frac{\gamma[\alpha_2 T, \ \beta_2(M'_1 - x_2)]}{\Gamma(\alpha_2 T)} \right) \times \\ \left(1 - \frac{\gamma[\alpha_2 T, \ \beta_2(M'_1 - x_3)]}{\Gamma(\alpha_2 T)} \right) \times \left(1 - \frac{\gamma[\alpha_1 T, \ \beta_2(M'_1 - x_4)]}{\Gamma(\alpha_2 T)} \right)$$

$$P_{0000}^{1000} = P\left\{ \begin{array}{l} M_1 < x_1(t_{n+1}) < M_2, \ x_2(t_{n+1}) < M'_1, \ x_3(t_{n+1}) < M'_1, \ x_4(t_{n+1}) < M'_1 \\ \mid x_1(t_n) = x_1, \ x_2(t_n) = x_2, \ x_3(t_n) = x_3, \ x_4(t_n) = x_4 \end{array} \right\}$$

$$= P\{M_1 - x_1 < \Delta x_1(T) < M_2 - x_1, \ \Delta x_2(T) < M'_1 - x_2, \ \Delta x_3(T) < M'_1 - x_3, \\ \Delta x_4(T) < M'_1 - x_4\}$$

$$= P\{M_1 - x_1 < \Delta x_1(T) < M_2 - x_1\} \times P\{\Delta x_2(T) < M'_1 - x_2\} \times$$

$$P\{\Delta x_3(T)<M_1'-x_3\}\times P\{\Delta x_4(T)<M_1'-x_4\}$$

$$=\{[(1-P\{\Delta x_1(T)\geqslant M_2-x_1\})]-[1-P\{\Delta x_1(T)\}>M_1-x_1]\}$$

$$=\{F(M_1-x_1)-F(M_2-x_1)\}\times[1-F(M_1'-x_2)]\times[1-F(M_1'-x_3)]\times$$

$$[1-F(M_1'-x_4)]$$

$$=\left(\frac{\gamma[\alpha_1 T,\ \beta_1(M_1-x_1)]}{\Gamma(\alpha_1 T)}-\frac{\gamma[\alpha_1 T,\ \beta_1(M_2-x_2)]}{\Gamma(\alpha_1 T)}\right)\times$$

$$\left(1-\frac{\gamma[\alpha_2 T,\ \beta_2(M_1'-x_2)]}{\Gamma(\alpha_2 T)}\right)\times\left(1-\frac{\gamma[\alpha_2 T,\ \beta_2(M_1'-x_3)]}{\Gamma(\alpha_2 T)}\right)\times$$

$$\left(1-\frac{\gamma[\alpha_1 T,\ \beta_2(M_1'-x_4)]}{\Gamma(\alpha_2 T)}\right)$$

$$P_{0000}^{2000}=P\left\{\begin{matrix}x_1(t_{n+1})>M_2,\ x_2(t_{n+1})<M_1',\ x_3(t_{n+1})<M_1',\ x_4(t_{n+1})<M_1'\\ |\ x_1(t_n)=x_1,\ x_2(t_n)=x_2,\ x_3(t_n)=x_3,\ x_4(t_n)=x_4\end{matrix}\right\}$$

$$=P\{\Delta x_1(T)>M_2-x_1,\ \Delta x_2(T)<M_1'-x_2,\ \Delta x_3(T)<M_1'-x_3,\ \Delta x_4(T)<M_1'-x_4\}$$

$$=[F(M_2-x_1)]\times[1-F(M_1'-x_2)]\times[1-F(M_1'-x_3)]\times[1-F(M_1'-x_4)]$$

$$=\left(\frac{\gamma[\alpha_1 T,\ \beta_1(M_2-x_1)]}{\Gamma(\alpha_1 T)}\right)\times\left(1-\frac{\gamma[\alpha_2 T,\ \beta_2(M_1'-x_2)]}{\Gamma(\alpha_2 T)}\right)\times$$

$$\left(1-\frac{\gamma[\alpha_2 T,\ \beta_2(M_1'-x_3)]}{\Gamma(\alpha_2 T)}\right)\times\left(1-\frac{\gamma[\alpha_2 T,\ \beta_2(M_1'-x_4)]}{\Gamma(\alpha_2 T)}\right)$$

$$P_{0000}^{0F_100}=P\left\{\begin{matrix}x_1(t_{n+1})<M_1,\ x_2(t_{n+1})>M_1',\ x_3(t_{n+1})<M_1',\ x_4(t_{n+1})<M_1'\\ |\ x_1(t_n)=x_1,\ x_2(t_n)=x_2,\ x_3(t_n)=x_3,\ x_4(t_n)=x_4\end{matrix}\right\}$$

$$=P\{\Delta x_1(T)<M_1-x_1,\ \Delta x_2(T)>M_1'-x_2,\ \Delta x_3(T)<M_1'-x_3,\ \Delta x_4(T)<M_1'-x_4\}$$

$$=[1-F(M_1-x_1)]\times[F(M_1'-x_2)]\times[1-F(M_1'-x_3)]\times[1-F(M_1'-x_4)]$$

$$=\left(1-\frac{\gamma[\alpha_1 T,\ \beta_1(M_1-x_1)]}{\Gamma(\alpha_1 T)}\right)\times\left(\frac{\gamma[\alpha_2 T,\ \beta_2(M_1'-x_2)]}{\Gamma(\alpha_2 T)}\right)\times$$

$$\left(1-\frac{\gamma[\alpha_2 T,\ \beta_2(M_1'-x_3)]}{\Gamma(\alpha_2 T)}\right)\times\left(1-\frac{\gamma[\alpha_2 T,\ \beta_2(M_1'-x_4)]}{\Gamma(\alpha_2 T)}\right)$$

$$=P_{0000}^{00F_10}=P_{0000}^{000F_1}$$

$$P_{0000}^{0F_1F_10}=P\left\{\begin{matrix}x_1(t_{n+1})<M_1,\ x_2(t_{n+1})>M_1',\ x_3(t_{n+1})>M_1',\ x_4(t_{n+1})<M_1'\\ |\ x_1(t_n)=x_1,\ x_2(t_n)=x_2,\ x_3(t_n)=x_3,\ x_4(t_n)=x_4\end{matrix}\right\}$$

$$=P\{\Delta x_1(T)<M_1-x_1,\ \Delta x_2(T)>M_1'-x_2,\ \Delta x_3(T)>M_1'-x_3,\ \Delta x_4(T)<M_1'-x_4\}$$

$$=[1-F(M_1-x_1)]\times[F(M_1'-x_2)]\times[F(M_1'-x_3)]\times[1-F(M_1'-x_4)]$$

$$= \left(1 - \frac{\gamma[\alpha_1 T, \ \beta_1(M_1 - x_1)]}{\Gamma(\alpha_1 T)} \right) \times \left(\frac{\gamma[\alpha_2 T, \ \beta_2(M_1' - x_2)]}{\Gamma(\alpha_2 T)} \right) \times$$

$$\left(\frac{\gamma[\alpha_2 T, \ \beta_2(M_1' - x_3)]}{\Gamma(\alpha_2 T)} \right) \times \left(1 - \frac{\gamma[\alpha_2 T, \ \beta_2(M_1' - x_4)]}{\Gamma(\alpha_2 T)} \right)$$

$$= P_{0000}^{00F_1 F_1} = P_{0000}^{0F_1 0F_1}$$

$$P_{0000}^{1F_1 00} = P \left\{ \begin{matrix} x_1(t_{n+1}) > M_1, \ x_2(t_{n+1}) > M_1', \ x_3(t_{n+1}) < M_1', \ x_4(t_{n+1}) < M_1' \\ \ | \ x_1(t_n) = x_1, \ x_2(t_n) = x_2, \ x_3(t_n) = x_3, \ x_4(t_n) = x_4 \end{matrix} \right\}$$

$$= P \{ M_1 - x_1 < \Delta x_1(T) < M_2 - x_1, \ \Delta x_2(T) > M_1' - x_2, \ \Delta x_3(T) < M_1' - x_3,$$

$$\Delta x_4(T) < M_1' - x_4 \}$$

$$= [F(M_1 - x_1) - F(M_2 - x_1)] \times [F(M_1' - x_2)] \times [1 - F(M_1' - x_3)] \times [1 - F(M_1' - x_4)]$$

$$= \left(\frac{\gamma[\alpha_1 T, \ \beta_1(M_1 - x_1)]}{\Gamma(\alpha_1 T)} - \frac{\gamma[\alpha_1 T, \ \beta_1(M_2 - x_1)]}{\Gamma(\alpha_1 T)} \right) \times$$

$$\left(\frac{\gamma[\alpha_2 T, \ \beta_2(M_1' - x_2)]}{\Gamma(\alpha_2 T)} \right) \times \left(1 - \frac{\gamma[\alpha_2 T, \ \beta_2(M_1' - x_3)]}{\Gamma(\alpha_2 T)} \right) \times$$

$$\left(1 - \frac{\gamma[\alpha_2 T, \ \beta_2(M_1' - x_4)]}{\Gamma(\alpha_2 T)} \right)$$

$$= P_{0000}^{10F_1 0} = P_{0000}^{100F_1}$$

$$P_{0000}^{1F_1 F_1 0} = P \left\{ \begin{matrix} x_1(t_{n+1}) > M_1, \ x_2(t_{n+1}) > M_1', \ x_3(t_{n+1}) > M_1', \ x_4(t_{n+1}) < M_1' \\ \ | \ x_1(t_n) = x_1, \ x_2(t_n) = x_2, \ x_3(t_n) = x_3, \ x_4(t_n) = x_4 \end{matrix} \right\}$$

$$= P \{ M_1 - x_1 < \Delta x_1(T) < M_2 - x_1, \ \Delta x_2(T) > M_1' - x_2, \ \Delta x_3(T) > M_1' - x_3,$$

$$\Delta x_4(T) < M_1' - x_4 \}$$

$$= [F(M_1 - x_1) - F(M_2 - x_1)] \times [F(M_1' - x_2)] \times [F(M_1' - x_3)] \times [1 - F(M_1' - x_4)]$$

$$= \left(\frac{\gamma[\alpha_1 T, \ \beta_1(M_1 - x_1)]}{\Gamma(\alpha_1 T)} - \frac{\gamma[\alpha_1 T, \ \beta_1(M_2 - x_1)]}{\Gamma(\alpha_1 T)} \right) \times$$

$$\left(\frac{\gamma[\alpha_2 T, \ \beta_2(M_1' - x_2)]}{\Gamma(\alpha_2 T)} \right) \times \left(\frac{\gamma[\alpha_2 T, \ \beta_2(M_1' - x_3)]}{\Gamma(\alpha_2 T)} \right) \times$$

$$\left(1 - \frac{\gamma[\alpha_2 T, \ \beta_2(M_1' - x_4)]}{\Gamma(\alpha_2 T)} \right)$$

$$= P_{0000}^{10F_1 F_1} = P_{0000}^{1F_1 0F_1}$$

$$P_{0000}^{2F_1 00} = P \left\{ \begin{matrix} x_1(t_{n+1}) > M_2, \ x_2(t_{n+1}) > M_1', \ x_3(t_{n+1}) < M_1', \ x_4(t_{n+1}) < M_1' \\ \ | \ x_1(t_n) = x_1, \ x_2(t_n) = x_2, \ x_3(t_n) = x_3, \ x_4(t_n) = x_4 \end{matrix} \right\}$$

$$= P\{\Delta x_1(T)<M_2-x_1, \ \Delta x_2(T)>M_1'-x_2, \ \Delta x_3(T)<M_1'-x_3, \ \Delta x_4(T)<M_1'-x_4\}$$

$$= [F(M_2-x_1)] \times [F(M_1'-x_2)] \times [1-F(M_1'-x_3)] \times [1-F(M_1'-x_4)]$$

$$= \left(\frac{\gamma[\alpha_1 T, \ \beta_1(M_2-x_1)]}{\Gamma(\alpha_1 T)}\right) \times \left(\frac{\gamma[\alpha_2 T, \ \beta_2(M_1'-x_2)]}{\Gamma(\alpha_2 T)}\right) \times$$

$$\left(1-\frac{\gamma[\alpha_2 T, \ \beta_2(M_1'-x_3)]}{\Gamma(\alpha_2 T)}\right) \times \left(1-\frac{\gamma[\alpha_2 T, \ \beta_2(M_1'-x_4)]}{\Gamma(\alpha_2 T)}\right)$$

$$= P_{0000}^{20F_1'1} = P_{0000}^{200F_1}$$

$$P_{0000}^{2F_1F_10} = P\left\{\begin{matrix} x_1(t_{n+1})>M_2, \ x_2(t_{n+1})>M_1', \ x_3(t_{n+1})>M_1', \ x_4(t_{n+1})<M_1' \\ | \ x_1(t_n)=x_1, \ x_2(t_n)=x_2, \ x_3(t_n)=x_3, \ x_4(t_n)=x_4 \end{matrix}\right\}$$

$$= P\{\Delta x_1(T)>M_2-x_1, \ \Delta x_2(T)>M_1'-x_2, \ \Delta x_3(T)>M_1'-x_3, \ \Delta x_4(T)<M_1'-x_4\}$$

$$= [F(M_2-x_1)] \times [F(M_1'-x_2)] \times [F(M_1'-x_3)] \times [1-F(M_1'-x_4)]$$

$$= \left(\frac{\gamma[\alpha_1 T, \ \beta_1(M_2-x_1)]}{\Gamma(\alpha_1 T)}\right) \times \left(\frac{\gamma[\alpha_2 T, \ \beta_2(M_1'-x_2)]}{\Gamma(\alpha_2 T)}\right) \times$$

$$\left(\frac{\gamma[\alpha_2 T, \ \beta_2(M_1'-x_3)]}{\Gamma(\alpha_2 T)}\right) \times \left(1-\frac{\gamma[\alpha_2 T, \ \beta_2(M_1'-x_4)]}{\Gamma(\alpha_2 T)}\right)$$

$$= P_{0000}^{20F_1F_1} = P_{0000}^{2F_10F_1}$$

$$P_{0000}^{0F_1F_1F_1} = P\left\{\begin{matrix} x_1(t_{n+1})<M_1, \ x_2(t_{n+1})>M_1', \ x_3(t_{n+1})>M_1', \ x_4(t_{n+1})>M_1' \\ | \ x_1(t_n)=x_1, \ x_2(t_n)=x_2, \ x_3(t_n)=x_3, \ x_4(t_n)=x_4 \end{matrix}\right\}$$

$$= P\{\Delta x_1(T)<M_1-x_1, \ \Delta x_2(T)>M_1'-x_2, \ \Delta x_3(T)>M_1'-x_3, \ \Delta x_4(T)>M_1'-x_4\}$$

$$= [1-F(M_1-x_1)] \times [F(M_1'-x_2)] \times [F(M_1'-x_3)] \times [F(M_1'-x_4)]$$

$$= \left(1-\frac{\gamma[\alpha_1 T, \ \beta_1(M_1-x_1)]}{\Gamma(\alpha_1 T)}\right) \times \left(\frac{\gamma[\alpha_2 T, \ \beta_2(M_1'-x_2)]}{\Gamma(\alpha_2 T)}\right) \times$$

$$\left(\frac{\gamma[\alpha_2 T, \ \beta_2(M_1'-x_3)]}{\Gamma(\alpha_2 T)}\right) \times \left(\frac{\gamma[\alpha_2 T, \ \beta_2(M_1'-x_4)]}{\Gamma(\alpha_2 T)}\right)$$

$$P_{0000}^{1F_1F_1F_1} = P\left\{\begin{matrix} M_1<x_1(t_{n+1})<M_2, \ x_2(t_{n+1})>M_1', \ x_3(t_{n+1})>M_1', \ x_4(t_{n+1})>M_1' \\ | \ x_1(t_n)=x_1, \ x_2(t_n)=x_2, \ x_3(t_n)=x_3, \ x_4(t_n)=x_4 \end{matrix}\right\}$$

$$= P\{M_1-x_1<\Delta x_1(T)<M_2-x_1, \ \Delta x_2(T)>M_1'-x_2, \ \Delta x_3(T)>M_1'-x_3,$$

$$\Delta x_4(T)>M_1'-x_4\}$$

$$= [F(M_1-x_1)-F(M_2-x_1)] \times [F(M_1'-x_2)] \times [F(M_1'-x_3)] \times [F(M_1'-x_4)]$$

$$= \left(\frac{\gamma[\alpha_1 T, \ \beta_1(M_1-x_1)]}{\Gamma(\alpha_1 T)} - \frac{\gamma[\alpha_1 T, \ \beta_1(M_2-x_1)]}{\Gamma(\alpha_1 T)}\right) \times$$

$$\left(\frac{\gamma[\alpha_2 T,\ \beta_2(M_1'-x_2)]}{\Gamma(\alpha_2 T)}\right)\times\left(\frac{\gamma[\alpha_2 T,\ \beta_2(M_1'-x_3)]}{\Gamma(\alpha_2 T)}\right)$$

$$\left(1-\frac{\gamma[\alpha_2 T,\ \beta_2(M_1'-x_4)]}{\Gamma(\alpha_2 T)}\right)$$

$$P_{0000}^{2F_1F_1F_1}=P\left\{\begin{array}{l}x_1(t_{n+1})>M_2,\ x_2(t_{n+1})>M_1',\ x_3(t_{n+1})>M_1',\ x_4(t_{n+1})>M_1'\\[4pt]|\ x_1(t_n)=x_1,\ x_2(t_n)=x_2,\ x_3(t_n)=x_3,\ x_4(t_n)=x_4\end{array}\right\}$$

$$=P\{\Delta x_1(T)>M_2-x_1,\ \Delta x_2(T)>M_1'-x_2,\ \Delta x_3(T)>M_1'-x_3,\ \Delta x_4(T)>M_1'-x_4\}$$

$$=[F(M_2-x_1)]\times[F(M_1'-x_2)]\times[F(M_1'-x_3)]\times[F(M_1'-x_4)]$$

$$=\left(\frac{\gamma[\alpha_1 T,\ \beta_1(M_2-x_1)]}{\Gamma(\alpha_1 T)}\right)\times\left(\frac{\gamma[\alpha_2 T,\ \beta_2(M_1'-x_2)]}{\Gamma(\alpha_2 T)}\right)\times$$

$$\left(\frac{\gamma[\alpha_2 T,\ \beta_2(M_1'-x_3)]}{\Gamma(\alpha_2 T)}\right)\times\left(\frac{\gamma[\alpha_2 T,\ \beta_2(M_1'-x_4)]}{\Gamma(\alpha_2 T)}\right)$$

因为关键部件 1 突发故障的概率为 p，所以系统发生轻微故障停机的概率可推导如下：

$$P_{0000}^{iF_1F_1F_1}=P_{0000}^{0F_1F_1F_1}+P_{0000}^{1F_1F_1F_1}+P_{0000}^{2F_1F_1F_1}+P_{0000}^{FF_1F_1F_1}=(1-p)\times(P_{0000}^{0F_1F_1F_1}+P_{0000}^{1F_1F_1F_1}+P_{0000}^{2F_1F_1F_1})+p\times$$

$$[1-(P_{0000}^{0F_1F_1F_1}+P_{0000}^{1F_1F_1F_1}+P_{0000}^{2F_1F_1F_1})]$$

系统由于非关键部件整体发生严重故障而故障的概率为：

$$(P_{0,j}^{0,F_2})=q$$

附录 6

根据本书假设和系统转移概率推导，构建系统正常退化过程中的概率转移矩阵如下：

$C_1 = C_{(0,0,0,0)}$

$C_2 = C_{(0,0,0,F_1)}$

$C_3 = C_{(0,0,F_1,0)}$

$C_4 = C_{(0,F_1,0,0)}$

$C_5 = C_{(0,F_1,0,F_1)}$

$C_6 = C_{(0,F_1,F_1,0)}$

$C_7 = C_{(0,0,F_1,F_1)}$

$C_8 = C_{(1,0,0,0)}$

$C_9 = C_{(1,0,0,F_1)}$

$C_{10} = C_{(1,0,F_1,0)}$

$C_{11} = C_{(1,F_1,0,0)}$

$C_{12} = C_{(1,F_1,0,F_1)}$

$C_{13} = C_{(1,F_1,F_1,0)}$

$C_{14} = C_{(1,0,F_1,F_1)}$

$C_{15} = C_{(2,0,0,0)}$

$C_{16} = C_{(2,0,0,F_1)}$

$C_{17} = C_{(2,0,F_1,0)}$

$C_{18} = C_{(2,F_1,0,0)}$

$C_{19} = C_{(2,F_1,0,F_1)}$

$$C_{20} = C_{(2,F_1,F_1,0)}$$

$$C_{21} = C_{(2,0,F_1,F_1)}$$

$$C_{22} = C_{(F/F_1)}$$

$$C_{23} = C_{(i,F_2)}$$